高中数学

解题策略研究

成 波 主编

中国出版集团 现代出版社

图书在版编目(CIP)数据

高中数学解题策略研究 / 成波主编. — 北京：现代出版社，2020.6

ISBN 978-7-5143-8701-8

Ⅰ.①高… Ⅱ.①成… Ⅲ.①中学数学课—教学研究—高中 Ⅳ.①G633.602

中国版本图书馆CIP数据核字（2020）第110358号

高中数学解题策略研究

作　　者	成　波
责任编辑	袁　涛
出版发行	现代出版社
地　　址	北京市安定门外安华里504号
邮政编码	100011
电　　话	010-64267325 64245264
网　　址	www.1980xd.com
电子邮箱	xiandai@cnpitc.com.cn
印　　制	北京政采印刷服务有限公司
开　　本	710mm×1000mm　1/16
印　　张	13.75
字　　数	229千
版　　次	2022年6月第1版　　2022年6月第1次印刷
书　　号	ISBN 978-7-5143-8701-8
定　　价	45.00元

编 委 会

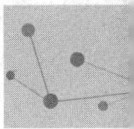

数学是一门培养创造力的学科，每个学生的心灵深处都蕴藏着使自己成为发明者、研究者的动力，都蕴藏着强烈的求知欲望和探索世界的热情。目前，高中数学的学科难度一直困扰着大多数的学生，数学解题策略的开发，一直是教育界备受关注的课题之一。对于数学这一学科来讲，解题策略是数学的精髓，它既是数学学习的重要内容，又是数学高考的重要内容。学习解题策略不仅有利于学生对数学形成良好的认知结构，发展数学思维，还有利于提高学生解决数学问题的能力。数学解题策略为确定解题基本思路、找到解题突破口以及顺利解决问题提供了有效的保证。

《高中数学解题策略研究》主要从四个部分来阐释：第一部分为第一章至第三章，主要是对高中数学概述及建模概述和基础知识、高中数学问题的分析与实践及高中数学教师的专业能力进行阐述；第二部分为第四章，主要阐述高中数学解题思维过程，包括审题、探索、表述等内容；第三部分为第五章，阐述高中数学中选择题、填空题、代数推理题、证明题、综合题的解题策略；第四部分为第六章，主要论述高中数学各类知识点的解题策略应用，包括函数与导数、三角函数、不等式、复数、数列、立体几何、解析几何以及概率统计问题。

本书是由编撰人员精心设计、用心编写而成的。由于时间仓促，本书在内容选择、理论诠释等方面可能有不足之处，恳请广大读者和专家批评指正，以便不断修正和完善。

编　者

$$r = \frac{2S_{\triangle ABC}}{a+b+c}$$

目录

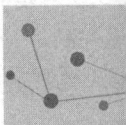

第 一 章

高中数学基本理论

第一节　高中数学概述

一、数学的概念及发展历程

数学（mathematics 或 maths，来自希腊语 "máthēma"，经常被缩写为 "math"）是研究数量、结构、变化、空间以及信息等概念的一门学科，从某种角度看，属于形式科学的一种。在人类历史发展和社会生活中，数学发挥着不可替代的作用，数学是学习和研究现代科学技术必不可少的基本工具。

在中国古代，数学叫作算术，是六艺之一（六艺中称为 "数"），又称算学，后来才改为数学。数学起源于人类早期的生产和生活活动，古巴比伦人从远古时代就已经开始积累一定的数学知识并应用于实际问题中。从数学本身看，他们的数学知识也只是通过观察和实践经验所得，没有综合理论和证明，但也要充分肯定他们对数学的热爱和做出的贡献。基础数学知识的运用是个人与团体生活中不可或缺的一部分，其基本概念的精练早在古埃及、美索不达米亚及古印度的数学文本内便可观见，从那时开始，数学研究便有小幅度的进展，但当时的代数学和几何学仍长期处于独立的状态。代数学可以说是最为人们广泛接受的数学，每一个人从小时候开始学数数起，最先接触到的数学便是代数学。而数学作为一个研究数的学科，代数学也是数学最重要的组成部分，几何学则是最早开始被人们研究的数学分支之一。

直到 16 世纪的文艺复兴时期，笛卡儿创立了解析几何，才将当时完全分开的代数学和几何学联系到一起。从那以后，人们终于可以用计算来证明几何学的定理，同时也可以用图形来形象地表示抽象的代数方程。

19 世纪后期，恩格斯对数学的对象给出了定义：纯数学的对象是现实世界的空间形式和数量关系，所以是非常现实的材料。那么对今天的数学而言，数学是对"空间形式"和"数量关系"做本质上的推广。"空间形式"应理解为抽象空间的任一子集，"数量关系"应理解为集合与集合之间的一般关系。现代数学将数、数的计算、函数、曲线（面）分别推广为一般集合的元素、集合的运算、集合的映射、一般空间的任意流形等。因此，现代数学以任意集合及其之间的种种关系为研究对象。

数学通过模式的构建与现实世界密切联系，但又借助抽象的方法，强调思维形式的探讨；现代技术渗透于数学之中，成为数学的实质性内涵。"机器证明论"的兴起，改变了人们只承认逻辑证明的传统观点，但抽象的数学思维仍然是数学的一种创造性活动。数学其实也是一种特殊的语言，它全面使用集合论和数理逻辑符号，使语言更加统一和形式化，由此形成的思维方式，不仅决定了人类对物质世界的认识方式，而且对人类理性精神的发展具有重要的影响，因而必然成为人类文化的一个重要组成部分。这充分反映了数学是一种多元的综合产物。

二、学习高中数学的目的与要求

（一）学习高中数学的目的

高中数学的总目标是使学生在九年义务教育数学学习的基础上，进一步掌握作为未来公民所必需的综合知识，以满足个人发展与社会进步的需要。高中数学学习的目的可简单概括为以下两点。一是学好数学的"三基"，培养数学的能力，掌握数学的思想方法，从而使学生成为社会发展中具有辩证唯物主义思想的建设者和保卫者。数学的"三基"是指基础知识、基本技能和基本方法。二是学习数学的能力，主要有四种，即数学运算能力、逻辑思维能力、空间想象能力以及运用数学知识来分析和解决实际问题的能力。

（二）学习高中数学的要求

1. 掌握基础知识
基础知识包括定义、定理、法则、公式等基本内容。

2. 掌握基本技能
基本技能要先从技能说起，技能是学生从知识的掌握到能力形成与发展的中心环节，也可以认为是形成能力的初级阶段，如学生学了二面角的平面角，能够根据它的定义画在图上，这就是基本的作图技能，基本技能不需要添加其他的知识。

3. 掌握基本方法

（1）掌握知识内容。这里所说的知识内容包括概念、原理、方法。概念是人类思维结构的基本单位。列宁曾说过，"概念是人脑的最高产物"和"自然界在人的认识中的反映形式，这种形式就是概念、规律、范畴"。概念作为人脑的最高产物，是用有声语言来表达思维的基本形式，它通过概括把客观的外部世界、各种对象以及存在于各种对象之间相互联系的一般因素抽离出来并加以归纳，从而在思想中反映出客观现实的一定联系。规律、定理、公理、法则、公式都可看成原理。规律是自然的本质，掌握知识首先要理解概念和规律。理解就是用概念的形式来表达，理解自然就是把它描述成过程。

（2）运用思维方法。思维是人脑通过表象、概念、判断等来反映客观现实的一种能动的过程。数学思维中常用的方法有分析、综合、归纳、演绎、抽象、概括、类比等。在数学学习中，学生要正确地运用这些思维方法，而且在其思维过程中要特别注意运用逆向思维、立体思维、全方位思维。

（3）学习数学要做适当的习题。练习和习题的作用是加深学生对知识的理解，使学生进一步掌握概念的本质，并可以发现知识的应用，还可以巩固知识、加深记忆。为了切实达到数学练习的目的，学生对于习题的处理要做到心中有数。复习题具有综合性强、联系面广、难度较大的特点，如能认真习作，学生可以达到较高水平。学生做完数学习题后要反思，要想一想题中包含了哪些知识要点，什么地方比较隐蔽，什么地方不容易解开，做完之后有什么感受，从中获取了哪些教益。通过数学练习（包括测验和考试）可能会发现一些错误，对这些错误要找出原因、总结教训、积累经验。

三、高中数学课程教育理念

（1）使学生获得必要的数学基础知识和基本技能，理解基本的数学概念、数学结论的本质，了解概念、结论等产生的背景、应用，体会其中所蕴含的数学思想和方法。学生通过不同形式的自主学习、探究活动，体验数学发现和创造价值的历程。

（2）提高学生空间想象、抽象概括、推理论证、运算求解、数据处理等基

3

本能力。

（3）提高学生数学提出、分析和解决问题（包括简单的实际问题）的能力及数学表达和交流的能力，发展其独立获取数学知识的能力。

（4）发展学生的数学应用意识和创新意识，力求使学生对现实世界中蕴含的一些数学模式进行思考和做出判断。

（5）提高学生学习数学的兴趣，使学生树立学好数学的信心，形成锲而不舍的钻研精神和科学态度。

（6）使学生具有一定的数学视野，逐步认识数学的科学价值、应用价值和文化价值，形成批判性的思维习惯，崇尚数学的理性精神，体会数学的美学意义，从而进一步树立辩证唯物主义世界观和历史唯物主义世界观。

关注基础知识、基本技能、数学思想和方法，关注学习过程，提高基本数学能力，发展情感态度与价值观，成为我国现行高中数学课程总目标的突出特点。

四、高中数学课程的特点

（一）讲背景、讲数学、讲应用

数学课堂教学的载体是数学知识，其中包括数学思维和数学方法。实际上，学生在数学学习中所得到的任何发展，都取决于他所学到的数学知识的数量和质量。认知心理学的研究已经表明，一个人不能"数学"地思考和解决问题的主要原因是缺乏必要的数学知识。数学知识的逻辑性很强，这是数学区别于其他学科的一个显著特点。所以，数学必须循序渐进地学，只有老老实实地打好基础，才能进入后续学习。因此，数学课堂教学应当特别注意知识结构体系的合理性，保持数学思想方法的一致性，加强基础，对那些核心的数学概念和重要的数学思想（如函数、算法、向量方法、统计思想、导数等），应当采取循序渐进、螺旋上升式的讲解方式，让学生有反复接触的机会，以保证学生获得必需的数学基础知识；在课程设计中，教师要把握好数学课程的本质，保证课程教学内容的科学性，通过展示数学概念、结论的形成过程，促使学生领悟数学的本质；要对学生进行在数学形式下的思考和推理的训练，提高学生的数学思维能力，使学生形成用数学的思想和方法来思考与处理问题的习惯。

（二）倡导积极主动探索学习的方式

学生的数学学习活动不应只限于接受、记忆、模仿和练习，高中数学课程还应倡导自主探索、动手实践、合作交流、阅读、自学等学习方式，这些方式有助于发挥学生学习的主动性，使学生的学习过程成为在教师引导下的再创造过程。同时，高中数学课程应设立数学探究、数学建模等学习活动，为学生形成积极主动的、多样的学习方式进一步创造有利的条件，以激发学生学习数学的兴趣，鼓励学生在学习过程中养成独立思考、积极探索的习惯。

（三）课程设计体现现代教育教学观念

教学观念是带有普遍性的、最基本的、可以作为其他教育规律的基础规律和基本观点。在反映数学教学观念的案例中，教师应抓住其中能说明问题的"亮点"展开并加以分析，进行教学设计。实际上，这个"亮点"完全可以反映出教师的教育教学观念，并展现出教师的教学设计水平。教师在激起认知动因、安排认知方法、组织认知内容和利用认知结果等方面采用的策略，应突出地展现现代数学课程的一个或几个基本教学观念。

（四）注重信息技术的应用

信息技术是一种有效的认知工具，能够为学生进行自主探究提供强有力的平台，从而帮助学生更好地理解数学本质。在教学过程中，教师使用信息技术应当贯彻"必要性""平衡性""广泛性""实践性""实效性"等原则，应当根据学习内容选择恰当的信息技术工具。当前要倡导使用科学型计算器，同时要大力提倡各种数学软件的使用。在适当的课程内容中，利用信息技术可以呈现以往教材和其他教学手段难以呈现的内容。实现信息技术与数学课程内容的有机整合，可以使学生更好地理解数学本质，主动地探索和研究数学。

（五）强调本质，注意适度形式化

形式化是数学课程的基本特征之一。在数学教学中，形式化的表达是学生学习数学的一项基本要求，但数学学习不能只限于形式化的表达，要强调学生对高中数学本质的认识。因此，高中数学课程应该返璞归真，揭示数学概念、法则、结论的发展过程和本质。数学课程要讲逻辑推理，更要讲道理，通过典型案例的分析和学生的自主探索活动，使学生理解数学概念和逻辑推理，体会蕴含在其中的思想方法，追寻数学发展的历史足迹，把数学的学术形态转化为学生易于接受的教育形态。

（六）体现数学的文化价值

中国高中数学课程标准强调，在数学知识传授的同时，需特别注重体现数学的科学价值、应用价值、人文价值，并将其作为高中数学课程的具体目标之一。而这正是中国传统数学教育中所缺失的。数学是人类文化的重要组成部分，数学课程应适当反映数学的历史和发展趋势、数学对推动社会发展的作用、数学的社会需求、社会发展对数学发展的推动作用、数学科学的思想体系、数学的美学价值、数学家的创新精神等。数学课程应帮助学生了解数学在人类文明发展中的作用，使学生逐步形成正确的数学观。为此，高中数学应体现数学的文化价值，并在适当的内容中提出对"数学文化"的学习要求，设立"数学文化演讲"等专题。

（七）"以学生的发展为本"的课程目标

第一，学生的发展是为了使他们能够成为幸福生活的创造者，进而成为美好社会的建设者。第二，教育的要求基于学生的需要，高于学生已有水平，并且是学生通过努力可以达到的。第三，教育必须着眼于学生潜能的唤醒、挖掘与提升，促进学生的自主发展。高中阶段是学生成长和个性发展的重要时期，课程设计科学与否，对于培养学生的创新精神与实践能力至关重要。"以学生为本"是数学课堂教学的根本原则，也应该成为高中数学教学内容安排的指导思想。学生学习数学的心理过程，既具有一般的共同规律，又总是带有每个学生的个性特点。学生之间的个性心理差异具体表现在能力、气质、思维取向、性格以及爱好等方面。学生学习数学知识的过程是一种思维活动的过程。要特别指出，这是一种"个体"的思维活动过程，因此必然带有个性特征。在学习的过程中，学生的个性心理差异，尤其是学生之间的能力差异，思维取向以及兴趣爱好的不同，必然导致对同一知识产生不同的学习效果。

五、高中数学考试及其特点

（一）考试目的注重发展性

考试目的因考试性质的不同，对甄别学生功能的需求有一定的差异，如高考，比平时的考试在选拔学生方面的要求要大得多。在以往的考试中，常有过度运用甄别功能将学生分为优等生和学困生，再用考试情况评价教师，并将评价结果与教师工作的好坏相联系的价值取向。这种价值取向的严重后果在于，会挫伤一些学生的自信心和人格尊严，造成教学的无序和混乱。相比之下，淡化甄别、注重发展才是数学课程考试的基本价值取向和目的。衡量各次考试成效的基本标杆是目标、导向、激励、反馈等发展性功能的发挥状况。

（二）命题构思注意整体性

一套好试题应整体性地反映出当次考试的目的和理念，这一点在构思中就应注意把握。有一些程序操作性的数学技能和特殊的数学解题技艺，往往要用强化训练的方式获得，其数学应用和智能开发的价值并不大，如"三角函数恒等变形的证明"中的特殊技巧，应该将其归类于数学的一种游戏，避免在考试中涉及。从考试源头上削弱过度训练、题海战术的生存价值，再整体性地把握知识技能和阶段要求及终结要求，避免"人工催熟"式的超前要求和超前考试，尊重学生发展的阶段性和形成数学能力的过程性。

（三）编拟试题注重开放性

考试的开放性体现在两个方面：一是考试方式，二是考试试题。考试方式的改革已有很多做法，如将长周期作业、研究性学习课题纳入考试范畴和记分中，这些无疑是很有价值的。在统一时间、统一标准、统一试题的期末考试中，不少实验区尝试考前让学生自主选择开卷、先闭卷后开卷（客观题闭、主观题开）、闭卷的答卷方式和弹性考试限时的考试方式，取得了较好的效果。这种做法的优势是打乱了考试时的班级建制和统一答卷方式，缓解了考试对教学的负面压力，同时也初步探寻出了一种测试学生数学自信心的方法，显然选择闭卷、缩短考试时间的学生，其数学自信心较强，这就将一些隐性的数学过程性目标予以显性化，有利于对学生的全面了解。

（四）试题的内容注重实践性

新课程下的数学教科书的突出特点之一在于数学的生活化、情境化、现实化和大众化，这使得"教与学"对数学的认识更全面，使人看到了现实世界中的数学，这对绝大多数不会终身从事数学工作的学生来说无疑是好的。高中生的数学考试应与之相适应，使考试试题的特征突出实践性。这里所说的实践性与那些需要长时间完成的课题学习不同：一是避免涉及实际的问题全部过难或者过易，应高、中、低档的题目都有；二是尽量不超过已学知识的范畴，或是能用已学知识在短时间内解答；三是除题目的背景来源于实际生活，使学生感受到"处处有数学"，还可以用所学数学知识去解释或观察生活中的某种情境，构思试题。

（五）试题的内涵注重教育性

一套试题的内涵包含了对数学和数学教育的价值判断。不同时期的试题对数学的教育性有不同要求，新数学课程下的数学试题应与时俱进，体现出时代特征。陈旧与僵化的技能技巧和与实际相背离的一些数学应用问题，都不应当再纳入试题范围。在设置与实际相联系的数学问题中要注重真实性，使学生受到怎样"用数学"的教育；另外，试题的背景应以正面的教育影响为主，特别是选取学生能感受到的有影响的题材，这样通过考试可以加倍放大其思想教育价值。

（六）选拔性试题的选材更加关注生活化、现实化

新的普通高中数学课程强调让学生亲身经历将实际问题抽象成数学模型并进行解释与应用的过程。其实在生活中，会应用数学是现代数学教育的发展趋向，从各种形式的情境中获取信息，也是学生适应现代社会必须具备的能力。为此，选拔性试题的选材要从突出数学化的目标出发，题目应来源于社会现实问题，数据真实可信，而所涉及的数学知识与方法在今后的实际生活和继续学习中将十分重要。

第二节　高中数学建模概述

科学技术迅速发展，数学在这个发展过程中发挥着不可替代的作用。计算机的迅速发展和普及大大丰富了数学解决现实问题的手段，数学向社会、经济和自然界各个领域的渗透，扩展了数学与实际的接触面。数学科学应用于经济建设、社会发展和日常生活的范围与方式发生了深刻的变化。从科学技术的角度来看，出现了许多新的分支学科，特别是与数学相结合产生的新学科，如数学生物学、数学地质学、数学心理学和数学语言学等。在当今时代，国家的繁荣富强关键在于高新技术和高效率的经济管理，这是全社会的共同见解。大量的事实表明，高新技术是保持国家竞争力的关键因素，高新技术的基础是应用科学，而应用科学的基础是数学。高新技术的出现使得数学与工程技术在更广阔的范围内和更深刻的程度上直接相互作用，把社会推进数学工程技术的新时代。当代社会和经济发展的一个共同特点就是定量化和定量思维的不断增强。数学不仅适用于科学技术工作，而且在经济管理工作中也体现了数学的重要作用。直观思维、逻辑推理、精确计算以及结论的明确无误，这些都将成为科技人员和经济工作者所应具备的工作素质。数学以及数学的应用在科学技术、经济建设、商业贸易和日常生活中所起的作用将越来越大，数学科学作为技术改进、经济发展以及工业竞争的推动力的重要性也将日益显现出来。

一、数学模型

1. 数学模型的概念

数学模型是研究者在研究现实世界的某个特定对象时，为了某种特定的需要或目的，根据其特有的内在规律展开研究，对其进行简化假设，用字母、数字及其他数学符号（如数学公式、图形等，能描述客观事物数量关系）建立起来的数学结构。广义上认为，数学的概念、公式、定理方法等知识都是研究者

9

根据某种特定需要，从客观事物中抽象出来的数学模型，如自然数的产生，就是研究者为了更清楚地表示客观物体的数量而建立的数学模型；微分学的产生，就是研究者在描述物体某一时刻的瞬时速度时抽象出来的数学模型。狭义的数学模型就是反映实际问题的数学结构。

从广义上讲，数学模型是指针对或者参照某种事物系统或过程（这是数学模型的原型，是分析、说明数学模型方法的基础和背景）的特征及数量关系，采用形式化的数学语言，概括地或近似地表达的一种数学结构。

从这个意义上讲，数学中的概念、公式、定理、各个数学分支都是数学模型。它们都是对客观存在的数量规律、数量关系以及空间形式的合理的数学刻画与模拟反映。具体来讲，数学模型是由数字、符号或其他抽象符号组成的，描述现实对象数量关系和数量规律的数学公式、图形或算法。数学模型方法是对现实中的一个特定的对象或系统，为了某种特定的目的，根据其内在的规律、联系，进行必要的简化、假设、增减、特殊化、一般化等，并运用合适的数学工具，得到一个适当的数学问题，然后对其进行求解、分析、验证和扩展等的一种手段。

所谓数学模型是指通过抽象和简化，使用数学语言对实际现象的一个近似的刻画，以便于人们更深刻地认识所研究的对象。数学模型也不是对现实系统的简单模拟，它是人们认识现实系统和解决实际问题的工具。数学模型是对现实对象的信息进行提炼、分析、归纳、翻译的结果。它使用数学语言精确地表达了研究对象的内在特征，通过数学上的演绎推理和分析求解，使人们能够深化对所研究的实际问题的清晰认识。

数学模型主要是使用数学知识来解决实际问题，因此，数学是人们掌握和使用数学模型这个工具的必要条件和重要基础。若人们没有广博的数学知识和严格的数学逻辑思维训练，是很难使用数学模型来解决实际问题的，但是数学模型本身也具有若干不同于数学的特征，这些都是在人们学习和掌握数学模型过程中要特别注意的。

2. 数学模型的特征

（1）抽象性。从数学模型的定义可知，数学模型比原型更具抽象性，从而显示出其概括性的特征，这使得同一个数学模型可应用于不同的实际问题。

（2）准确性和演绎性。数学模型能够精确地表述问题的关系与结构，能运用数学知识进行演绎推理。

（3）预测性。数学模型的研究结果要能够达到解决现实问题的目的，否则就要对其进行修改，直至数学模型通过预测性检测。

（4）接受实践的检验。因为建模的目的是研究和解决原型的实际问题，而数学模型是经过简化和抽象得到的，即使这个数学模型的逻辑推导准确无误，也不意味着模型是成功的。因为严格的推理是无法论证抽象、简化过程的准确性的，它必须要接受实践的检验。经检验被认为是可以接受的模型才能分析和使用。

3. 数学模型的分类

总结数学模型的分类以及建立数学模型的一般步骤，对于初学者而言是非常重要的。虽然数学模型多种多样，但是其中有着内在的相似之处。经常总结经验有助于初学者尽快掌握各类模型，熟悉不同的数学建模问题。

数学模型可以按照不同方式来分类，如按照模型的应用领域，可以分为数量经济模型、医学模型、地质模型、社会模型等，更具体的有人口模型、交通模型、生态模型、水利建设模型等；按照建立模型的数学方法，可以分为几何模型、微分方程模型、图论模型等。数学建模的初衷是洞察源于数学之外的事物或系统；通过选择数学系统，建立原系统的各部分与描述其行为的数学部分之间的对应关系，达到发现事物运行的基本过程的目的。因此，人们常用如下方法进行分类。

（1）观察模型与决策模型。基于对问题状态的观察研究，所提出的数学模型可能有几种不同的数学结构。例如，决策模型是针对一些特定目标而设计的，典型的情况是某个实际问题需要作出某种决策或采取某种行动以达到某种目的。决策模型常常是为了使技术的发展达到顶峰而设计的，它包括算法和由计算机完成的特定问题求解的模拟。

（2）确定性模型和随机性模型。确定性模型建立在如下假设的基础上：如果在某个瞬间或整个过程的某个时段有充分的确定信息，则系统的特征就能准确地预测。确定性模型常常用于物理和工程领域，如微分方程模型就是常见的确定性模型；随机性模型是在概率意义上描述系统的行为，它广泛应用于社会科学和生命科学中出现的问题。

（3）连续模型和离散模型。有些问题可用连续变量描述，有些问题适合用离散量描述，有些问题由连续性变量描述更接近实际，但也允许离散化处理。

（4）解析模型和仿真模型。建立的数学模型可直接用解析式表示，结果可能是特定问题的解析，或得到的算法是解析形式的，通常认为是解析模型；而实际问题的复杂性经常使目前的解析法满足不了实际问题的要求或无法直接求解，因此，很多实际问题需要进行仿真，仿真模型可以对原问题进行直接或间接仿真。

数学模型是使用数学来解决实际问题的桥梁，对它的分析和研究过程主要运用的是数学的理论、方法。由于建立数学模型的目的是解决实际问题，在分析过程中应用数学理论时，数学上的自然的结论不一定是研究数学模型所需要的结果。如大家在中学数学中所遇到的应用题那样，只要套用公式就能解决的问题，在实际的数学模型中是很少见到的。将分析模型所得到的数学结论运用到实际中去解决问题同样需要创造性的工作，往往并非简单地套用现有的数学公式或定理所能奏效的。因此，不能认为数学模型就是数学应用题，特别是不能认为数学模型就是套公式的问题。

一个好的数学模型不在于它使用了多么高深的数学知识，而是作为一个成功的模型应该有较强的实际背景，最好是直接针对某个实际问题的；模型应该是经过实际检验，表明是可以接受的；模型应该能够使人们对所研究的问题有进一步的了解；模型应该尽可能简单，便于使用者理解和接受。

二、数学建模

（一）数学建模的概念

一般将数学模型理解为将数学理论与实践相结合所产生的一种思想方法，将现实生活中的实际问题运用数学理论、构造算法加以解决的一种思想方法。数学模型课程中并没有太多新的数学内容，而是将个人以前学过的数学理论与学习方法加以分类总结，指导学生如何应用数学知识解决实际问题的一门课程。构造数学模型不是易事，建立一个好的数学模型通常需要经过多次反复实践，即通过对现实问题的探求，经简化、抽象，建立初步的数学模型，再通过各种检验和评价发现模型的不足之处，然后做出改进，得到新的模型。这样通常要重复多次才能得到理想的模型，建立数学模型的过程称为数学建模。数学建模是一种数学的思考方法，是研究者运用数学的语言和方法对原型进行抽象、简化，建立能近似刻画原型并解决实际问题的一种强有力的模型。数学建模就是用数学语言描述实际现象的过程。这里的实际现象既包含具体的自然现象（如自由落体现象），也包含抽象的现象（如顾客对某种商品的价值倾向等）。这里的描述不但包括对外在形态、内在机制的描述，也包括预测、试验和解释实际现象的内容。

（二）数学建模的过程

1. 问题分析

对于面临的实际问题，学生首先需要明确研究的对象和研究的目的，问题所依据的事实和数据资料的来源是什么，它们是否真实；还需要明确所研究问题的类型是确定的还是随机的，是需要建模还是需要模拟。

2. 模型假设

辨识并列出与问题有关的因素，通过"假设"把所研究的问题进行简化，明确模型中需要考虑的因素以及它们在问题中的作用，以变量和参数的形式表示这些因素。通常在建模之初总是把问题尽量简化，在最简单的情形下组建模型以降低建模工作的难度。然后通过不断地调整假设使模型尽可能地接近实际。模型假设是数学建模最关键的一步，这一步可以很好地锻炼学生的数学阅读能力、想象力、洞察力和综合分析能力。

3. 模型建立

明确了建模的目的，有了相对合理的假设，接下来就是利用合适的数学工具刻画已知量和变量之间的关系，构造相应的数学结构（可以是数学表达式、图形表格或算法等）。这一步要求学生具有较强的数学化能力和抽象概括能力。运用数学知识和数学上的技巧来描述问题中变量之间的关系。通常模型可以用数学表达式来描述，如比例关系、线性或非线性关系、经验关系、平衡原理、输入输出关系、牛顿运动定律、微分或差分方程、矩阵、概率、统计分布等，从而得到所研究问题的数学模型。

4. 模型求解

模型求解是数学模型方法中极为重要的环节。实际上，建立模型的目的就是解出某些数值、某些取值规律或取值范围等。同时，通过求解也能够发现模型的准确程度和有效性，使学生在不断地修改中完善数学模型，启发学生建模的思路。在模型计算过程中，对于那些题型庞大、数据繁多的问题，可以进行灵活的处理。

（1）非线性问题先进行线性化处理，再利用线性计算工具进行计算。

（2）将问题进行分层、分解处理。分解为若干个小型的、特殊的、可以利用已有公式计算的形式。

（3）将连续变量转化为离散变量进行计算。

（4）舍去次要因素，将变化不大的变量常数化，将几何形状对称化、特殊化，从而进一步简化模型，得到初步、粗略的近似结果。

（5）方法的移植。有时可以使用其他领域内的方法、思想，并给出一定创造性的处理手段。

（6）指标的平均化处理。对于需要全面体现的量化数据指标，可以进行平均化处理，即用平均值来替代。

（7）检验数据的科学化处理。与时间有关的数据经常需要改造成时间密度形式，即单位时间内的数量指标；与坐标、几何对象有关的数据也要进行密度化处理，即建立在单位长度、面积、体积下的数量指标。这样往往可以先进行离散阶梯化，再进行拟合连续化，有时还要对数据进行标准化，即单位化处理，以便比较模型。计算需要扎实的数学理论基础，从实际问题抽象出来的数学形式经常过于复杂，需要进行恰当的集中简化、形式化简、形式分解等处理，有时还要用到很多数学技巧，也要用到一些专门的数学公式、计算方法、表示形式，有时为了计算、论证某些特殊的数量关系、几何特征、变化规律、表示形式，可能要做出一些猜测，且必须对这些猜测进行论证，这就需要非常扎实的数学论证能力，能够创造性地引入一些重要因素、数学概念进行论证分析。另外，还需要具备较为宽广的理论基础，能同时利用多个数学分支的知识、思想、方法来综合计算。

5. 模型检验

模型检验即运行所得到的模型，检验模型的结果或把模型的运行结果与实际观测进行比较。如果模型结果的解释与实际状况相吻合或结果与实际观测基本一致，则表明模型经检验与实际问题是一致的，可以将结果用于对实际问题的进一步分析和讨论。如果模型的结果很难与实际相吻合或与实际观测不一致，表明这个模型与所研究的实际问题有差异，不能直接将其应用于所研究的实际问题中。这时，如果数学模型的推导、组建过程没有问题，就需要返回到建模前关于问题的假设上，检查关于这个问题所做的假设是否恰当，检查是否忽略了不应该忽略的因素或者还保留着不应该保留的因素，对假设做出必要的修正，重复前面的建模过程，直到组建出经检验符合实际问题的模型为止。

将一个数学模型应用于实际问题，主要是通过对模型做进一步的分析和讨论实现的。应用数学模型的过程如下：使用代数的、分析的或数值的方法给出模型的解；从理论上讨论解的性质，必要时也可以写出计算程序或者使用恰当的软件由计算机进行模拟；把数学和计算机上运算得到的结果结合到实际问题中去，给出对实际问题的解释，解决实际问题或加深对实际问题的认识，从而达到使用数学模型研究实际问题的目的。需要注意，从数学模型得到的结论主要目的是解决实际问题，因此用它来解决实际问题时的语言应该是非数学工作者所能理解的。若研究者过多、过深地使用数学语言，将影响模型的使用效果，要学会使用通俗的语言表达数学上的结论，使它能为更多的人所接受。

（三）数学建模的特点

数学建模是利用数学工具解决实际问题的重要手段，得到的模型有很多优点，也有很多缺点。

1. 模型的逼真性和可行性

一般来说，人们总是希望模型尽可能地逼近研究对象，但一个非常逼真的模型在数学上往往难以处理，即实际上不可行。此外，越逼真的模型越复杂，即使数学上可以处理，但所需要的"费用"也是相当高的，而高的费用不一定与复杂模型产生的收益相匹配，所以在实际建模时，往往会在逼真性和可行性、费用和效益之间做出合理的选择。

2. 模型的非预制性

虽然现在已有很多模型供大家使用，但实际问题千差万别，不可能要求把各种模型做成预制品供研究者在建模时使用。因此，建模本身常常事先没有答案，在建模过程中甚至会伴随新的数学方法或新的数学概念产生。

3. 模型的渐进性

稍微复杂一些的实际问题的建模通常不可能一次成功，要经过建模过程的反复迭代，包括由简到繁，也包括删繁就简，以获得越来越满意的模型。在科学发展过程中，随着人们认识和实践能力的提高，各门学科中的数学模型也存在着一个不断完善和推陈出新的过程。

4. 模型的条理性

从建模的角度考虑问题可以促使人们对现实对象分析得更全面、更深入、更具条理性，这样即使建立的模型由于种种原因尚未达到实用的程度，但对问题的研究也是有利的。

5. 模型的稳定性

模型的结构和参数常常是由对象的信息（如观测数据）确定的，而观测数据是允许有误差的。一个好的模型应该具有稳定性（强健性），即当观测数据（或其他信息）有微小改变时，模型结构和参数只有微小变化，并且一般也会导致模型求解的结果有微小变化。

6. 模型的技艺性

建模的方法与其他一些数学方法（如方程解法、规划解法等）是不同的，它无法归纳出若干条普遍适用的准则和技巧，而经验、想象力、洞察力、判断力以及直觉、灵感等起的作用往往比一些具体的数学知识更大。

7. 模型的可转移性

模型是现实对象抽象化、理想化的产物，它不为对象的所属领域所独有，可以转移到另外的领域。在生态、经济、社会等领域内，建模就常常借用物理领域中的模型，模型的这种性质显示了其应用的极大广泛性。

8. 模型的局限性

模型是现实对象简化、理想化的产物，所以一旦将模型的结论应用于实际问题，就回到了现实世界，那些被忽视、简化的因素必须要考虑，因此，结论的通用性和精确性只是相对的和近似的。由于人们的认知能力和科学技术以及数学本身发展水平的限制，因此还有不少实际问题是很难建立有实用价值的数学模型的。

三、高中数学建模

2017 年《普通高中数学课程标准（修订稿）》中直接将数学建模作为高中数学核心素养之一，突出了高中数学教育中数学建模的重要性。新改编的教材在必修和选修中都正式地编入了数学建模板块，为高中数学教师在高中进行建模教学给予了充分的指引。

在数学教育中，应用题在教材与考试中普遍出现，一些教师在认识上容易将数学应用题与数学建模相混淆。应用题在于用数学的方式去解决实际问题，而这些问题基本已经将现实问题简化成易构造标准的、理想的数学模型，重点在于解决数学问题。为了服务数学教育，应用题对显示的问题简化，更注重为了数学的知识而设计问题。数学建模与传统课程中的应用题教学是有一定差距的，但应用题的解决过程套用了数学模型，在解题中同样经历了理解、转化、应用和检验的过程。从数学建模过程的角度看，应用题的解题过程是对数学建模过程的缩减。所以，选择合适的应用题或对应用题进行改编，将其作为教学内容，对数学建模教学有一定的辅助作用。

（一）高中数学建模的特点

根据高中数学教学的体系设置与学生所掌握的知识，高中数学建模有着自己的特点：第一，在数学课标中提出高中建模教学面向所有接受高中教育的学生；第二，介绍有代表性的数学模型及成功地应用数学方法，可培养学生用数学语言描述及解决实际问题的能力，使学生正确把握数学与现实世界的关系；第三，数学建模应选择能被学生所接受的、有意义的模型与问题，从而有说服力地揭示数学问题的起源、数学与现实世界的相互作用，激发学生参与研究的兴趣；第四，数学建模中的条件设定可以具有"不确定"性，培养学生分析问题的能力；第五，数学建模问题是可以联系其他学科的问题，数学建模从某种意义上讲是一门综合学科。

（二）高中数学建模的分类

1. 建立函数模型

函数知识内容丰富、应用广泛，不仅对数学问题，而且在自然科学的其他领域甚至社会科学都有用武之地。如在生产、生活中普遍存在的成本最低、利润最高、产量最大、效益最好、用料最省等应用问题，常常可以归结为函数的最值问题，通过建立相应的目标函数，确定变量的限制条件，运用数学的方法进行求解。

2. 建立数列模型

从特殊到一般来研究数列项的关系是解决数列问题的常用方法，与次数有关的问题常常通过建立数列模型来解决。在生活和生产活动中，如增长率、降低率、复利、分期付款、作物间作、期货贸易、人口增长、细菌分裂等实际问题常常可通过建立数列模型来解决。

3. 建立几何模型

在现实生活中，如测量、设计、航行、天体运行、材料加工等涉及几何图形的几何特征的应用题，常常需要利用图形的几何性质，建立相应的几何（平面几何、立体几何、解析几何）模型，再与方程、不等式、三角函数等知识和方法相结合进行求解。

4. 建立方程或不等式模型

方程思想是一种常用的重要数学思想。在初中的有关应用题的求解中，都是把实际问题（如行程问题、工程问题、浓度问题等）化归为方程问题进行求解，即列方程解应用题。通过高中数学的学习，学生掌握了更多的数学知识和数学方法，因而在建立方程模型、解应用题时，就会突破所建立的仅仅是二次（或一次）方程（组）这一限制，建立高次方程（组）或不定方程（组）等模型，解方程的方法将有所创新。

5. 建立排列组合和概率模型

现实生活中广泛存在着排列组合问题，由于排列组合问题思考方法独特，结果的正确性又难以检验，在解决此类问题时要把握好所给的条件，合理分类，分辨清楚是排列还是组合，要建立正确的排列组合模型，并正确地使用分类计数原理、分步计数原理。在生活中，如分书问题、拍照时的排列问题以及人员的分组问题等常常要建立排列组合模型来解决。

（三）高中数学建模的理论依据

1. 元认知理论

元认知理论基于认知心理学以及元记忆的研究。我国学者在研究中一般认为元认知主要包括元认知知识、元认知体验和元认知监控。在数学学科教育中，元认知在利用数学知识解决问题的过程中，培养学生的思维能力以及其他方面的能力有着显著作用，越来越多的研究者在数学教育领域内关注元认知理论。元认知在数学教学中有着自己独特的特点：第一，教学内容上，元认知教学的侧重点是让学生了解自身的学习特点、学习目标及任务性质间的关系，发展学生自我调节学习的能力，达到在教学中实现"教是为了不教"的教育理想。第二，教学目标上，元认知教学让学生意识到如何能更好地学习和思考，而非传统的单一知识和技能掌握。第三，对提高学习能力的影响更为直接，元认知包括学生对自己的思维与学习特点的自我认识，这种认识让学生了解自己的学习风格、学习动机、学习特点，从而影响学生本身的认识风格、学习动机及学习策略等，能够进一步提高个体的整体学习能力。

良好的元认知体验，能够促进数学学习效率的提高。在数学教学中教师要了解学生的学习态度、情绪、情感及动机，并对不同个体加以引导；在问题解决过程中让学生参与到解题思维发展的过程中，让学生对解题策略有更加直观的理解，使其深刻体会到策略使用的知识；对于高中学生必须掌握的知识，教师要让学生清楚地理解相关知识，使其对整体的数学知识思想和解题方法融会贯通并深刻理解。

2. 问题解决

数学"问题解决"教学是传授解决问题方法、培养思维的过程，是师生合作展开教学活动的过程。以下是对"问题解决"的几种观点。

（1）"问题解决"是学生在日常生活和学习中，当面临新情境、新课题时，发现它与客观需要相矛盾并且自己没有完整对策时，去寻求处理办法的一种心理活动。

（2）"问题解决"是一个探索的过程、发现的过程、创新的过程，是学习数学的根本原因。

（3）"问题解决"是一种能运用数学知识解决现实问题的能力。

数学"问题解决"的教学过程，给教师提供了启发学生思维的条件，为培养学生的问题意识、方法意识、策略意识提供了有利条件，为学生提供了发现、创造数学思维的条件与环境，让教师重视问题解决的过程和思维方法及问题解决的元认知体验。

3. 建构主义

瑞士心理学家皮亚杰在20世纪60年代提出建构主义观点。建构主义认识问题的关键是把人的认识结构进行不断的构建并研究它的发生和转换。研究者通过不断的建构和研究，以此获得知识，但这个过程不是被动的，而是认识的主体积极主动建构的。建构主义在教学上主要有以下几个观点。

（1）教学过程是学生主动学习的过程。建构理论认为，知识是对客观现实的解释、假设和理解，是以内在的心理意象或心理模式存在的，而知识的学习就是一个个体主动构造的过程。因此，教学过程应该是学生主动学习的过程，而不是教师简单地传授，更不是机械地告诉与被告诉的过程。建构主义教学强调在教学过程中教师需要创设问题情境、精心设计教学实践活动，在活动中师生共同参与，调动学生的积极性，激励学生主动地去理解、交流和运用。

（2）强调问题中心。建构主义教学认为，学生的学习要从实际情境中提出自己感兴趣的问题，以某个恰当的问题为切入点，进行理解、研究，当有疑惑时再学习的过程，形成"问题—研究—学习"的循环模式。在此过程中，教师要以问题为中心，培养学生独立学习、独立探索和独立研究的精神，进而促进学生的元认知发展。

（3）强调知识的相对性和教学的灵活性。建构主义认为，知识只是更可能正确的解释，而不是绝对正确的最终答案。教师不能把知识预先准备好，再以固定模式灌输给学生，而应该通过灵活的教学设计，在课堂上以学生为主体，让学生根据自己的学习经验来分析知识的背景、检验知识的真理性，以此来建构对知识的理解。

在数学建模过程中，教师要成为学生学习的合作者，意识到学生的个体差异，满足学生个性化学习的需要，发挥学生充满个人"思维创造"的特点。学生能够有意识地用已知的数学知识去解决实际问题，即使所掌握的知识不足，也能激起自己想学习未知的数学知识和思想方法的意愿，还能增强与他人合作交流、解决问题的意识，取长补短、共同成长。由此可知，数学建模是学生主动建构的探索性过程，建构主义理论可在一定程度上指导数学建模教学。

4. 变式教学

变式教学是一种典型的数学教学方式，教师通过变式的方法与途径进行教学，让学生在变式中思考，在变式中把握知识的本质和规律。数学变式教学是指在数学教学过程中，教师对基本概念、定理、性质、公式从不同背景、不同情形、不同层次和不同角度进行有效的变化，使其条件或形式发生变化，但本质特征不变，如一题多解、一法多用、对问题的条件设计等。实施数学变式教学，能让学生更好地理解知识，特别是能培养学生的思维能力，促进学生掌握数学学习的方法与思想。

教师在教学中适当引入变式教学，可以帮助学生正确地理解和掌握概念、公式、定理和法则，并锻炼学生的解题能力。变式练习能够让学生形成形象思维，提升学习数学的兴趣，增强学习数学的信心，助其化归思想的形成，培养学生的思维创造力。变式教学的积极作用需要合理地设计与运用，因此变式教学应注意以下几个问题：第一，变式的难易程度要适当。教师要根据学生实际情况，结合教学内容，循序渐进，选择适合并能帮助学生学习的变式问题，使学生有效地掌握知识。第二，掌握变式教学的时间。教师不能每一堂课都设置变式练习，也不要在一节课中反复地进行变式练习，这样不仅完成不了教学任务，更会使学生感到很疲惫，从而达不到变式练习的目的。第三，变式教学需师生合作。变式并不是教师单方面给出问题后，学生进行分析、讲解、解决，而是要学生参与到变式中，让学生在教师引导下分析变化、主动思考，一起合作研究，找到问题的变化以及解决问题的方法。

四、高中数学建模的方法与教学策略

（一）高中数学建模的方法

高中数学建模所用的方法大多是通过对问题内部原因进行分析研究，从而找出其发展变化规律的方法，即机理分析法。高中数学建模用到的机理分析法有直接法、图解法、统筹法、拟合法、模拟法等几种常用的方法。

1. 直接法

在数学建模的过程中，模型假设和建立模型至关重要，这也是在应试教育下学生较为头疼的问题。同时高中生遇到的多数是数据确定、变量之间的关系确定等确定性问题，这类问题就可以直接运用数学或者其他学科中已有的定理、结论、原理等知识，对目标问题进行分析、归纳并建立数学模型，从而解决问题，这种建立数学模型解决问题的方法称为直接法。直接法是高中学生常用的一种建模方法，不仅是因为高中遇到的问题多数是确定性问题，而且人们平时解决其他问题的时候，也习惯把未知的问题转化成已知的问题来解决。

2. 图解法

求解模型的过程也同样重要，对于有些学生来说甚至会成为影响建模成功的关键环节。有些模型直接用数学或者其他学科的定理、结论，再加以计算便可解决，但有的数学模型还需要通过计算、建立图像来解决，这种模型求解的方法称为图解法。图解法通常在解决不等式模型中的线性规划问题、人员物资调配问题时大有用处。

3. 统筹法

统筹法是统筹安排时间和工序的方法。这种方法能解决生活和生产过程中许多安排时间和工序的问题，并且基本原理非常简单，所以应用非常广泛。

4. 拟合法

在现实生活中，学生所面对的变量之间的关系和结构不是很清晰，与已有的定理、原理或结论都不完全吻合，不能直接用已有方法找内在规律，此时，如果学生掌握了一些数据，就可以对已有数据进行分析，找到与这些数据比较接近的数学模型，这种方法就叫拟合法。因为它是由数据分析出来的，所以也叫数据拟合法。拟合法就是根据已有数据确定或者寻找一类近似的函数，使得拟合的函数与数据的本质有较高的拟合程度。

5. 模拟法

有的问题虽可以建立数学模型，但是求解起来非常复杂，这时如果可以找到一个与其本质结构相同、建立的模型一样的问题，同时这个新问题的模型又相对简单，则可以用新的模型来模拟原来的模型，可以通过对新模型的分析求解，来求出原问题的解，这种建立数学模型的方法称为模拟法。

（二）高中数学建模的教学策略

1. 选择合适的问题

每种模型都能应用于实际问题，没有相匹配的实际问题就凸显不出数学模型的特点，也不能激发出学生的兴趣。所以，教师在选择建模问题时，一是要根据章节的数学模型，结合教材内容，选择简单的数学建模案例，让学生在现有的知识能力下能够解决问题，既让学生深刻理解数学模型的应用与特点，又能建立起学生解决问题的自信心；二是选择贴近生活的素材设置问题，让学生体会到数学在实际问题中的广泛应用，培养学生用数学去解决实际问题的数学应用意识；三是引导学生去体会教材中的序言、探究与练习和数学文化中的数学应用问题，了解数学发展的历史，正确认识学习数学的目的；四是选题要有健康的、积极的意义与思想，使学生树立正确的人生观和价值观。

2. 调动学生积极性

高效的课堂在于能激发学生的主动性和积极性。"以学生为主体"就是要创造适合学生、能激发学生学习兴趣的课堂。课堂不是教师的表演舞台，也不是学生的培训基地，课堂是让教师和学生感受知识、体会知识、掌握知识的地方。每一节课，教师都应该找寻适合学生学习的方式，引起学生的兴趣，激发学生的求知欲和探索欲。当学生学习数学的热情被激发出来时，课堂上教师和学生就紧密结合起来了，教学和学习的效率也会有所提高。

3. 逐层提高发展能力

在教学过程中，教师要根据学生的能力发展来进行教学设计，不能为了提高学生的知识水平就盲目地提高或增加知识的广度和问题的难度。教师在设计应用问题时，要结合知识概念，从简单的应用问题开始，一方面有益于学生掌握问题的解决方式；另一方面让学生能够牢固地掌握知识的结构与特点。在学生能力提高后，可进行适当的变式练习，引导学生拓展思维，提升学生解决问题的能力，最后让学习自主探索，逐步提升数学建模能力。

4. 组织数学建模小组

学生深入了解数学建模之后，就可以组建数学建模兴趣小组，教师帮助学生选择问题，同时也鼓励学生从现实生活中发现问题。这个时候主要以数据和变量关系清晰的问题为主，主要让学生体会完整的数学建模过程。如银行问题中的存款利息问题、贷款问题、投资问题、折旧问题、利润问题、劳资分配问题、物资调配问题等，都可以让学生尝试解决。

在这一过程中，学生采取自主研究方法的同时可以与其他同学进行交流，也可以采取小组合作分工的方法进行数学建模，但在交流合作的过程中要有自己的意见，同时注意后进生的分工和辅导。在这一阶段还要注重学生计算机的使用，为下一阶段使用计算机解决复杂的建模问题奠定基础，同时还可以建立相关的数学建模网站以供学生学习、参考和交流。

5. 研究成功建模案例

在学生有一定的建模经验之后，教师可以组织学生学习一些成功的数学建模案例。这些案例可以从以往的数学应用、知识竞赛、数学杂志、外国文献上获得，开阔学生的视野和思维，同时给学生提供深入学习的机会。教师还可以在学校开展数学建模的学术报告，为学生提供详尽的数学建模知识和经典案例，营造数学建模的氛围。

6. 积极参与数学知识竞赛

在学生具备了完整地建立数学模型的能力之后，就可以尝试自己寻找实际生活中的问题，经过收集数据、分析数据、模型假设、建立模型、求解模型、验证模型的完整过程后，可以尝试撰写建模论文，向相关的杂志社投稿，一旦论文发表会给学生以很大的激励。同时还可以参加数学知识应用竞赛，学生在具备了完整的建模能力之后，一定要经历竞赛的过程，体会全身心投入一件事的激情，无论竞赛得奖与否，学生的数学建模能力都会有很大的提升。

五、高中数学建模教学的设计与评价

（一）高中数学建模的设计

1. 教学对象分析

有调查表明，初升高的成绩显示大部分学生在初中阶段对数学基础知识掌握一般，而在进入高中学习之后，学生对数学的学习越发感觉到枯燥、困难，不清楚数学的应用价值与学习数学的作用，但学生有着很强的求知欲，如果教师能在教学中激发学生学习数学的兴趣，让学生在问题中体会数学的应用价值，就会为学生学好数学打下良好的基础。在数学教学中适当地引入建模教学对学生综合素质的发展有很大的帮助。

2. 教学目标分析

数学建模的教学目标主要有五个方面：一是通过数学建模的例子，激发学生学习数学的兴趣；二是在建模的过程中，让学生体会数学的应用价值，掌握处理现实问题的数学方法，培养学生理论联系实际的能力；三是在解决问题的过程中，让学生认识自身的数学知识结构，增强对现有知识的掌握，培养学生的主动探索精神，促使学生积极寻求解决问题的方法；四是锻炼学生的思维能力，让学生发现生活中的问题，并从不同的角度去探索解决问题的方式和方法，尝试用数学知识去解决问题；五是培养学生团结合作的意识，发挥自身的特点和发现别人的优点。

在学生必修阶段，教师根据教学内容，让学生认识初步的数学模型，如函数、概率、三角等式等数学模型，寻找符合实际的、简单的应用问题，让学生体会和感受数学建模，并在这个过程中使学生认识和掌握数学建模的过程与方法；在学生选修阶段，学生对高中的基本知识结构已经掌握，同时经过长期的高中数学学习，能力也有所提升，此时教师可以让学生处理比较典型的应用性问题，从而锻炼学生的思维能力及建模能力。

3. 教学方式选择

教师根据不同的教学内容，应当选择合适的教学方式，既不能"满堂灌"，也不能一味地交给学生去掌控课堂，应当根据知识和问题的复杂程度以及学生的状态进行适当的调整。在教学中主要使用的方法有三种：一是讲授式，在传授比较复杂的概念、定理时，使用这种方法比较合适，其缺点是教师主导学习过程，学生参与较少；二是讲练式，教师精讲，然后指导学生练习，在讲课中练习，在练习中讲解，讲练结合；三是探练式，在学生掌握基本知识与能力后，进行变式练习、小步变化、学生探究练习、教师辅助指导等，逐步提升学生数学建模能力。这三种方法也可以混合使用，但要根据学生的情况进行适当调整，以学生为主体，不要拘泥于形式。

（二）高中数学建模的评价

对学生数学建模评价的一个核心思想是发展性思想。教师对学生评价的根本出发点是帮助学生发展，发展学生的数学知识水平，发展学生的数学运用能力，培养学生的现代科技意识，使他们体会现代信息技术给人类带来的好处，发展学生适应社会的能力，为学生的终身发展奠定基础。

（1）教师对学生数学建模的评价应是一种激励性评价，这是一个非常重要的原则。学校开展数学建模的目的之一是逐步地建立和培养学生对数学学习的兴趣，促使他们热爱数学，不能打击他们学习的热情和积极性。一般来讲，数学建模的答案没有唯一的标准，也没有明确的对错之分，这一点与学生的学业评价是不一样的（在学习知识的过程中，必须将学生在学习中出现的错误加以指正）。只要学生在建模的过程中有自己的独立思考，并且能恰当地使用自己学过的知识，找出解决问题的办法，最后将问题在一定程度上加以解决，就可以认为他们的答案是合理的，这样就达到了学校开展数学建模的目的。教师应当对学生的这一思考及时地给予肯定，并在此基础上鼓励和引导学生进一步思考。

（2）对学生数学建模的评价要坚持过程性原则。在高中开展数学建模的重点不是要求学生解决实际问题，而是希望学生在解决问题的过程中去完整地体会科学研究的过程，逐步形成数学应用的意识，逐步形成用数学的眼光去观察和认识世界，学会使用数学解决身边的问题，体会数学的应用价值，并促使学生更好地学习数学。同时，在科学研究的过程中，会遇到各种各样的问题，开展数学建模能够教会学生面对困难、克服困难，锻炼学生的意志、品质。为了完成数学建模这一课题，学生需要进入社会、深入生活，去收集资料、获得信息。在这个过程中，学生会逐步地形成市场意识，学会与人相处，这是一个很好的接触社会的过程。在数学建模的过程中，学生的经历和收获会对学生以后的学习和生活产生很大的影响。教师对学生数学建模的评价，要关注学生的情感、态度和价值观，对学生情感、态度和价值观的评价有助于学生身心健康的发展。学生在数学建模过程中的态度能很好地反映他们的心理素质，反映他们对科学研究的态度以及做学问的热情。

（3）独立性原则。对学生数学建模进行评价的时候，要关注学生主观能力的发挥，关注他们是否经过自己的独立思考来完成任务的。

（4）目标多元化的原则。对学生数学建模的评价应关注方方面面，教师不仅要关注学生提出的问题、数学知识的运用、工具的使用、数据资料的获得、论文写作能力和语言表达能力，还要关注他们在解决问题的过程中以及克服困难的过程中所表现出来的情感态度和价值观。

六、建模案例——关于水车上任意一点距离水面的高度与水的流速的关系的研究

（一）问题的提出

水车又称孔明车，是我国最古老的农业灌溉工具，是先人们在征服世界的过程中创造出来的高超劳动技艺，是珍贵的历史文化遗产。相传汉灵帝时华岚造出雏形，经三国时孔明改造、完善后在蜀国推广使用，隋唐时广泛用于农业灌溉，至今已有1700余年历史了。

现代，水车作为一种古老而独具智慧的艺术品出现在生活中，人们在惊异古老智慧的同时，是否想过它身上所蕴含的数学问题。

比如，水车上一点距离水面的高度与水的流速有何关系？

由图1-2-1可知，水车的高度具有一定的周期性，故此模型应为研究周期现象的模型。在研究过程中，不考虑其他影响水车转速或水的流速的因素。

图1-2-1 建模图（图片来源：高中数学建模）

为了更好地学习数学知识，并将它充分运用到实际生活中，学生应对此问题做进一步的研究。

（二）问题的分析

问题的条件有两点：一是题目中要求建立数学模型来研究水车上一点距离水面的高度与水的流速的关系，属于周期现象；二是研究过程中不需要考虑其他因素对水的流速与水车转速的影响。

（三）模型的假设与符号说明

假设水流速为恒定值，则模型符号说明见表 $1-2-1$。

表 $1-2-1$　模型符号说明（表格来源：高中数学建模）

符号	说明	符号	说明
h	水车上一点距离水面的高度	t	时间
v	水的流速	b	水车圆心与水面的距离
w	水车的角速度	α	水车上一点转过的角度
r	水车的半径	—	—

（四）模型建立

如图 $1-2-2$ 所示，水车半径为 r，其中心 O 与水面距离为 b，规定水的流速为 v，向左为正方向，任意一点 P 距离水面的高度为 h。求 h 与 v 的函数解析式。

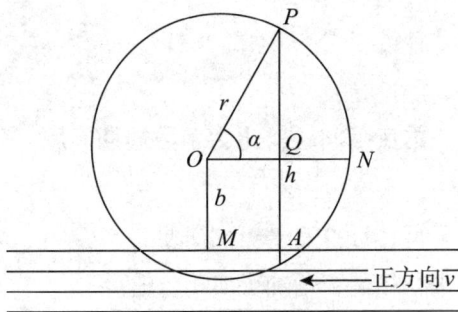

图 $1-2-2$　建模图（图片来源：高中数学建模）

（五）模型求解

水的流速即可看作水车的线速度，则由已知可得水车的角速度 $w=v/r$。为了方便，不妨从当 OP 与水面平行时开始计时，即从 ON 处开始计时，在 t 时刻水车转动的角度 $\alpha=wt=vt/r$①。

如图 1-2-2 所示，过点 P 向水面作垂线，交 ON 于点 Q，交水面于点 A，PA 即点 P 距离水面的高度。

$h = PA = PQ + QA = PQ + OM$②；$PQ = OP \cdot \sin\alpha$③；

把③①式代入②式得 $h = r \cdot \sin(t \cdot v/r) + b$。

这就是水车上任意一点距离水面高度 h 与水流速 v 的函数解析式。

（六）结果分析

研究函数 $h = r \cdot \sin(t \cdot v/r) + b$ 的性质：

（1）确定周期：$T = 2\pi/w = 2\pi/(v/r) = 2\pi r/v$。

（2）确定频率：$f = 1/T = v/2\pi r$。

（3）讨论性质：

当 $vt/r \in [2k\pi - \pi/2, 2k\pi + \pi/2]$ $(k \in \mathbf{Z})$，即当 $v \in [2k\pi r/t - \pi r/2t, 2k\pi r/t + \pi r/2t]$ $(k \in \mathbf{Z})$ 时，函数递增。

当 $vt/r \in [2k\pi + \pi/2, 2k\pi + 3\pi/2]$ $(k \in \mathbf{Z})$，即当 $v \in [2k\pi r/t + \pi r/2t, 2k\pi r/t + 3\pi r/2t]$ $(k \in \mathbf{Z})$ 时，函数递减。

（七）研究拓展

如果雨季河水上涨或旱季河流水量减少，将造成水车中心 O 与水面距离改变，而使函数解析式中所加参数 b 发生变化。水面上涨时参数 b 减小，水面回落时参数 b 增大。如果水流速度加快，将使周期 T 减小，转速减慢时则使周期 T 增大。

（八）方案评价

（1）例题把所解决的实际问题转化为函数周期问题，建立模型，思路清晰合理。

（2）简化了水车模型，计算起来更加简便。

（3）将研究结果进行拓展，增加了实用价值。

（4）但在实际运用中还应考虑自然因素对水的流速的影响，根据实际情况进行灵活改变。

（5）面对实际问题建立数学模型，是一项重要的基本技能，通过这个问题的研究，学生将更加熟练地掌握把问题提供的"条件"逐条地翻译成数学语言的方法。

第三节　高中数学基础知识

一、集合

（1）理解集合中元素的意义是解决集合问题的关键：元素是函数关系中自变量的取值，或是因变量的取值，还是曲线上的点？

（2）数形结合是解集合问题的常用方法：解题时要尽可能地借助数轴、直角坐标系或韦恩图等工具，将抽象的代数问题具体化、形象化、直观化，然后利用数形结合的思想方法解决。

（3）含 n 个元素的集合的子集数为 2^n，真子集数为 2^n-1，非空真子集数为 2^n-2；$A\subseteq B\Leftrightarrow A\cap B=A\Leftrightarrow A\cup B=B$（注意：讨论的时候不要遗忘了 $A=\phi$ 的情况）；$C_I(A\cup B)=(C_IA)\cap(C_IB)$，$C_I(A\cap B)=(C_IA)\cup(C_IB)$；$\phi$ 是任何集合的子集，是任何非空集合的真子集。

二、函数与导数

（一）映射

注意：①第一个集合中的元素必须有象；②一对一或多对一。

（二）函数值域的求法

（1）分析法。

（2）配方法。

（3）判别式法。

（4）利用函数单调性。

（5）换元法。

（6）利用均值不等式 $\sqrt{ab}\leqslant\dfrac{a+b}{2}\leqslant\sqrt{\dfrac{a^2+b^2}{2}}$。

（7）利用数形结合或几何意义（斜率、距离、绝对值的意义等）。

（8）利用函数有界性（a^x、$\sin x$、$\cos x$ 等）。

（9）导数法。

（三）复合函数的有关问题

1. 复合函数定义域的求法

（1）若 $f(x)$ 的定义域为 $[a, b]$，则复合函数 $f[g(x)]$ 的定义域由不等式 $a \leqslant g(x) \leqslant b$ 解出。

（2）若 $f[g(x)]$ 的定义域为 $[a, b]$，求 $f(x)$ 的定义域，相当于 $x \in [a, b]$ 时，求 $g(x)$ 的值域。

2. 复合函数单调性的判定

（1）首先将原函数 $y = f[g(x)]$ 分解为基本函数：内函数 $u = g(x)$ 与外函数 $y = f(u)$。

（2）分别研究内、外函数在各自定义域内的单调性。

（3）根据"同性则增，异性则减"来判断原函数在其定义域内的单调性。

注意：外函数 $y = f(u)$ 的定义域是内函数 $u = g(x)$ 的值域。

（四）分段函数

值域（最值）、单调性、图像等问题，先分段解决，再下结论。

（五）函数的奇偶性

（1）函数的定义域关于原点对称是函数具有奇偶性的必要条件。

（2）$f(x)$ 是奇函数 $\Leftrightarrow f(-x) = -f(x) \Leftrightarrow f(-x) + f(x) = 0 \Leftrightarrow \dfrac{f(-x)}{f(x)} = -1$。

（3）$f(x)$ 是偶函数 $\Leftrightarrow f(-x) = f(x) \Leftrightarrow f(-x) - f(x) = 0 \Leftrightarrow \dfrac{f(-x)}{f(x)} = 1$。

（4）奇函数 $f(x)$ 在原点有定义，则 $f(0) = (0, 0)$。

（5）在关于原点对称的单调区间内：奇函数有相同的单调性，偶函数有相反的单调性。

（6）若所给函数的解析式较为复杂，应先等价变形，再判断其奇偶性。

函数的奇偶性见表 1-3-1。

表 1 - 3 - 1　函数的奇偶性

函数的性质	定义	图像	判定方法
函数的奇偶性	如果对于函数 $f(x)$ 定义域内任意一个 x，都有 $f(-x) = -f(x)$，那么函数 $f(x)$ 叫作奇函数		（1）利用定义（要先判断定义域是否关于原点对称）（2）利用图像（图像关于原点对称）
	如果对于函数 $f(x)$ 定义域内任意一个 x，都有 $f(-x) = f(x)$，那么函数 $f(x)$ 叫作偶函数		（1）利用定义（要先判断定义域是否关于原点对称）（2）利用图像（图像关于 y 轴对称）

（六）正弦、余弦、正切函数的性质

正弦、余弦、正切函数的性质见表 1 - 3 - 2。

表 1 - 3 - 2　函数的性质表

函数	定义域	值域	周期性	奇偶性	递增区间	递减区间
$y = \sin x$	$x \in \mathbf{R}$	$[-1, 1]$	$T = 2\pi$	奇函数	$\left[-\dfrac{\pi}{2} + 2k\pi, \dfrac{\pi}{2} + 2k\pi\right]$	$\left[\dfrac{\pi}{2} + 2k\pi, \dfrac{3\pi}{2} + 2k\pi\right]$
$y = \cos x$	$x \in \mathbf{R}$	$[-1, 1]$	$T = 2\pi$	偶函数	$[(2k-1)\pi, 2k\pi]$	$[2k\pi, (2k+1)\pi]$
$y = \tan x$	$\left\{x \middle| x \neq \dfrac{\pi}{2} + k\pi\right\}$	$(-\infty, \infty)$	$T = \pi$	奇函数	$\left(-\dfrac{\pi}{2} + k\pi, \dfrac{\pi}{2} + k\pi\right)$	—

（七）函数的单调性的定义

（1） $f(x)$ 在区间 M 上是增函数 $\Leftrightarrow \forall x_1, x_2 \in M$，当 $x_1 < x_2$ 时有 $f(x_1) - f(x_2)$

$< 0 \Leftrightarrow (x_1 - x_2) \cdot [f(x_1) - f(x_2)] > 0 \Leftrightarrow \dfrac{f(x_1) - f(x_2)}{x_1 - x_2} > 0$。

（2）$f(x)$ 在区间 M 上是减函数 $\Leftrightarrow \forall x_1, x_2 \in M$，当 $x_1 < x_2$ 时有 $f(x_1) - f(x_2) > 0 \Leftrightarrow (x_1 - x_2) \cdot [f(x_1) - f(x_2)] < 0 \Leftrightarrow f(x_1) - f(x_2)/(x_1 - x_2) < 0$。

函数单调性的定义及判别方法见表 1-3-3。

表 1-3-3　函数单调性的定义及判别方法

函数的性质	定义	图像	判定方法
函数的单调性	如果对于属于定义域 I 内某个区间上的任意两个自变量的值 x_1, x_2，当 $x_1 < x_2$ 时，都有 $f(x_1) < f(x_2)$，则 $f(x)$ 在这个区间上是增函数		①利用定义；②利用已知函数的单调性；③利用函数图像（在某个区间内图像上升为增）；④利用复合函数
	如果对于属于定义域 I 内某个区间上的任意两个自变量的值 x_1, x_2，当 $x_1 < x_2$ 时，都有 $f(x_1) > f(x_2)$，则 $f(x)$ 在这个区间上是减函数		①利用定义；②利用已知函数的单调性；③利用函数图像（在某个区间内图像下降为减）；④利用复合函数

（八）函数的周期性

（1）周期性的定义：对定义域内的任意 x，若有 $f(x+T) = f(x)$（其中 T 为非零常数），则称函数 $f(x)$ 为周期函数，T 为它的一个周期。所有正周期中最小的称为函数的最小正周期。如没有特别说明，遇到的周期都指最小正周期。

（2）三角函数的周期：①$y = \sin x : T = 2\pi$；②$y = \cos x : T = 2\pi$；③$y = \tan x : T = \pi$；④$y = A\sin(\omega x + \varphi), y = A\cos(\omega x + \varphi) : T = 2\pi/|\omega|$；⑤$y = \tan \omega x : T = \pi/|\omega|$。

（九）基本初等函数的性质

（1）幂函数：$y = x^a$（$a \in \mathbf{R}$）。

（2）指数函数：$y = a^x$（$a > 0$，$a \neq 1$）。

（3）对数函数：$y = \log_a x$（$a > 0$，$a \neq 1$）。

（4）正弦函数：$y = \sin x$。

（5）余弦函数：$y = \cos x$。

（6）正切函数：$y = \tan x$。

（7）一元二次函数：$y = ax^2 + bx + c$。

（十）二次函数

（1）解析式：①一般式为 $y = ax^2 + bx + c$；②顶点式为 $f(x) = a(x - h)^2 + k$，(h, k) 为顶点；③零点式为 $f(x) = a(x - x_1)(x - x_2)$。

（2）二次函数问题解决需考虑的因素：①开口方向；②对称轴；③端点值；④与坐标轴交点；⑤判别式；⑥两根符号。

（十一）函数图像

1. 图像作法

（1）描点法（特别注意三角函数的五点作图）。

（2）图像变换法。

（3）导数法。

2. 图像变换

（1）平移变换：

① $y = f(x) \rightarrow y = f(x \pm a)$，$(a > 0)$ ——左"+"右"-"；

② $y = f(x) \rightarrow y = f(x) \pm k$，$(k > 0)$ ——上"+"下"-"。

（2）伸缩变换：

① $y = f(x) \rightarrow y = f(\omega x)$，$(\omega > 0)$ ——纵坐标不变，横坐标伸长为原来的 $1/\omega$ 倍；

② $y = f(x) \rightarrow y = Af(x)$，$(A > 0)$ ——横坐标不变，纵坐标伸长为原来的 A 倍。

（3）对称变换：

① $y = f(x) \xrightarrow{(0,0)} y = -f(-x)$；

② $y = f(x) \xrightarrow{y = 0} y = -f(x)$；

③ $y = f(x) \xrightarrow{x = 0} y = f(-x)$；

④ $y = f(x) \xrightarrow{y = x} y = f^{-1}(x)$。

（十二）导数

1. 导数的定义

$f(x)$ 在点 x_0 处的导数记作 $y'|_{x=x_0} = f'(x_0) = \lim\limits_{\Delta x \to 0} \dfrac{f(x_0 + \Delta x) - f(x_0)}{\Delta x}$。

2. 常见函数的导数公式

（1）$C' = 0$。

（2）$(x^n)' = nx^{n-1}$。

（3）$(\sin x)' = \cos x$。

（4）$(\cos x)' = -\sin x$。

（5）$(a^x)' = a^x \ln a$。

（6）$(e^x)' = e^x$。

（7）$(\log_a x)' = \dfrac{1}{x \ln a}$。

（8）$(\ln x)' = \dfrac{1}{x}$。

3. 导数的四则运算法则

（1）$(u \pm v)' = u' \pm v'$。

（2）$(uv)' = u'v + uv'$。

（3）$\left(\dfrac{u}{v}\right)' = \dfrac{u'v - uv'}{v^2}$。

4. 复合函数的导数

$y'_x = y'_u \cdot u'_x$。

（十三）定积分

1. 定积分的定义

$\displaystyle\int_a^b f(x)\,\mathrm{d}x = \lim\limits_{n \to \infty} \sum_{i=1}^{n} \dfrac{b-a}{n} f(\xi_i)$。

2. 定积分的性质

（1）$\displaystyle\int_a^b kf(x)\,\mathrm{d}x = k\int_a^b f(x)\,\mathrm{d}x$（$k$ 常数）。

（2）$\displaystyle\int_a^b [f_1(x) \pm f_2(x)]\,\mathrm{d}x = \int_a^b f_1(x)\,\mathrm{d}x \pm \int_a^b f_2(x)\,\mathrm{d}x$。

（3）$\int_a^b f(x)\,\mathrm{d}x = \int_a^c f(x)\,\mathrm{d}x + \int_c^b f(x)\,\mathrm{d}x$（其中 $a < c < b$ ）。

3. 微积分基本定理（莱布尼茨公式）

$\int_a^b f(x)\,\mathrm{d}x = F(x)\,|_a^b = F(b) - F(a)$ 。

4. 定积分的应用

（1）求曲边梯形的面积：$S = \int_a^b |f(x) - g(x)|\,\mathrm{d}x$ 。

（2）求变速直线运动的路程：$S = \int_a^b v(t)\,\mathrm{d}t$ 。

（3）求变力做功：$W = \int_a^b F(x)\,\mathrm{d}x$ 。

（十四）指数函数与对数函数的图像与性质

指数函数与对数函数的图像与性质见表 1－3－4。

表 1－3－4　指数函数与对数函数的图像与性质表

函数		指数函数		对数函数	
定义		$y = a^x (a > 0,$ 且 $a \neq 1)$		$y = \log_a x (a > 0,$ 且 $a \neq 1)$	
		$a > 1$	$0 < a < 1$	$a > 1$	$0 < a < 1$
图像					
性质	定义域	$(-\infty, \infty)$		$(0, \infty)$	
	值域	$(0, \infty)$		$(-\infty, \infty)$	
	单调性	在 $(-\infty, \infty)$ 上是增函数	在 $(-\infty, \infty)$ 上是减函数	在 $(0, \infty)$ 上是增函数	在 $(0, \infty)$ 上是减函数
性质	函数值变化	$a^x \begin{cases} >1, & x>0 \\ =1, & x=0 \\ <1, & x<0 \end{cases}$	$a^x \begin{cases} <1, & x>0 \\ =1, & x=0 \\ >1, & x<0 \end{cases}$	$\log_a x \begin{cases} >0, & x>1 \\ =0, & x=1 \\ <0, & 0<x<1 \end{cases}$	$\log_a x \begin{cases} <0, & x>1 \\ =0, & x=1 \\ >0, & 0<x<1 \end{cases}$

续　表

函数		指数函数	对数函数
图像	定点	$\because a^0 = 1$，$\therefore$ 过定点（0，1）	$\because \log_a 1 = 0$，$\therefore$ 过定点（1，0）
	图像特征	$\because a^x > 0$，$\therefore$ 图像在 x 轴上方	$\because x > 0$，$\therefore$ 图像在 y 轴右边
	图像关系	$y = a^x$ 的图像与 $y = \log_a x$ 的图像关于直线 $y = x$ 对称	

三、三角函数、三角恒等变换与解三角形

（一）三角函数定义

角 α 中边上任意一点 P 为（x，y），设 $|OP| = r$，则 $\sin\alpha = \dfrac{y}{r}$，$\cos\alpha = \dfrac{x}{r}$，$\tan\alpha = \dfrac{y}{x}$。

（二）三角函数符号规律

一全正，二正弦，三两切，四余弦。

（三）诱导公式记忆规律

"函数名不（改）变，符号看象限"。

（1）$y = A\sin(\omega x + \varphi)$ 对称轴：$x = \dfrac{k\pi + \dfrac{\pi}{2} - \varphi}{\omega}$；对称中心：

$\left(\dfrac{k\pi - \varphi}{\omega}, 0 \right)(k \in \mathbf{Z})$；

（2）$y = A\cos(\omega x + \varphi)$ 对称轴：$x = \dfrac{k\pi - \varphi}{\omega}$；对称中心：$\left(\dfrac{k\pi + \dfrac{\pi}{2} - \varphi}{\omega}, 0 \right)(k \in \mathbf{Z})$。

（四）同角三角函数的基本关系

$\sin^2 x + \cos^2 x = 1$，$\dfrac{\sin x}{\cos x} = \tan x$。

（五）两角和与差的正弦、余弦、正切公式

（1）$\sin(\alpha \pm \beta) = \sin\alpha\cos\beta \pm \sin\beta\cos\alpha$。

（2）$\cos(\alpha \pm \beta) = \cos\alpha\cos\beta \mp \sin\alpha\sin\beta$。

（3）$\tan(\alpha \pm \beta) = \dfrac{\tan\alpha \pm \tan\beta}{1 \mp \tan\alpha\tan\beta}$。

（六）二倍角公式

（1） $\sin 2\alpha = 2\sin\alpha\cos\alpha$ 。

（2） $\cos 2\alpha = \cos^2\alpha - \sin^2\alpha = 2\cos^2\alpha - 1 = 1 - 2\sin^2\alpha$ 。

（3） $\tan 2\alpha = \dfrac{2\tan\alpha}{1 - \tan^2\alpha}$ 。

（七）正弦、余弦定理

（1）正弦定理： $\dfrac{a}{\sin A} = \dfrac{b}{\sin B} = \dfrac{c}{\sin C} = 2R(2R 是 \triangle ABC 外接圆直径)$ 。

（2）余弦定理： $a^2 = b^2 + c^2 - 2bc\cos A$ 等。

（八）几个公式

（1）三角形面积公式：

$$S_{\triangle ABC} = \frac{1}{2}ah = \frac{1}{2}ab\sin C = \sqrt{p(p-a)(p-b)(p-c)}, \left[p = \frac{1}{2}(a+b+c) \right] 。$$

（2）内切圆半径 $r = \dfrac{2S_{\triangle ABC}}{a+b+c}$ ，外接圆直径 $2R = \dfrac{a}{\sin A} = \dfrac{b}{\sin B} = \dfrac{c}{\sin C}$ 。

四、立体几何

（一）表（侧）面积与体积公式

（1）柱体：①表面积为 $S = S_侧 + 2S_底$ ；②侧面积为 $S_侧 = 2\pi rh$ ；③体积为 $V = S_底 h$ 。

（2）锥体：①表面积为 $S = S_侧 + S_底$ ；②侧面积为 $S_侧 = \pi rl$ ；③体积为 $V = \dfrac{1}{3}S_底 h$ 。

（3）台体：①表面积为 $S = S_侧 + S_{上底} + S_{下底}$ ；②侧面积为 $S_侧 = \pi(R+r)l$ ；

③体积为 $V = \dfrac{1}{3}(S + \sqrt{SS'} + S')h$ 。

（4）球体：①表面积为 $S = 4\pi r^2$ ；②体积为 $V = \dfrac{4}{3}\pi r^3$ 。

（二）位置关系的证明（主要方法）

1. 直线与直线平行

（1）线面平行的性质定理。

（2）面面平行的性质定理。

2. 直线与平面平行

（1）线面平行的判定定理。

（2）面面平行 ⇒ 线面平行。

3. 平面与平面平行

（1）面面平行的判定定理及推论。

（2）垂直于同一直线的两平面平行。

4. 直线与平面垂直

（1）直线与平面垂直的判定定理。

（2）面面垂直的性质定理。

5. 平面与平面垂直

（1）定义：两平面所成二面角为直角。

（2）面面垂直的判定定理。

（三）求角

1. 异面直线所成角的求法

（1）平移法：平移直线，构造三角形。

（2）补形法：补成正方体、平行六面体、长方体等，发现两条异面直线间的关系。

2. 直线与平面所成的角

（1）直接法（利用线面角定义）。

（2）先求斜线上的点到平面距离 h，与斜线段长度作比，得 $\sin\theta$。

3. 二面角的求法

（1）定义法：在二面角的棱上取一点（特殊点），作出平面角，再求解。

（2）三垂线法：由一个半面内一点作（或找）到另一个半平面的垂线，用三垂线定理或逆定理作出二面角的平面角，再求解。

（3）射影法：利用面积射影公式（$S' = S\cos\theta$，其中 θ 为平面角的大小）求解。

注意：对于没有给出棱的二面角，应先作出棱，然后再选用上述方法。

（四）求距离

1. 两异面直线间的距离

一般先作出公垂线段，再进行计算。

2. 点到直线的距离

一般用三垂线定理作出垂线段，再求解。

3. 点到平面的距离

（1）垂面法：借助面面垂直的性质作垂线段（确定已知面的垂面是关键），再求解。

（2）等体积法。

五、直线与圆

（一）直线方程

（1）点斜式：$y - y_0 = k(x - x_0)$。

（2）斜截式：$y = kx + b$。

（3）截距式：$\dfrac{x}{a} + \dfrac{y}{b} = 1$。

（4）两点式：$\dfrac{y - y_1}{y_2 - y_1} = \dfrac{x - x_1}{x_2 - x_1}$。

（5）一般式：$Ax + By + C = 0$，$(A、B$ 不全为 $0)$。

（二）两条直线的位置关系

两条直线的位置关系见表 $1-3-5$。

表 1 - 3 - 5　两条直线的位置关系表

直线方程	平行的充要条件	垂直的充要条件	备注
$l_1:y = k_1x + b_1$ $l_2:y = k_2x + b_2$	$k_1 = k_2, b_1 \neq b_2$	$k_1 \cdot k_2 = -1$	l_1, l_2 有斜率
$l_1:A_1x + B_1y + C_1 = 0$ $l_2:A_2x + B_2y + C_2 = 0$	$A_1B_2 = A_2B_1$ 且 $B_1C_2 \neq B_2C_1$（验证）	$A_1A_2 + B_1B_2 = 0$	不可写成分式

（三）直线系

直线系方程关系见表 $1-3-6$。

表 1 - 3 - 6　直线系方程关系表

直线方程	$y = kx + b$	$Ax + By + C = 0$
平行直线系	$y = kx + m$	$Ax + By + m = 0$
垂直直线系	$y = -\dfrac{1}{k}x + m$	$Bx - Ay + m = 0$
相交直线系	$A_1x + B_1y + C_1 + \lambda(A_2x + B_2y + C_2) = 0$	

（四）圆的方程

（1）标准方程：① $(x-a)^2+(y-b)^2=r^2$；② $x^2+y^2=r^2$。

（2）一般方程：$x^2+y^2+Dx+Ey+F=0$ $(D^2+E^2-4F>0)$。

（五）圆系

（1）$x^2+y^2+D_1x+E_1y+F_1+\lambda(x^2+y^2+D_2x+E_2y+F_2)=0$，$(\lambda\neq-1)$。

（2）$x^2+y^2+Dx+Ey+F+\lambda(Ax+By+C)=0$，$(\lambda\neq-1)$。

（六）点、直线与圆的位置关系

（1）点与圆的位置关系：（d 表示点到圆心的距离）

① $d=R\Leftrightarrow$ 点在圆上；② $d<R\Leftrightarrow$ 点在圆内；③ $d>R\Leftrightarrow$ 点在圆外。

（2）直线与圆的位置关系：（d 表示圆心到直线的距离）

① $d=R\Leftrightarrow$ 相切；② $d<R\Leftrightarrow$ 相交；③ $d>R\Leftrightarrow$ 相离。

（3）圆与圆的位置关系：（d 表示圆心距，R,r 表示两圆半径，且 $R>r$）

① $d>R+r\Leftrightarrow$ 相离；② $d=R+r\Leftrightarrow$ 外切；③ $R-r<d<R+r\Leftrightarrow$ 相交；

④ $d=R-r\Leftrightarrow$ 内切；⑤ $0<d<R-r\Leftrightarrow$ 内含。

六、圆锥曲线

（一）椭圆的定义、标准方程及其几何性质

椭圆的定义、标准方程及其几何性质见表 1-3-7。

表 1-3-7　椭圆的定义、标准方程及其几何性质

定义	平面内与两个定点 F_1、F_2 的距离的和等于常数（大于 $\vert F_1F_2\vert$）的点的轨迹叫作椭圆。这两个定点叫作椭圆的焦点，两焦点的距离叫椭圆的焦距。若 M 为椭圆上任意一点，则有 $\vert MF_1\vert+\vert MF_2\vert=2a$	
方程	$\dfrac{x^2}{a^2}+\dfrac{y^2}{b^2}=1(a>b>0)$	$\dfrac{y^2}{a^2}+\dfrac{x^2}{b^2}=1(a>b>0)$
图像		

续 表

a、b、c 关系	$c^2 = a^2 + b^2$	
焦点	$(\pm c,0)$	$(0,\pm c)$
范围	$\mid x\mid\leqslant a,\mid y\mid\leqslant b$	$\mid x\mid\leqslant b,\mid y\mid\leqslant a$
对称性	坐标轴是椭圆的对称轴，原点是对称中心	
顶点	$(\pm a,0)(0,\pm b)$	$(\pm b,0)(0,\pm a)$
长短轴	$A_1A_2 = 2a,B_1B_2 = 2b$	
离心率	$e = \dfrac{c}{a}(0 < e < 1)$	
准线	$x = \pm\dfrac{a^2}{c}$	$y = \pm\dfrac{a^2}{c}$

（二）双曲线的定义、标准方程及其几何性质

双曲线的定义、标准方程及其几何性质见表 1-3-8。

表 1-3-8 双曲线的定义、标准方程及其几何性质

定义	第一定义	平面内与两个定点 F_1、F_2 的距离的差的绝对值等于常数（小于 $\mid F_1F_2\mid$）的点的轨迹叫作双曲线。这两个定点叫作双曲线的焦点，两焦点的距离叫双曲线的焦距	
	第二定义	平面内与定点 $F(c,0)$ 的距离和它到定直线 $l:x = \dfrac{a^2}{c}$ 的距离的比是常数 $e = \dfrac{c}{a}$（$a > c > 0$）的点的轨迹叫双曲线。定点 F 是双曲线的一个焦点，定直线 l 是双曲线的一条准线，常数 e 是双曲线的离心率	
方程	$\dfrac{x^2}{a^2} - \dfrac{y^2}{b^2} = 1(a > 0,b > 0)$	$\dfrac{y^2}{a^2} - \dfrac{x^2}{b^2} = 1(a > 0,b > 0)$	
图像			

续 表

a、b、c 关系	$c^2 = a^2 + b^2$	
焦点	$(\pm c, 0)$	$(0, \pm c)$
范围	$\lvert x \rvert \geqslant a$	$\lvert y \rvert \geqslant a$
对称性	坐标轴是双曲线的对称轴，原点是对称中心	
顶点	$(\pm a, 0)$	$(0, \pm a)$
实轴、虚轴	实轴 $A_1 A_2 = 2a$，虚轴 $B_1 B_2 = 2b$	
离心率	$e = \dfrac{c}{a}(e > 1)$	
准线	$x = \pm \dfrac{a^2}{c}$	$y = \pm \dfrac{a^2}{c}$
渐近线	$y = \pm \dfrac{b}{a} x \left(\dfrac{x^2}{a^2} - \dfrac{y^2}{b^2} = 0 \Leftrightarrow y = \pm \dfrac{b}{a} x \right)$	$y = \pm \dfrac{a}{b} x$

（三）抛物线的定义、标准方程及其几何性质

抛物线的定义、标准方程及其几何性质见表 1-3-9。

表 1-3-9　抛物线的定义、标准方程及其几何性质

定义	平面内与一定点 F 和一条定直线 l 的距离相等的点的轨迹叫作抛物线。定点 F 叫作抛物线的焦点，定直线 l 叫作抛物线的准线			
标准方程	$y^2 = 2px(p > 0)$	$y^2 = -2px(p > 0)$	$x^2 = 2py(p > 0)$	$x^2 = -2py(p > 0)$
图像				
焦点	$F\left(\dfrac{p}{2}, 0\right)$	$F\left(-\dfrac{p}{2}, 0\right)$	$F\left(0, \dfrac{p}{2}\right)$	$F\left(0, -\dfrac{p}{2}\right)$
准线	$x = -\dfrac{p}{2}$	$x = \dfrac{p}{2}$	$y = -\dfrac{p}{2}$	$y = \dfrac{p}{2}$
范围	$x \geqslant 0, y \in \mathbf{R}$	$x \leqslant 0, y \in \mathbf{R}$	$x \in \mathbf{R}, y \geqslant 0$	$x \in \mathbf{R}, y \leqslant 0$
对称轴	x 轴		y 轴	
顶点	$(0, 0)$			
离心率	$e = 1$			

七、平面向量

（一）平面上两点间的距离公式

$d_{A,B} = \sqrt{(x_2 - x_1)^2 + (y_2 - y_1)^2}$，其中 $A(x_1, y_1)$，$B(x_2, y_2)$。

（二）向量的平行与垂直

设 $\vec{a} = (x_1, y_1)$，$\vec{b} = (x_2, y_2)$，且 $\vec{b} \neq \vec{0}$，则 $\vec{a} // \vec{b} \Leftrightarrow \vec{b} = \lambda \vec{a} \Leftrightarrow x_1 y_2 - x_2 y_1 = 0$；
$\vec{a} \perp \vec{b}$ $(\vec{a} \neq 0) \Leftrightarrow \vec{a} \cdot \vec{b} = 0 \Leftrightarrow x_1 x_2 + y_1 y_2 = 0$。

八、数列

（一）定义

（1）等差数列 $\{a_n\} \Leftrightarrow a_{n+1} - a_n = d(d$ 为常数$) \Leftrightarrow 2a_n = a_{n+1} + a_{n-1}(n \geq 2, n \in \mathbf{N}^*) \Leftrightarrow a_n = kn + b \Leftrightarrow S_n = An^2 + Bn$。

（2）等比数列 $\{a_n\} \Leftrightarrow \dfrac{a_{n+1}}{a_n} = q(q \neq 0) \Leftrightarrow a_n^2 = a_{n-1} \cdot a_{n+1}(n \geq 2, n \in \mathbf{N}) \Leftrightarrow a_n = cq^n(c、q$ 均为不为 0 的常数$) \Leftrightarrow S_n = k - kq^n(q \neq 0, q \neq 1, k \neq 0)$。

（二）等差、等比数列的性质

等差、等比数列的性质见表 1 – 3 – 10。

表 1 – 3 – 10　等差、等比数列的性质

项目	等差数列	等比数列
通项公式	$a_n = a_1 + (n-1)d$	$a_n = a_1 q^{n-1}$
前 n 项和	$S_n = \dfrac{n(a_1 + a_n)}{2} = na_1 + \dfrac{n(n-1)}{2}d$	（1）$q = 1$ 时，$S_n = na_1$。 （2）$q \neq 1$ 时，$S_n = \dfrac{a_1(1 - q^n)}{1 - q} = \dfrac{a_1 - a_n q}{1 - q}$
性质	$a_n = a_m + (n-m)d$	$a_n = a_m q^{n-m}$
	$m + n = p + q$ 时，$a_m + a_n = a_p + a_q$	$m + n = p + q$ 时，$a_m a_n = a_p a_q$
	S_k，$S_{2k} - S_k$，$S_{3k} - S_{2k}$，$\cdots$ 成 AP	S_k，$S_{2k} - S_k$，$S_{3k} - S_{2k}$，$\cdots$ 成 GP
	a_k，a_{k+m}，a_{k+2m}，$\cdots$ 成 AP，$d' = md$	a_k，a_{k+m}，a_{k+2m}，$\cdots$ 成 GP，$q' = q^m$

等差数列特有的性质：

（1）项数为 $2n$ 时：$S_{2n} = n\,(a_n + a_{n+1}) = n\,(a_1 + a_{2n})$，$S_偶 - S_奇 = nd$，$\dfrac{S_奇}{S_偶} =$

$\dfrac{a_n}{a_{n+1}}$。

（2）项数为 $2n-1$ 时：$S_{2n-1} = (2n-1)a_中$，$S_奇 - S_偶 = a_中$，$\dfrac{S_奇}{S_偶} = \dfrac{n}{n-1}$。

（3）若 $a_n = m, a_m = n, (m \neq n)$，则 $a_{m+n} = 0$；若 $S_n = m, S_m = n$，则 $S_{m+n} = -(m+n)$；若 $S_n = S_m, (m \neq n)$，$S_{m+n} = 0$。

九、不等式

（一）均值不等式

$$\sqrt{ab} \leqslant \frac{a+b}{2} \leqslant \sqrt{\frac{a^2 + b^2}{2}} (a, b \geqslant 0)。$$

（二）绝对值不等式

$$\big| |a| - |b| \big| \leqslant |a \pm b| \leqslant |a| + |b|。$$

（三）分式不等式

（1）$\dfrac{f(x)}{g(x)} > 0 \Leftrightarrow f(x) \cdot g(x) > 0$。

（2）$\dfrac{f(x)}{g(x)} < 0 \Leftrightarrow f(x) \cdot g(x) < 0$。

（3）$\dfrac{f(x)}{g(x)} \geqslant 0 \Leftrightarrow \begin{cases} f(x) \cdot g(x) \geqslant 0 \\ g(x) \neq 0 \end{cases}$。

（4）$\dfrac{f(x)}{g(x)} \leqslant 0 \Leftrightarrow \begin{cases} f(x) \cdot g(x) \leqslant 0 \\ g(x) \neq 0 \end{cases}$。

（四）指数不等式与对数不等式

（1）当 $a > 1$ 时，$a^{f(x)} > a^{g(x)} \Leftrightarrow f(x) > g(x)$，

$$\log_a f(x) > \log_a g(x) \Leftrightarrow \begin{cases} f(x) > 0 \\ g(x) > 0 \\ f(x) > g(x) \end{cases}。$$

（2）当 $0 < a < 1$ 时，$a^{f(x)} > a^{g(x)} \Leftrightarrow f(x) < g(x)$，

$$\log_a f(x) > \log_a g(x) \Leftrightarrow \begin{cases} f(x) > 0 \\ g(x) > 0 \\ f(x) < g(x) \end{cases}。$$

（五）不等式的性质

（1）$a > b \Leftrightarrow b < a$。

（2）$a > b, b > c \Rightarrow a > c$。

（3）$a > b \Leftrightarrow a + c > b + c; a > b, c > d \Rightarrow a + c > b + d$。

（4）$a > b, c > 0 \Rightarrow ac > bc; a > b, c < 0 \Rightarrow ac < bc; a > b > 0, c > d > 0 \Rightarrow ac > bd$。

（5）$a > b > 0 \Rightarrow a^n > b^n > 0 (n \in \mathbf{N}^*)$。

（6）$a > b > 0 \Rightarrow \sqrt[n]{a} > \sqrt[n]{b}(n \in \mathbf{N}^*)$。

十、概率

（一）事件的关系

（1）事件 B 包含事件 A：事件 A 发生，事件 B 一定发生，记作 $A \subseteq B$。

（2）事件 A 与事件 B 相等：若 $A \subseteq B, B \subseteq A$，则事件 A 与 B 相等，记作 $A = B$。

（3）并（和）事件：某事件发生，当且仅当事件 A 发生或 B 发生时为并（和）事件，记作时为并（和）事件 $A \cup B$（或 $A + B$）。

（4）并（积）事件：某事件发生，当且仅当事件 A 发生且 B 发生时为并（积）事件，记作时为并（积）事件 $A \cap B$（或 AB）。

（5）事件 A 与事件 B 互斥：若 $A \cap B$ 为不可能事件（$A \cap B = \phi$），则事件 A 与 B 互斥。

（6）对立事件：$A \cap B$ 为不可能事件，$A \cup B$ 为必然事件，则 A 与 B 互为对立事件。

（二）概率公式

（1）古典概型：$P(A) = \dfrac{A 包含基本事件数}{总的基本事件数}$。

（2）几何概型：$P(A) = \dfrac{构成事件 A 的区域长度（面积或体积等）}{试验的全部结果构成的区域长度（面积或体积等）}$。

十一、统计与统计案例

（一）抽样方法

1. 简单随机抽样

一般地，设一个总体的个数为 N ，通过逐个不放回的方法从中抽取一个容量为 n 的样本，且每个个体被抽到的机会相等，就称这种抽样为简单随机抽样。

2. 系统抽样

当总体个数较多时，可将总体均衡地分成几个部分，然后按照预先制定的规则，从每一个部分抽取一个个体，得到所需样本，这种抽样方法叫系统抽样。

3. 分层抽样

当已知总体由差异比较明显的几部分组成时，为使样本更充分地反映总体的情况，将总体分成几部分，然后按照各部分占总体的比例进行抽样，这种抽样叫分层抽样。

（二）频率分布直方图与茎叶图

（1）用直方图反映样本的频率分布规律的直方图称为频率分布直方图。

（2）当数据是两位有效数字时，用中间的数字表示十位数，即第一个有效数字；两边的数字表示个位数，即第二个有效数字。它的中间部分像植物的茎，两边像植物茎上长出来的叶子，这种表示数据的图叫作茎叶图。

（三）总体特征数的估计

（1）样本平均数 $\bar{x} = \dfrac{1}{n}(x_1 + x_2 + \cdots + x_n) = \dfrac{1}{n}\sum\limits_{i=1}^{n} x_i$ 。

（2）样本方差 $S^2 = \dfrac{1}{n}[(x_1 - \bar{x})^2 + (x_2 - \bar{x})^2 + \cdots + (x_n - \bar{x})^2] = \dfrac{1}{n}\sum\limits_{i=1}^{n}(x_i - \bar{x})^2$ 。

（3）样本标准差 $S = \sqrt{\dfrac{1}{n}[(x_1 - \bar{x})^2 + (x_2 - \bar{x})^2 + \cdots + (x_n - \bar{x})^2]} = \sqrt{\dfrac{1}{n}\sum\limits_{i=1}^{n}(x_i - \bar{x})^2}$ 。

第二章
高中数学问题的分析与实践

第一节　高中数学问题研究概述

一、高中数学教研活动的目的

（一）有效教研活动的需要

实施新课程以来，尽管各级教育主管部门、教研机构和学校都十分重视教师的培训与日常的学科教研活动，但这些活动存在着诸多不足，如知识培训缺少实际指导意义，离课堂教学实践太远；听课缺乏明确的研究目标；日常的教研活动布置的"任务"多，"研"的成分较少；部分教师都是被动参与、敷衍应付等。

开展高中数学教学"问题驱动"的探索与实践研究，离不开若干主题教研活动的支撑。教研主题的确定，要能明确教研的目的、找到研究问题的抓手、形成研究的合力，使问题的研讨更加深入，进而提高教研活动的效率。

（二）提高课堂效率的需要

从教学的现状看，目前不少高中数学课堂还存在着以下不足之处。

1. 目标呈现方法不当

有些课堂一开始就把教学目标放在课件上让学生去看，或者读给学生听，或者让学生去读，这样做常常给学生一种突兀的感觉。因为在学习新知识之前，学生对学习目标中的好多专业术语缺少必要的认识，不知道是怎么回事，所以在课堂上学生往往并不在意老师所讲的。还有的课堂，在导入新课时，教师已经创设了一种积极向上、急于求知的学习氛围，但不合时宜的目标展示反而破坏了这种精心营造的氛围。

2. 问题驱动意识不强

目前的高中数学课堂，讲风尚盛，那种通过设计问题引导学生思考与探究，在问题解决中学习新知识的做法尚未形成浓厚的氛围。课堂上普遍缺少问题，或缺少有价值的问题，浅问、碎问、浮问等现象严重，很多课堂提问停留在"是不是""好不好""对不对"等一些毫无价值的问题上，学生的思维得不到有效训练。有的虽设置问题，但问题要么过大，要么空泛，要么针对性差等，问题的驱动性不强。

3. 主体作用发挥不够

发挥学生的主体作用，让学生成为课堂教学的主体是新课程改革的核心理念，但现实是不少课堂上学生的主体作用被忽视，有的课堂师生互动只停留在形式上，假互动、无效互动充斥课堂；有的教师把没有讨论价值的问题作为讨论的内容，看起来课堂比较活跃，实质上是在浪费时间、浪费精力，实效性差；有的问题并不是学生的真实体验，课堂上学生被捆住手脚，有效的思考与探究明显不足；等等。

（三）促进学生发展的需要

"问题驱动"可使课堂教学有的放矢，能增强课堂教学的有效性，提高教师驾驭课堂的能力，使课堂教学效果事半功倍。在提出问题的过程中，能培养学生的创新意识与创新能力；在解决问题的过程中，能培养学生的合作意识和合作习惯，增进同学友谊，逐步树立起正确的合作观和竞争观，有利于集体凝聚力的形成。

"问题驱动"下的高中数学课堂，可以使学生的探索精神和思维得到充分激发，使学生学习的积极性和创造性得到充分调动，使学生的主体作用得到充分发挥。在教学中，师与生、生与生可全方位合作，大家平等对话、相互交流、碰撞思维，课堂气氛始终处在和谐、民主、自由、活跃的状态之中，让学生在愉悦的状态下感悟新知识的真谛，把课堂真正还给学生，把"讲堂"变成"学堂"，师生在课堂上形成一个有效的"学习共同体"，这样的教学氛围可有效提升学生的学科素养，促进学生的终身发展。

二、高中数学教研活动的内容

（一）开展主题教研活动的实践研究

（1）通过高中数学主题教研活动的探索与实践，可以积累典型案例，改进教研活动的模式与方式，探索并形成有效的学科教研机制，促进高中数学教师专业能力的提高。

（2）深化高中数学新课程改革，通过主题教研活动的开展与研究，促进高中数学教师积极投身教研活动。

（3）对于教研活动，做到"人人行动，个个反思"，提升高中数学教师队伍的整体素质，以全面提升高中数学学科的教育质量。

（二）开展"问题驱动"的实践研究

通过高中数学教学"问题驱动"的探索与实践活动，可以提炼实施"问题驱动"的有效策略与途径，探索并构建"问题导学"的有效课堂模式，提高高中数学课堂的教学效益，深化课堂教学改革。

三、高中数学教研活动的探索与实践

（一）模式构建

1. 制订计划

每学年的开始，学校相关领导就制订了一年的活动计划，按一定的系列确定好每次活动的主题，让全体数学教师提前知晓，平时教学就做些实践与反思。

2. 会前准备

明确本次活动的主题和研讨要点；公布上课课题；选择开课教师，要求教师依据主题与课题进行教学设计；确定与会人员，要求与会教师查阅相关文献资料并征求学校其他教师意见。

3. 观摩研讨

公开课观摩，每次活动的上午，围绕本次主题开设 3～4 节公开课，采用同课异构的形式，与会教师做好记录与思考；主题研讨，每次活动的下午，先指派 1～2 位教师评课，然后与会教师轮流发言，以公开课为载体着力围绕主题进行研讨，由专人做好记录。

4. 会后反馈

首先，撰写活动纪要。在每次活动后，指派一位核心成员根据会议记录撰写活动纪要，理出研讨要点和教学启示。其次，下传活动纪要。通过电子邮箱与 QQ 群传给每位高中数学教师，要求学校教研组抽空组织教师研读和研讨。最后，提交反馈意见。各校派专人完成反馈意见并提交电子文稿。

49

（二）教研活动的要素

1. 主题的引入

缺乏主题的教研活动虽然也能深入地讨论一些问题，但内容较散，抓不住重点，一次活动下来，不能形成一些较有价值的参考意见或共识。而主题的引入，使得每次教研活动的研究方向和目的更加明确，教师能找到研讨的抓手和着力点，形成思维的聚焦点。实践表明，教师依据主题设计教学，带着问题来进行研讨能使教研活动开展得更加细腻、更加深入、更加有效。

为了凸显主题，每次开展教研活动时应力求做到以下两点：

（1）研讨工作要向会前延伸。活动前，开课教师就应与每位与会教师进行充分的沟通，表明活动的意图，提出一些具体要求。与会教师要查阅诸多相关参考文献，征求学校教研组其他教师的意见并进行自我思考，然后带着问题与体会走进会场，做到有感而发，这样才能使研讨更加深入。同时特别要提高开课教师的认识水平，使公开课起到应有的示范作用。

（2）研讨中要重主题、轻评课。活动中，只需指定 1~2 位教师对公开课进行点评，其他教师围绕主题发表自己的见解，特别是要指出公开课中的亮点与不足，这样做才能突出重点，取得预期效果。

2. 主题的合理选择

开课教师所选主题是否适宜会直接影响其教研活动的质量，太大的主题一次活动不可能讨论到位，离教学实际太远的主题又产生不了共鸣。因此，主题的选择应力求做到以下"四化"。

（1）主题要实际化。要想教研活动的成果能对平常的教学工作有真正的借鉴意义和价值，主题的选择要避免大而空，要选择一些贴合教学实际且操作性强的主题。

（2）主题要系列化。可把预设的主题先理一理，分门别类，然后按一定的系列来实践，如可按教学策略系列、教学手段系列、教学研究系列、课堂组织系列等选择主题。

（3）主题要微观化。每次研讨的主题最好能就某个方面做深入的观察与研讨，有时针对同一个主题，可分若干次活动，而每次活动只观察其中的一个方面，这样能把活动与研讨开展得更透彻一些。如主题偏大，可在某次活动中就主题的某个点来做实践与研讨。

（4）主题可重复化。教师在一次教研活动之后，暂时有点想法和研究成果之后，隔段时间可再重复实践，即还是同样的主题与课题，让教师运用已有的研究成果在新的背景下与新的班级里再次实践，这样不仅可以观察前面研究的成果是否真实有效，还可以发现新的问题与不足，得到新的启示。

3. 具体的案例

学科主题教研活动能否取得预期成果，一个关键的衡量指标是研讨是否深入（空洞的主题是不能将研讨深入下去的）。所以，研讨环节应依托公开课中的具体案例。活动中，教师应采用同课异构的形式开设三节以上的公开课，研讨时就以这些公开课为载体，针对主题谈其做得好的方面、不足的方面以及对平时教学工作的启示等。必要时，教师可以把公开课中的一些片段拿出来进行剖析，或对不同课上的处理方法进行比较，进而得出结论。为了能更精确地研究案例，开课教师应做到以下两点：

（1）研究角度微点化。由于单个课题组的精力与能力有限，不可能将一些大的问题研究到位，所以选择的角度要小，可针对某几个点进行扎实的研究，进行深入的实践与思考。

（2）研究过程数据化。为了使研究成果更加科学和可信，教师在研究过程中一定要拿出具体的事实和令人信服的数据，而不是单凭直觉得到结论。

4. 研讨的延续

（1）撰写活动纪要。撰写活动纪要是延续研讨的一个有效方式，一方面可以从与会教师的发言中提炼出一些有价值的建议，同时撰写者还可以做进一步的思考与反思，挖掘活动中没有涉及的地方，进行必要的补充；另一方面活动纪要的撰写可为教师的后续学习与思考提供直观的载体。

（2）争取人人参与。有效教研活动呼吁人人参与，个个行动。为了能让更多的教师参与进来，在活动开展时，可让每个学校的与会教师带着学校教研组集体研讨的成果到会上来交流；在活动结束后，可让学校教研组再对活动纪要进行研读和讨论。这样多层次地研讨，不仅参与的教师多，而且教师的感悟也要深得多。

（三）高中数学教学"问题驱动"的探索与实践

1. 高中数学教学"问题驱动"的探索与实践的原则

第一条原则是侧重理论层面的研究。采用主题教研活动的形式，组织数学学科主题教研活动，如"数学课堂问题如何设计""数学课堂问题解决的有效途径"等。每次活动教师应明确主题，以课堂教学为载体，对相关主题进行充分研讨，达成一些共识，形成课堂教学的指导性建议。

第二条原则是侧重实践层面的研究，即教师在第一条原则有关研究成果的指导下，侧重按序列编写高中数学新授课与复习课的配套教学资料，如教案、学案、课件等，在教学实践的基础上，反馈并改进上述有关指导性意见。

2. 高中数学教学"问题驱动"的探索与实践的内容

（1）对问题的理解：问题的含义、问题的价值、问题的类型、高中数学教学中的问题驱动。

（2）问题的设计：问题设计的原则与策略、问题情境的设计与运用、问题串的设计与运用、提升问题思维价值的策略。

（3）教学实践：新授课中问题驱动的实践、复习课中问题驱动的实践、概念教学中问题驱动的实践、基于问题驱动的教学设计案例。

（4）问题的解决：课堂问题解决的常见方式及途径、问题解决中教师的角色与作用、课堂问题解决中需注意的问题、有效设计问题与解决问题的关键。

第二节　高中数学问题与问题驱动

一、问题的含义

（一）问题是有疑难性的

《现代汉语词典》对"问题"的解释是：须要研究讨论并加以解决的矛盾、疑难。波利亚认为困难就是问题，哪里没有困难，哪里就没有问题。他说："一个涌上脑际的念头，倘若毫无困难地通过一些明显的行动就达到了所求的目标，那就不产生问题。然而，倘若我想不出这样的行动来，那就产生了问题。"

（二）问题是有可解决性的

希尔伯特认为："一个数学问题应该是困难的，但却不应是完全不可解决而致使我们白费力气的。在通往那隐藏真理的曲折道路上，它应该是指引我们前进的一盏明灯，并最终以成功的喜悦作为对我们的报偿。"希尔伯特关于数学问题的这段论述对数学教学有一定的指导意义。

（三）问题是有思维性的

张乃达先生认为："所谓数学思维，就是以数学问题为载体，通过发现问题、解决问题的形式，达到对现实世界的空间形式和数量关系的一般性认识的过程。"所以，问题为思维指出了方向，解决问题则成为思维的目的。数学思维过程就是不断提出问题、解决问题的过程，数学知识是数学问题的结果，数学知识体系则是数学问题的体系。因此，数学问题对思维活动的全过程都起着决定性的作用，离开了数学问题，就无所谓数学思维了。

（四）问题是有驱动性的

李善良先生认为"问题"在数学学习中是十分重要的。然而，许多教师对"问题"含义的理解却十分模糊。有些教师把问题等同于数学习题，等同于提问。实际上在数学教学中，"数学问题"是为引导学生发现数学、探究数学、建立数学、运用数学而营造的一种心理困境，这种困境的状态是学生有目的地追求而尚未找到适当手段解决。所以，数学教学中的"问题"是有驱动性的。

二、问题的价值

李善良先生认为："在数学教学中，数学问题是引发学生思维与探索活动的向导。"有了问题，学生的好奇心才能被激发，学生的思维才能启动，学生的探究才真正有效，学生的学习动力才能持续。

（一）问题是创新的起点

美国心理学家吉尔福特说："科学家成功与否，在很大程度上取决于他提出问题的能力。"由此可见，创新的起点是问题。只有发现问题和提出问题，才能有目的、有步骤地提出解决问题的方法，得出相应的结论。所以说问题的提出是创造过程中的第一阶段，没有问题就迈不出第一步，创新精神和创新能力也就无从谈起。纵观人类社会，认识的发展、技术的创新以及科学的发明，无一不是从发现问题开始的，所以培养学生的创新精神当然要从"问题"开始。

（二）问题是兴趣的动因

孔子曰："知之者不如好之者，好之者不如乐之者。"不同的人在同样的学习环境下，其学习效果不一样，自身的素质固然是一个方面，更加重要的还在于学习者对学习内容的态度或感觉。正所谓"兴趣是最好的教师"，当你对一门科目产生了兴趣之后，自然会学得比别人好，而问题最易激发学生的学习兴趣。可以说，创新精神的前提是兴趣，而兴趣的动因却是问题。"学起于思，思源于疑"，疑即问题，是引起思考的动因，是激起学生学习欲望和探究精神的最积极因素。

（三）问题是数学课堂的心脏

哈尔莫斯说："问题是数学的心脏。"其实，这不仅存在于数学的研究过程中，也存在于数学的教学过程中。在数学课堂上，没有了问题，学生便没有了思维。当那种简单的"是不是""对不对"等没有思维含量的问题充斥数学课堂时，学生的智力只会逐步弱化。只有通过问题，才能把知识的逻辑结构与学生的思维过程有机地联系起来，使知识的逻辑结构转化为学生的认知结构。也只有通过问题，学生才能主动探究并发现数学的内在规律，认识和理解数学本质，并在实际生活中运用数学、构建数学。

（四）问题是数学活动的载体

数学课堂是在教师引导下学生思维活动的场所。然而，现实的课堂往往是以简单的记忆、训练、操作来替代学生的思维。事实上，目前许多所谓的课堂活动都不是有效的数学活动，因为没有学生思维的参与，或者说没有学生思维的深度参与。因此，要引导学生进行有效的活动，教师就要设计合理、恰当的问题。问题是数学活动的载体，没有问题、没有思维参与的外在操作活动，只能是"假活动"。有了问题，就需要解决问题，这样学生的思维就动起来了。在解决问题的过程中，又会不断地产生新的问题，并且促进原来的问题进一步解决。同时，随着新问题的提出，学生思维又向前推进。因此，问题是数学思维活动的结果，思维从问题开始，思维活动又导致新的问题产生。这样循环往复，学生的思维才能得以发展。

三、高中数学教学中的"问题驱动"

（一）问题驱动的概念

问题驱动可以理解为一种教学方法，也可以理解为一种教学策略，它是一种以学生为主体、以各种问题为学习起点、以问题为核心规划学习内容，让学生围绕问题寻求解决方案的学习方法。在高中数学课堂上，问题驱动是指教师在课堂教学中以一系列问题为载体，通过学生的独立思考、自主探究、合作讨论等方式来解决问题，从而达到学习数学知识、掌握相关方法、提高学生数学思维能力等的一种教学方法与策略。

数学的研究和发展离不开实际问题的驱动。恩格斯曾经说过："和其他所有学科一样，数学是从人们的实际需要中产生的。"郑兰先生在《基于问题驱动的数学建模教学理念的探索与实践》中提到："现代认知心理学关于思维的研究成果表明，思维通常是由问题情境产生的，而且以解决问题情境为目的。"学生的创新意识正是在问题情境中得到激发的，因此教师在进行教学时，要精心设计问题情境，引导学生自觉、主动地去探索与分析问题，直到解决问题。

（二）问题驱动的数学教学

"问题驱动"一词来自国家自然科学基金委员会天元基金的一类项目，这类项目是针对自然科学与生产实践中出现的问题开展应用数学研究。课堂教学研究引进这个概念最早出现在一些物理文献中。张奠宙、张荫南的《微积分新视野》中也使用了"问题驱动"一词。不过以往关于"问题驱动"的理解与这里的定义有所不同，过去人们对"问题驱动"有一种定义，即所谓问题驱动教学方法，是基于建构主义教学理论，教师从学生所拥有的朴素的原始观念出发，设置一系列问题，并让学生对这些问题进行分析与解决，让学生在思维参与中体验到数学的概念、公式、定理以及解决问题的思想方法，让学生在问题驱动下理解数学知识。这个定义实际上指的是在教学中教师为帮助学生理解定理或概念，分散难点而设计问题，以辅助教学形式展开。

在数学教学中，教师的重要价值体现为：找出具有科学价值或者矛盾的冲突点，通过合情推理创设出合理的问题情境，把问题嵌入问题情境中，与学生一起开始数学的再创造。但是，目前在一线课堂中实现数学的再创造并非一件轻而易举的事，其难点主要体现在以下几个方面：

（1）历史上一个概念的产生可能是非常复杂的，教师或者没有办法通过历史资料还原其真实背景，或者由于背景复杂很难使概念产生的背景原样再现，这就需要教师熟悉历史，具备一定的研究经验，采用改造或模拟的方式再现概念产生与发展的过程。

（2）数学的学术形态与教育形态有很大不同，数学家的知识积累及其对事物的洞察力与学生的知识积累及其洞察力不可相提并论，这就决定了数学家的研究过程与学生的认知过程具有很大差别。如何将数学的学术形态转换成教育形态，使之符合学生的认知水平，这既需要教师研究经验的积累，也需要教师对教育规律有一定的了解。

（3）数学的概念与定理并非无源之水，它是由解决"什么问题"而产生的，教师要熟悉学生的生活或数学经验，从而创设合适的情境，并将这些问题嵌入其中，形成问题情境。

（三）问题驱动数学教学的实现

数学学习的一个主要特征是具体与抽象的互相转化，因此，数学学习活动的重要前提就是在思想中建构出相关的数学对象，即把一个新的知识纳入原有的知识体系中，并且成为其中的组成部分，这个过程就是"具体化"的过程。但是在实际教学中，这个"具体化"过程变成通过简单的"度量"或"特殊值计算"得到抽象的理论结论，而没有通过其外在形式找到其内在的本质。

高中数学课堂上的问题驱动通常包括创设情境、提出问题、探究交流、解决问题、意义建构、知识应用、拓展提升等主要环节。因为有明确的问题提出，所以这种教学方法与策略给学生的课堂学习提出了明确的要求，能增强课堂教学的目的性，对学生的学习具有导向性。同时，在问题解决的过程中，需要通过师生之间、学生之间的思维交流，把学生对问题的认识、理解、解法等都表达出来，从而能发挥学生的主体作用。所以，这种教学方法与策略能提高学生学习的主动性，提高学生在教学过程中的参与度。

实施问题驱动活动，要求教师在课前备课时将要学习的内容转化为问题，课堂上让学生在解决问题的过程中自然掌握所要学的知识、方法与思想。与传统教学中讲授者角色不同的是，教师在此教学方法中的角色是问题的设计者、问题解决的参与者和意义建构的引导者。所以，这种教学方法与策略对教师的要求更高，需要教师具备较强的知识理解能力和课堂掌控能力。

四、基于问题驱动的数学建模教学

问题驱动体现了数学的创造本性。数学是一门具有创造性的学科，数学建模课堂是培养学生创造性的阵地。问题意识和问题发现能力是创新精神的基石，发现问题是解决问题的逻辑前提，若数学建模教学采用问题发现和问题解决两者并重且相互促进的教学模式，数学建模教学一定会取得事半功倍的效果。

（一）提出实际问题

贯彻问题驱动的数学建模的教学理念，第一步就是要提出切合实际的合理的问题，这也是最关键的一步。教师提出的问题好，学生思考的主动性就高，就能充分激发学生的求知欲与学习的兴趣。好问题应具备以下三个特征：第一，应该从生产实际出发，是学生熟悉的问题背景，使学生觉得学数学建模有意思，从而使学生克服对数学的畏难情绪，有利于学生提高学习数学建模的兴趣。第二，问题应该不太难以理解和思考，做到学生容易上手，但是问题也不能太过简单，这样就失去了授课的价值。第三，应该能从问题中提炼出数学模型，并引出学习所需要的数学建模相关学科的知识。

（二）让学生主动思考，建立数学模型

学生能力的提高是数学建模教学的核心与最终目的，要达到这一目的，教师必须以学生为整个教学环节的主体，教师在整个教学过程中起主导作用，也就是说，在教师的引导下，从实际问题出发，让学生主动思考、主动研究、分

析问题、建立起数学模型。尽管在整个教学过程中，学生是教学的主体，但教师在问题情境下的逐步引导也十分关键，教师可以通过设问的方法让学生逐步建立起正确的数学模型。

（三）从问题中总结提炼，引导学生求解

学生在教师的指导下，对实际问题建立起数学模型后，一定要从中归纳数学理论与方法，这样，学生才能真正通过数学建模提高能力。

思维通常是从问题产生的，并以解决问题为目的。问题驱动下数学建模的教学策略是在教师的指导下，学生从熟悉的数学情境出发，通过积极思考、主动探索、提出问题、分析问题、建立模型、解决问题，获取数学知识、思维方法、解题技能和技巧，并形成应用数学知识解决实际问题的能力。这种教学策略迎合了时代发展对创新人才的需要，同时实现了"从问题中来，到问题中去"的教学模式，提高了学生学习数学建模知识的主动性和积极性。

第三节　高中数学教学中问题的设计与解决

一、数学教学中问题的设计

（一）问题的设计原则

1. 目标性

课堂问题的设计应紧紧围绕每节课的教学目标和学生的实际情况，要有助于新的数学概念和结论的生成，有助于学生理解概念、辨析疑难、纠正错误、完善认知结构等。

2. 科学性

数学课堂问题的设计从情境素材到具体内容都应是真实可信的，不违背科学规律，要注重体现科学思想，易于构建数学模型。同时，问题的表述要清楚精练，没有歧义，便于学生理解与探究。

3. 发展性

数学课堂问题的设计要符合学生的一般认知规律、身心发展规律，要在学生思维的最近发展区内，既不能让学生有望而生畏之感，又不能让学生有不动脑筋就能轻易答出的懈怠感，要激发学生对问题持续探究的认知思维，让学生在探究问题的过程中发展自己的能力。

4. 启发性

数学课堂问题的设计要抓住教学内容的内在矛盾，把握时机，在新旧知识的结合点处设疑置问，使学生达到心求通而不解，口欲言而不能的愤悱状态，从而激发学生积极地进行思维活动。

5. 思维性

数学课堂的问题要体现出思维价值，教师要克服问题"多""浅""碎"的常见不足，要让学生有所思、有所想，以培养学生的思维能力。

6. 逻辑性

数学课堂的问题要遵循由特殊到一般再到特殊的认知顺序。教师在设计问题时，要结合教学内容的层次性和系统性，尽量做到由浅入深、由简到繁、环环相扣、层层递进，以体现其内在的逻辑性。

7. 统领性

作为一节课的总起性问题，通常要有统领全局的功能，能站在一个较高的高度来引领一节课的教与学。

8. 挑战性

数学课堂的问题要能引起学生的认知冲突和学习心向，能激发学生的学习兴趣，促进学生积极参与，接受问题的挑战。

9. 层次性

数学课堂的问题要面向全体学生，教师要注重调动每一个学生的学习积极性，尽量做到人人都参与、个个有收获。同时，问题也要体现层次性，让不同的学生能得到不同的发展。

（二）问题情境的设计与运用

1. 问题情境的含义

关于问题情境，目前出现的理解较多，概括起来有两大类：一是"问题—情境"，二是"情境—问题"。"问题—情境"是指先有数学问题，然后有数学知识产生或应用的具体情境；"情境—问题"是指先有具体的情境，由情境提出数学问题，为了解决问题而建立数学模型。其实，两种理解没有截然的区别，核心都是通过问题、情境提出问题，情境与问题融合在一起，问题是教学设计的核心。

从教学内容看，问题情境大致可以分为实际背景、数学背景、文化背景等。实际背景包括现实生活的情境——数学模型（概念、公式、法则），数学背景包括数学内部规律、数学内部矛盾，文化背景可以分解为上面两类。

从呈现方式看，问题情境包括叙述、活动、实物、问题、图形、游戏等。

从所处的教学环节看，问题情境包括引入新课的情境、过程展开的情境、回顾反思的情境等。

2. 问题情境的创设策略

数学具有丰富的内容、无限的包容、广泛的应用、现实的背景、悠久的历史、巧妙的方法、和谐的美感等，这些都为问题情境的创设提供了良好的条件。

（1）就地取材，创设亲近型情境。从学生的实际出发，运用学生身边的素材来创设情境，如校容校史、班级特色、熟人熟事、家庭状况等。这类情境最能引起学生的共鸣。

（2）提供实例，创设载体型情境。教师给出具体或特殊的实例，让学生亲眼看见生动、形象、鲜活的事实或真实的变化过程，从中获得感悟。

（3）对比联系，创设引导型情境。教师给出想当然的错误结论，为正确的知识留下对比的素材；或提供可类比的情境，便于知识的迁移；或提供有矛盾的情境，以引起学生的认知冲突。

（4）活动演示，创设体验型情境。教师要结合教学内容创设游戏、竞赛或演示的情境，让学生在活动或观察中体验与感悟新知识。

3. 问题情境的运用

（1）服务实际需要。情境的创设不一定都在课的开始，同一节课中也可多处创设问题情境。如教师可在课题引入时创设，也可给出概念时创设，还可在揭示原理时创设。

（2）控制展示时间。每个情境展示的时间不宜过长，通常在 5 分钟之内比较适宜，否则有冲淡主题之感。

（3）尽量重复使用。为了提高使用率，教师应尽可能地在不同阶段使用同一个问题情境，必要时可将相关情境适当改造、创新。

（4）利于提高教学实效。创设情境的最终目的是提高教学效率，便于教学的开展。教师如果使用某一问题情境有牵强附会之感，或者因为该情境地给出可能会削弱探究活动的思维价值，那么这个情境就可以不用。

（三）问题串的设计与运用

1. 问题串的含义及其价值

问题串是指在教学中围绕具体的知识目标，教师针对一个特定的教学情境或主题，按照一定的逻辑结构而设计的一连串问题。问题串也称问题链，是指满足以下三个条件的问题系列：

（1）指向一个目标或围绕同一个主题，并成系列。

（2）符合知识间内在的逻辑联系。

（3）符合学生自主建构知识的条件。在课堂教学中，教师针对具体的教学内容和学生实际情况，设置恰时、恰点且适度合理的问题串，不仅可以引导学生深入地分析问题、解决问题、建构知识、发展能力，而且能优化课堂结构、提高课堂效率。

2. 问题串的运用

（1）问题串的使用要立足学生实际。设计与运用问题串是一种教学策略，意图是要搭建一个平台，把学生推到解决问题的前台。既然是以学生为主体，问题串的设计当然要针对学生的实际情况。一是要立足学生的认知基础。问题的提出要建立在学生已有知识与方法的基础之上。二是要立足学生的数学基础。不同层次的学生与班级，围绕同一个主题而设计的问题串应有所不同，对于基础比较薄弱的学生，教师在设计问题串时要做到起点低些、步子慢些、难度小些、答案少些等；对于基础扎实的学生，对其设计的问题串可难度大些、逻辑性强一些等。

（2）根据需要设计多样化的问题串。在实际教学中，教师可以根据不同的教学环节或不同的教学需要来设计多样化的问题串。如：在课题引入中可设计生活化的问题串，把问题串与学生实际或学生已有的生活经验联系起来，为问题串提供生活背景。这样不仅能营造轻松的教学氛围，还有利于激发学生旺盛的求知欲；在知识建构中可设计精细化的问题串，把问题化大为小、化抽象为具体，精细成具有一定梯度和逻辑结构的问题串，使学习的目标具体化、知识的构建层次化、思维的活动缜密化，以获得较为清晰的新知；在概念辨析中可设计比较性的问题串，引导学生分析与对比，抓住知识的共性和个性，有利于学生甄别知识之间的细微差别；在问题解决中可设计探究性的问题串，对问题提供的信息进行重组或深度加工，引导学生挖掘问题的本质特征，不断探索解决问题的方法和策略；在例题教学中可设计变式性的问题串，改变问题的结构、条件或设问方式等，通过对一系列"新"问题的解决，培养学生的发散性思维能力与提炼归纳能力。

3. 把握好问题串的"度"

（1）教师要把握好问题的梯度与密度，问题串中问题的梯度过大或密度过小，容易使学生思维遇到障碍，影响教学的顺利推进；相反，问题的梯度过小或密度过大，容易造成学生思维量过小，使学生思维价值缺失。

（2）教师要把握好问题的启发与暗示度。问题的启发与暗示度过大，则学生思维含量就会降低；相反，问题的启发与暗示度过小，则可能造成课堂气氛沉闷，影响教学效果。

（3）教师要把握好问题的开放与封闭度，问题过于开放，答案五花八门，甚至可能连教师自己都无法界定其正误，则会难以收场；但如果全都是封闭性的问题，学生的创新思维就得不到应有的训练与提高。

二、提升数学教学问题的策略

实现预期的教学目标是每节课教学的目的所在，而教学目标的达成既不是通过投影片的播放来实现的，也不是通过学生的朗读来实现的，而应是在教师设置的教学氛围及教学活动中自然实现的。在教学中，教师如果把教学目标转化为恰当的问题，用问题来驱动学生主动学习，就能将学生推到解决问题的前台，突出学生的主体地位。

（一）将知识型目标转化为课堂问题

高中数学概念是数学的逻辑起点，是学生认知的基础，是学生进行数学思维的核心，在高中数学学习与教学中占有重要的地位。高中数学概念的产生与发展应是合理的、水到渠成的，如果教师直接将数学概念介绍给学生，将会掩盖其自然性，不能使学生在情感上产生共鸣。另外，高中数学中有许多定理、性质、法则、公式等结论是解题的依据所在，如果教师直接将这些结论告诉学生，他们也能去解题，但那仅仅是肤浅地模仿与机械地运用，不利于学生数学素养的养成。所以，对于高中数学概念与结论的教学，教师应创设一定的问题情境并配上合理的问题，以促使相关知识的自然生成。数学概念与结论的教学目标统称为知识型目标，将知识型目标转化为课堂问题有以下策略。

1. 转化为概括性问题

高中数学概念的教学，在很多情况下可先列举几个具体的例子，然后提出问题，让学生从中抽象出其共同属性或特征，进而得到相关的数学概念。

2. 转化为类比性问题

数学同一知识块甚至不同知识的领域之间存在着一些结构相同或意义相近的概念或结论，教师在教学中，可引导学生寻找已学过的旧知识作为参照对象，通过类比的手法得到新的知识。

3. 转化为领悟性问题

有些数学概念与结论比较抽象，蕴含着一定的道理，而这些道理并不是很直白，需要学生去深刻理解与体会。对这种数学知识的教学，教师应在给出问题情境后设置一些领悟性的问题，引导学生建构出相关的知识。

4. 转化为比较性问题

教师为了让学生更好地把握数学知识之间的关系，弄清它们之间的区别，可将多个类似或相近的数学知识放在一起进行比较。

（二）将解题型目标转化为课堂问题

数学学习的成果是通过解题来体现的，所以教会学生解题是数学教学的重要目标。学生解题能力的提高在很大程度上依赖于对解题原理和方法的提炼与领悟，而这离不开课堂问题的引导与驱动，将解题型目标转化为课堂问题有以下策略。

1. 转化为提炼性问题

学生运用新知识解决问题、一题多解或解决多个类似的问题之后，教师应设置几个提炼性问题，帮助学生运用新知识思维去解决某些问题。

2. 转化为巩固性问题

学生对新方法的接受与领悟通常需要一个过程，需要一定的训练与强化，所以在提炼了一类问题的解题原理与方法之后，教师应设置类似的问题让学生及时巩固知识点。

3. 转化为变式性问题

为了促使学生真正掌握有关解题原理与方法，还可以适当改变题目的条件或设问方式，给出变式性问题。变式的意图应是明确的，要努力揭示解题方法的本质与内涵，引导学生形成高位视角，提高对问题与方法的认识。

（三）将素养型目标转化为课堂问题

培养学生的数学素养，促进学生发展是数学教学的立足点。高中数学素养的培养应贯穿整个课堂教学的始终，侧重教会学生如何分析问题与解决问题，并在适当的时机给学生创设提出问题的平台。高中数学课上，将素养型目标转化为课堂问题有以下策略。

1. 转化为思想性问题

《普通高中数学课程标准（实验）》明确指出："高中数学课程对于认识数学与自然界、数学与人类社会的关系，认识数学的科学价值、文化价值，提高提出问题、分析问题、解决问题的能力，形成理性思维，发展学生智力和创新意识具有基础性的作用。"日本著名数学教育家米山国藏说过，在学校学的数学知识，毕业后若没什么机会去用，一两年后，很快就忘掉了。然而，不管他们从事什么工作，唯有深深铭刻在心中的数学的精神、数学的思维方法、研究方法、推理方法和看问题的着眼点等，却随时随地发生作用，使他们终身受益。所以，揭示研究思想是数学教学的一个重要目标，而这有赖于教师对思想性问题的设计与运用。

2. 转化为追问性问题

学会理性思维是学生数学学习的一个重要的素养目标，为了促使学生养成理性思维的习惯，让学生更多地介入分析问题与解决问题的过程，课堂上教师应不失时机地设置一些追问性问题，以促使师生之间与生生之间有更多的思维交流。

3. 转化为发散性问题

发散性思维能力是学生数学素养的一个重要方面，该能力的培养离不开发散性问题的设置。数学课上，教师应适时提出"你有哪些想法""还有其他想法吗"等发散性问题，以促使学生进行多角度的思维。

4. 转化为反思性问题

对学习新知识、掌握新方法、解决问题等过程进行反思可促使学生的认识从懵懂走向清晰，从接受走向内化，从模仿走向自觉，既可以提炼思想、总结方法，也可以警示注意点等，从而提升学生的数学素养。所以，数学教学中宜设置一些反思性问题。

三、数学教学中问题的解决

（一）数学教学中问题解决的方式与途径

一般意义下的"问题解决"指的是按照一定的目标，应用各种知识理论，经过一系列的思维操作，使问题得以解决的过程。用认知心理学的术语来说，问题解决就是在问题空间中进行搜索，以便从问题的初始状态达到目标状态的思维过程。所谓问题空间是指问题解决者对所要解决问题的初始状态和目标状态以及如何从初始状态过渡到目标状态的认知。

1. 课堂问题解决的方式与途径的含义

课堂问题解决的方式与途径是指在课堂教学中，当问题明确后，教师如何引导学生进入思维状态：问题的答案与结果如何展示，教师的角色与作用又是什么的，怎样做才能尽可能地发挥学生的主体作用，如何处理比较有效等。

2. 课堂问题解决的常见方式与途径

（1）学生独立解决。这种解决方式通常是教师明确问题后，不做任何提示，学生通过独立思考、自主学习、自我演算、独自探究等途径解决问题。常见的方式有：集体回答、个别回答、学生展示、投影成果等。

（2）师生共同解决。这种解决方式通常是教师明确问题后，学生独立思考与教师启发相结合，最终解决问题。常见的方式有：师回答生呼应、师启发生回答、生回答师追问、生回答师板书、生回答师纠错、生回答师改进等。

（3）学生合作解决。这种解决方式通常是教师明确问题后，学生先独立思考一会儿，然后小组内合作交流，直至问题解决。常见的方式有：生回答生补充、生回答生纠错等。

3. 课堂问题解决的方式与途径的合理选用

（1）学生的基础。如果学生的数学基础较好，那么更多地应选择学生独立解决问题的方式；如果学生的数学基础一般或较差，那么更多地应选择师生共同解决或学生合作解决问题的方式。

（2）问题的难度。如果问题难度较小，通常可一带而过；如果问题难度中等，尽量让学生自己去解决问题；如果问题难度较大，则应师生共同解决，甚至可以分散难点，或做必要的铺垫或启发等。

（3）问题的思维价值。对于有较高思维价值的问题，如一节课当中的核心问题，最好让学生独立解决或合作解决，只有当学生遇到困难且无法解决时，教师才做适当的提示，以搭建必要的"脚手架"，但最终仍由学生自己解决问题。

（二）教师在问题解决过程中的作用

1. 营造氛围

"问题驱动"下的课堂教学是以学生主动参与学习为前提的，这有赖于团结互助的学习环境。为此，教师要营造民主、宽松、和谐的课堂氛围，有利于学生主体的活化与能动性的发挥。

2. 调控启发

在课堂教学中，教师不仅要运用各种途径和手段启发学生的思维，还要能

"眼观六路，耳听八方""听其言，观其行"，接收从学生身上发出的反馈信息并及时做出相应的控制和调节。对于学生普遍感到有困难的问题，教师要给予恰当的启发。

3. 个别指导

因学生个体存在差异，在自主学习的过程中，有的学生会遇到这样或那样的困难，此时，教师可以进行个别指导。个别指导的过程要体现出教师的爱心和责任心，这有助于师生之间的沟通交流，有助于形成民主和谐的课堂气氛，有利于提高教学效率。

4. 反馈评价

对于从学生那里获得的反馈信息，教师应做出及时而准确的评价。教师恰到好处的评价与赞许，能使学生的思维活动得到强化，而教师恰如其分的批评或否定，也会使学生的错误思维得到及时纠正。

（三）课堂问题解决过程中的注意事项

1. 迟现课题

在新授课中，有时课题的过早出现，对学生会有提示作用，会削弱问题的探究价值；若课题出现较迟，首先在讲解时间上就显得比较紧张，其次在传授知识方面做不到全面而深刻的讲解，导致学生对关键主题掌握不牢固。所以在课堂上，建议等到相关概念与原理生成之后才将课题逐步示出。若制作课件，开头也尽量不要出现课题。

2. 不要预习

对于新授课来说，课前预习，不仅会出现学生不用动脑筋就能知道一些问题的结果，还会出现在时机未成熟之前就有学生说出新的概念或原理的现象，破坏了知识的自然生成。所以，新授课不宜布置课前预习。

3. 明确问题

要达到探究的效果，首先，要引起学生的充分注意，教师可以说"下面请大家思考这样的一个问题"或"请看问题××"；其次，给出的问题要清楚醒目，表达要干脆，尽量不重复，有条件的可用投影显示出来；最后，将问题明确。

4. 充分思考

问题给出后必须留有足够的时间让学生思考。学生思考时，教师应尽量不做任何提示，以免干扰和束缚学生的思维。若采用合作学习的方式，则应在个人充分思考的基础上再进行互相交流。

5. 及时评价

对于学生的回答，教师要及时做出点评，除了要明确学生的答案是否正确以外，通常还要深层次地评价学生的思维状况，如其想法是否合理、哪些具有可行性等。教师要从鼓励的角度来肯定学生的见解。

第 三 章

高中数学教师的专业能力

第一节　教师对高中数学学习的认识

一、对高中数学的认识

（一）关于数学的认识

《普通高中数学课程标准》（2017 年版）指出：数学是研究空间形式和数量关系的科学，是刻画自然规律与社会规律的科学语言和有效工具。数学科学是自然科学、技术科学等科学的基础，并在经济科学、社会科学、人文科学的发展中发挥着越来越大的作用。关于数学的概念，恩格斯给出了经典的说法："数学是关于现实世界的空间形式和数量关系的科学。"意大利物理学家、天文学家伽利略说过："数学是上帝用来书写宇宙的文字。"古希腊数学家普洛科拉斯说过："数学就是这样一种东西，它提醒你有无形的灵魂，它赋予它所发现的真理以生命；它唤起心神，澄净智慧；它给我们的内心思想增添光辉；它涤尽我们有生以来的愚昧与无知。"总之，数学是一种文化，这是事实。以下是对数学的解释。

1. 数学是科学

中国科学院院士王梓坤先生在《今日数学及其应用》中强调：数学的贡献在于对整个科学技术水平的推进与提高、对科技人才的培养和滋润、对经济建设的繁荣以及对全体人民的科学思维与文化素质的哺育。这四个方面的作用是极为巨大的，也是其他学科所不能比拟的。可以说，数学传播了科学的精神，即实事求是的态度、一丝不苟的精神。数学作为工具被广泛应用于各方面。

2. 数学是哲学

自从有了哲学，数学就成为哲学问题的重要来源。古希腊欧几里得、毕达哥拉斯、亚里士多德这些大数学家（物理学家）也都是大哲学家。数学最重要的哲学意义就是通过学习、研究数学，培养人们良好的思维方式。作为一种思维科学，它教会人们如何正确地思考问题，如何快捷、准确地找出问题的关键，如何正确地解决问题，如何积极地反思以检验解决问题的正确性，如美籍匈牙利数学教育家 G. 波利亚在《怎样解题》一书中提出的解决问题四部曲，即搞清是什么问题，确定解题的策略，解决问题，反思解题过程的得失。这也是人们解决任何问题的具有一般意义的步骤。另外，哲学中的方法论、辩证唯物主义思想、运动变化的规律等对数学学习与研究也产生了巨大的作用。明确了数学的意义，学生就学会了思考问题的方式，培养了学生以哲学的观点看待和认识世界的能力。如函数图像的平移是中学数学认识运动变化的基本内容之一。一方面，图像运动变化，坐标系相对静止，上下平移视为纵坐标的变化，左右平移相当于横坐标的变化；另一方面，坐标轴运动变化，函数图像相对静止，y 轴向左（右）平移，相当于函数图像向右（左）平移，x 轴向上（下）平移，相当于函数图像向下（上）平移。两种不同的表现形式，其本质是一样的，这里变与不变揭示了事物的运动规律，充满着辩证法的认识论思想。

3. 数学是法规

数学的产生依赖于客观现实，它将具体的事物抽象为自己的概念，产生了理性的东西，形成了人们对客观世界认识的科学性。随着概念的形成，数学为人类提供了科学的运算与反映客观规律的公理体系，进而产生了固有的性质和数学模型。当人们运用这些性质与模型解决实际问题或为解决问题提供研究方法时，就要严格按照公理化体系、定理、法则、公式进行运算、演绎或推理。数学的概念化体系无疑是数学活动的法规与戒律。

4. 数学是艺术

艺术的重要特征就是"美的传播与享受"。法国数学家亨利·庞加莱曾把数学美的基本特征概括为统一性、简洁性、对称性、协调性和奇异性。他认为，一个名副其实的科学家，尤其是数学家，在自己的工作中，应该体验到一种与艺术家共有的感觉，即其乐趣和艺术家的乐趣之间存在一种共同的性质，一种同样伟大的力。与音乐家享受灵感一样，做数学也有一种经历痛苦、百折不挠、忽然柳暗花明之后的欣喜。

（二）数学教育的价值

《普通高中数学课程标准》（2017 年版）指出：数学教育作为教育的组成部

分，在发展和完善人的教育活动方面、在形成人们认识世界的态度和思想方法方面、在推动社会进步和发展的进程中起着重要的作用。

关于数学学习的价值，日本著名数学家米山国藏在《数学的精神、思想和方法》中已经较清晰地做出了描述，他认为，数学的精神、思想、方法都是创造数学著作、发现新的东西，使数学得以不断地向前发展的根源。作为一个数学教育家，他深刻体会到，在学校学过的许多数学知识，毕业进入社会后，若没有机会运用，很快就会忘记，然而，不管他们从事什么业务工作，唯有深深铭刻在头脑中的数学的精神、思想方法、研究方法、推理方法和着眼点等，却随时随地发生作用，使他们受益终身。这是目前文献中对数学学习价值最精辟的说法。

（三）高中数学的特征

1. 基础性

《普通高中数学课程标准》（2017 年版）指出，高中教育属于基础教育，高中数学课程应具有基础性，它包括两个方面的含义：

（1）在义务教育阶段之后，为使学生适应现代生活和未来发展，提供更高水平的数学基础培训，使学生获得更高的数学素养。

（2）为学生进一步学习提供必要的数学课程。

2. 抽象性

抽象是数学发展的基本方法与内容。苏联数学家亚历山大洛夫说过："抽象性在简单的计算中就已经表现出来，人们运用抽象的数字，却并不打算每次都把它们同具体的对象联系起来，学生在学校学的是抽象的乘法表，即数字的乘法表，而不是男孩的数目乘上苹果的数目，或者苹果的数目乘上苹果的价钱等。同样，在几何中，人们通常研究的是直线或曲线，而不是日常使用的直绳或曲绳。并且在几何线的概念中舍弃了所有性质，只留下其空间形式和大小的结果。"这就是说，一切数学模式都是抽象思维的产物，并且是对具体事物的量化反映。

高中数学的内容多，抽象性、理论性强，不少学生进入高中（特别是高一年级）之后不能很快适应，如代数里首先遇到的是理论性很强的函数，再加上高二对立体几何、空间概念、空间想象能力的要求，即使一些初中数学学得还不错的学生，也可能因为不能很快地适应高中数学而对此感觉困难。

数学的抽象性具体表现为以下四点：一是数学概念是抽象的，而且数学方法也是抽象的，并且大量使用抽象的符号；二是数学的抽象是逐级抽象的，下一次的抽象是以前一次的抽象材料为其具体背景的；三是高度的抽象必然有高度的概括；四是数学抽象能力包括发现在普遍现象中存在差异的能力、在各类现象间建立联系的能力、分离出问题的核心和实质的能力、由特殊到一般的能力、从非本质的细节中使自己摆脱出来的能力、把本质的与非本质的东西区分开来的能力、善于把具体问题抽象为数学模型的能力等。

3. 时代性

随着基础教育课程改革的推进，高中数学教学内容的选择以删繁就简、推陈出新为指导思想，本着基础性、选择性、适切性的原则，删除了一些陈旧的数学知识，增加了概率、行列式、矩阵、微积分知识的学习。进入高中后，学生的学习本身已经不再是义务教育，培养的对象应该是面向高等教育、面向社会、面向从事技术技能型工作的劳动者。所以，高中数学在内容选择、教学方式、考试评价等方面都应该带有较强的时代性，以反映现实生活的需求。

4. 选择性

新的高中课程方案与传统的其他课程方案（教学计划或课程计划）相比，最突出的特点就是选择性。让学生在课程的选择中学会选择，有助于其今后对专业、人际交往、社会工作、人生道路的选择。这也是高中课程改革的灵魂之一。在课程设计方面，新高中课程方案的选择性是通过向学生提供多样化的课程来实现的，而多样化课程实现的重要途径之一是设置模块化课程。

二、如何教学生学习数学

数学学习所要解决的根本问题是，探索在学校教育的条件下，学生如何正确地获得数学知识、技能和能力以及教师如何根据高中学生的认知特点，指导学生掌握数学学习规律和形成自我学习能力。

（一）初步认识数学学习的规律

现代心理学界定义的学习是一个广泛的概念，它是有机体在外界条件刺激下凭借经验的获得而产生的比较持久的行为变化，这种行为包括语言、动作、情绪等外在的表现以及感觉、记忆、想象、思维、迁移、情感等内部的心理活动。现代教育心理学认为，学习是在一定的环境中，有目标、有计划、有组织、有步骤、有内容地获得前人的经验和现代的知识，以形成技能、获得方法、培养能力、发展情感与个性的过程。

数学学习是一个系统，属于数学教育系统的子系统。数学学习实质上是学习者的生理与心理系统对数学科学知识系统（部分）的融合过程。学习者（主体）在教师的指导下，以获得数学知识、灵活运用数学知识、培养独立思维能力为目的，以自己的兴趣、情感、意志与此目的的联系为桥梁，以此产生学习动机、激活大脑各项认知功能，继而运作并持久地保存，从而接受、迁移数学知识。这样的学习生理和心理过程称为数学学习心理活动，也构成了数学学习的心理系统。

（二）高中学生对数学认知的心理特征

数学学习是一个特殊的认知过程，不同年龄的人具有不同的心理特征，也具有不同的思维特征。高中学生生活实践的内容逐渐丰富，社会交往内容日渐增加，学习内容日益复杂、系统与完整，因而，他们的社会化程度已接近成人水平，心理认知的水平得以迅速提高和完善。

1. 认知水平的特点

高中生已经具备了有意记忆能力。有研究表明，在相同时间内，高中一、二年级的学生，在记忆内容的数量上，比初中一、二年级的学生要多1倍多，比小学一、二年级的学生要多4倍。通过高中的数学学习，学生的学习品质得到了较好的发展，同时对事物的感知和观测能力有了较大的提高。数学学习思维品质的提升，决定了学生已经具备一定的分析问题、解决问题的能力。

2. 情绪与意志过程的特点

因高中学生接近成人，随着阅历的增多、交往范围的扩大，其情绪也更加丰富多彩。青年初期的中学生喜欢唱歌、跳舞、诗词、书法、绘画及体育活动等，借此表达自己的喜、怒、哀、乐、好、恶等不同的情绪、情感，因此，他们常常对所爱的表现热烈，对所憎的深恶痛绝，取得成就时欢欣鼓舞，遇到不平则愤而慨之。他们的情绪尚不够稳定，情绪的两极性比少年时期更为突出，即容易出现高强度的兴奋、激动，或是极端的愤怒、悲观、绝望，而且常常稍遇刺激，即刻爆发，出现偏激情绪和极端的行为方式，易冲动，不理智。通过高中阶段的学习，高中学生的社会义务感、责任感、友谊感、集体荣誉感等渐渐得到较稳定的发展；对知识及对美的追求要比少年更主动、更自觉。在其思想认识提高的前提下，他们的情感逐渐深化，趋向稳定。

3. 个性、心理的特点

随着自我意识的不断增强，高中学生的自信心与参与性逐步提高，他们勇于自我表现，如竞选学生干部、社团负责人，设计活动方案、艺术节会标，同教师、校领导坦诚对话，去工厂、市场、机关做调查，用稚嫩的思想参与各种社会热潮讨论等。这种自信心与参与性是当代中学生可贵的个性品质。如以前的中学生更多考虑的是如何继承前辈的思想、精神，而当代中学生更希望超越前辈，他们比任何一代中学生都更有超越前辈的志向。毫无疑问，当代中学生的超越精神不仅是个人进步，更是社会进步的体现。然而，他们的自控能力、基础本领方面的缺陷表现也很明显：以自我为中心、自私自利心理较严重，有时甚至会显得比以往任何一代中学生更为突出，这是令人担忧的。

（三）高中数学学习方法

历史上许多优秀的教育家、科学家都有一套适合自己特点的学习方法。如我国古代数学家祖冲之的学习方法，概括起来是四个字"搜拣古今"。"搜"就是搜索，博采前人的成就，广泛地研究；"拣"就是认真考察，把各种主张拿来比较研究，再进行自己消化和实践创新。著名的物理学家爱因斯坦的学习经验是依靠自学、注意自主、穷根究底、大胆想象、力求理解、重视实验、弄通数学、研究哲学八个方面。如果学生能将这些教育家、科学家的学习经验挖掘整理出来，将是一笔非常宝贵的财富，这也是学习方法研究中的一个重要方面。

高中数学的学习方法因人而异，每个人都应该认真思考、总结一套适合自己的学习方法。以下是对数学学习方法的简单介绍。

1. 课前进行预习，掌握听课主动权

高中学生已经具有较强的独立性，所以必须主动地规划自己的学习。数学学科前后知识具有很强的连贯性，后续知识都是建立在已有知识基础上的。因此，每次上课之前，都应该积极地了解新知识涉及哪些旧知识，自己理解、掌握知识的主要困难是什么，确定上课需要重点解决的问题。一方面要通读教材中的相关内容，看看哪些是懂得的，是已经学过的知识；哪些是不懂的，是要通过老师讲解才能理解的新知识。把不懂的部分标注出来，进行初步思考，把需要解决的问题提出来。另一方面还要熟读教材后边的习题，把不会做的题做上记号，一起带到课堂去解决。这样做就会增强听课的目的性，掌握听课的主

动权，提高听课的效果。长期坚持预习，还能培养良好的读书习惯，形成自学的能力。

2. 课堂专心听讲，做好听课笔记

上课要提前做好准备。正式上课铃声未响，教师尚未走进教室之前，就该把有关的课本（包括笔记本、预习本、练习本）和文具事先摆放在桌面上，等待正常的教学。老师开始讲课时，学生首先应该翻阅预习笔记，明确需要解决的问题，专心听讲；听课中，应该围绕老师讲课的要点积极思考，踊跃回答教师提出的问题（多回答一次问题，就多一次学习的机会）。听课笔记需要记录预习未解决的问题，老师对于问题解决的思路，老师对于数学知识最本质、最核心的关键点以及其他同学回答问题和交流对自己的启发。

3. 课后及时复习，所学内容及时内化

学生课后不要马上做作业，首先要好好复习。一般方法是再次阅读教材，理解和记忆基本的定义、定理、公式、法则（这些就是必须掌握的知识点）。同时，阅读辅导材料，从另一个角度理解所学内容，通过再现课堂老师已讲的例题解法（这些例题通常对完成作业有较强的启发和示范作用），解决作业问题。当天及时复习，能够减少知识遗忘，易于巩固记忆。经常复习能使知识系统化，不断加深对知识的理解，掌握知识之间的相互联系，只有系统化了的知识，才有利于运用，实现从知识到技能的过渡，掌握更新的知识。复习是一个系统性的过程，既要及时复习当天功课，又要及时进行阶段复习。

4. 认真完成作业，及时总结与联想，形成技能技巧

作业是学生练习运用知识的主要手段。其讲究三个原则：一是先复习后做作业；二是独立完成作业，不相互抄袭；三是书写必须字迹工整、格式规范，解决数学问题要善于总结，获取解决问题的一般思路。

做作业的基本逻辑如下。首先要认真读题和抄题。认真抄题，一可磨炼意志，二可推敲题意。其次要先审题后解答。做完作业要检查，以减少不必要的失误和失分。最后要积极地联想，解决问题时用到了哪些知识、哪些方法，与此问题相关的有什么问题，此问题是否还能提出新的问题。这种良好习惯一旦养成，日积月累，一定会收到事半功倍的效果。

5. 及时进行小结，把所学知识条理化、结构化

学生学完一个课题或是一个章节时，就要及时进行小结。小结是把每一课题、每一章节的有关知识进行梳理，通过比较异同和寻找相互联系，提炼出实质性的内容，形成知识的结构。如定义、定理、公式、法则等，把它们用简洁的文字概括起来或是用图表示出来，使之条理化、系统化。这种条理化、系统化的过程，实际上就是一个积累的过程，它既能加深学生对知识的理解，又能促进学生对知识的积累和记忆。学生每一课题、每个阶段都要进行系统总结，总结时，除了总结归纳所学知识以外，也可记下那些在有关知识启示之下所萌生的联想、猜想和发现，以便进一步思考和研究；还可总结学习方法上的心得、体会、经验、教训，特别是半学期、学期考试之后，学生更要结合各科成绩进行一次学习方法总结，并在此基础上制订下一阶段的学习计划。

6. 不断地进行反思，学会正确地评价

数学以其自身具有的特点培养学生良好的思维品质。严谨性、灵活性、深刻性、广泛性、独创性、批判性是数学被广泛认可的六个方面。而其中的批判性尤为重要。学生在日常学习中，要不断地质疑自身，反省各种行为，以获得及时矫正，思维会变得更加灵活。

培养高中生正确的评价能力，主要表现在高中学生对于学习的自我评价上。第一，要有自我否定的勇气；第二，要培养一种自行质疑的意识；第三，逐步建立自我评价的方法；第四，建立出错的记录，以备经常告诫之用。

以上六个环节是相互联系、相互影响的，学生对每一环节的落实程度都直接影响到下一环节的进展和效果。

三、让学生学习怎样的数学

（一）高中阶段数学教学的目的

（1）高中数学教学应该在九年义务教育数学课程的基础上，进一步做到使学生学好从事社会主义现代化建设和进一步学习所必需的代数、几何、概率、统计、微积分的基础知识和基本技能，以及其中的数学思想方法。

（2）在数学教学过程中注重培养学生数学地提出问题、分析问题和解决问题的能力，发展学生的创新意识和应用意识，提高学生的数学探究能力、数学建模能力和数学交流能力，进一步发展学生的数学实践能力。

（3）努力培养学生的数学思维能力，包括空间想象、直觉猜想、归纳抽象、符号表示、运算求解、演绎证明、体系构建等，以便学生能够对客观事物中的数量关系和数学模式做出思考与判断。

（4）课程标准从教学内容上，强调高中数学教育的基础性、时代性和选择性（初中是普及性、基础性和发展性），其基本观点有：构建共同的基础，提供发展平台；提供多样课程，适应个性选择；倡导积极主动、勇于探索的学习方式；注重提高学生的数学思维能力；发展学生的数学应用意识；强调本质，注意适度形式化；体现数学的文化价值；注重信息技术与数学课程的整合；建立合理、科学的评价体系。

从价值取向上看，突出了数学教育对学生的思维能力的培养，注重数学的文化教育以及应用的工具性功能。

从总体要求上可以看出，高中数学的学习在注重基础性的同时，进一步加大了以多样的课程内容保证学习的选择性，比初中数学教育更加接近成人化，使高中学生初步掌握进入社会工作所必需的数学基础知识和基本技能，深刻领会学习高等数学或其他学科知识所必需的准备知识，更加突出对数学本质的理解，更加体现了数学的文化价值以及对培养学生思维能力的要求。

（二）让学生学习有意义的数学

《普通高中数学课程标准》（2017 年版）明确指出，在现代社会中，数学教育是学生终身教育的重要方面，是学生进一步深造的基础，是学生终身发展的需要。数学学习的意义，一方面是掌握知识，形成自己的知识结构，并运用知识解决问题；另一方面是在知识学习的过程中，培养良好的思想方法、思维品质、科学态度，养成正确的思维习惯。高中学生已经历了十余年的数学学习，他们接近成人，学习有意义的数学就意味着每位学生都能学习必要的、适合自己的数学，每位学生又能学习不同的、有助于成长的数学。

第二节　高中数学语言教学

一、高中数学语言的概念

什么是数学语言？借用恩格斯对数学的解释："一切用以反映数量关系和空间形式的语言皆可称为数学语言。"伽利略指出："宇宙大自然的奥秘写在一本巨大的书上，而这部书是用数学语言写成的。"数学语言是以数学符号为主要词汇，以数学公理、定理、公式等为语法规则构成的一种科学语言。数学语言是人类在长期的生活实践中从一般语言中提炼出来的交流工具。作为一种表达科学思想的语言，数学语言不仅是数学思维的载体，也是数学知识、数学活动的一个重要内容，它为数学交流提供了有力的保证。斯托利亚尔在《数学教育学》一书中指出："数学教学就是数学语言的教学。"因此，教师在数学教学中能否教会学生使用数学语言，是否重视数学语言能力的培养，是不容忽视的问题。

华东师范大学张奠宙教授提出，数学知识有三种不同的形态：一是数学家创建数学知识过程中的"原始形态"；二是人们整理研究成果之后发表在刊物、书籍或陈述在数学教科书上的"学术形态"；三是呈现在课堂学习中的"教学形态"。呈现在原始形态、学术形态中的数学知识都可称为"科学形态"，它是用数学语言描述的，而出现在教学中的一般就是"教学语言"，这一形态的知识形式用于教学或普及科学知识，它是一种自下而上的，即首先提出问题，然后寻求例证，最后从例证中寻求定理证明的途径。

教学语言的形式有：口头语言、肢体语言、影像语言。与数学语言相比，教学语言不仅要反映数学内容的本质与核心，充分地体现学习的"本体性"，还要进行知识的组织，考虑呈现的顺序，设计理解知识的举措，明确掌握知识的情况。教师的备课实际上就是将教科书知识的"学术形态"，通过创造性的劳动，将其转化为"教学形态"。应该说数学语言是理性的、科学的，同时也是比较抽象的。教学中自然不能完全用数学语言，所以，一般意义上，数学的教学语言是建立在数学语言与自然语言合理的结合之中的，这种合理性又往往表现为将"深奥"的数学内容用较浅显的自然语言或生活语言"浅出"。这对于教师来说，无疑是一种极大的挑战。

二、高中数学语言学习存在的问题

（一）初高中数学学习的衔接问题

目前，我国实行九年义务教育体制，接受义务教育是每一位公民的责任，所以在这个阶段强调均衡、公平、基础。从管理手段上，注重标准的执行；从教学内容中，不断地删减陈旧知识；从教学评价上，较多地进行合格性评价，减少选拔性评价。应该说学生取得了一定的成绩，便可保证学生顺利毕业。但同时也带来一些问题，在数学学习中，进入高中的学生面临两大考验。

1. 难度

高中数学（特别是高一数学）的学习，内容新颖，要求较高，抽象性增强，使得许多学生感觉难度太大。特别在数学语言学习上，初中代数并没有较多的要求，训练较多的是平面几何语言，所以，对于高一开始的代数语言系列（如集合语言、逻辑运算语言、函数语言、数列语言等），学生难以接受。一方面，学生缺乏基础，认知水平跟不上；另一方面，教师的教学缺乏足够的重视，总是强调学生水平差，学生没有及时进行必要的语言训练，难度随之而来。

2. 强度

一方面，高中数学的内容本身就有较强的综合性，加之部分初高中内容的不衔接，很多高中教师认为应该会的知识，学生在初中根本没有学，如射影定理、圆幂定理、三角形角平分线性质定理、韦达定理、二次函数的最值等，致使课堂学习强度加大；另一方面，有的教师随意加大综合程度，高一学习的内容、配备的练习都是高三复习题，理由是为高考早做准备，让学生尽早进入实战，一切围绕高考，强度自然增大。"如此高强度的学习，练习、考试都来不及，哪有时间考虑数学语言的教学。"一位经验丰富的数学教师如是说。

（二）高中数学语言学习的或缺问题

1. 课堂教学中对数学教材的阅读不够

有学者曾连续两年对上海高级职称评审中教师的讲课进行教材阅读的统计，

结果发现 56 节课中，只有 8 节课有个别教师让学生关注教材，主动阅读的共 5 节课，不足 10%，这说明大多数数学教师认为阅读教材对数学语言的训练是没有必要的。

2. 学生用数学语言表达不够

在课堂教学中，学生很少用语言表达思维过程。在回答问题或板演练习时，很少有教师让学生用语言表述解题的过程，甚至在个别辅导中，也少有这种训练。许多人不认为语言的训练可以提高思维能力，不认为语言的表达对解题会有好处，只觉得这是浪费时间。对于试卷中出现的解题不规范、不严密、表达有误等问题只认为与学生粗心、不认真有关，并不懂得这与语言训练不够也有关系。

三、高中数学语言教学的策略

（一）充分认识数学语言的训练

（1）要加强教育管理者的认识，学校应建立必要的数学语言教学机制与教学要求；教学研究部门应该认真探索数学语言认知的规律，确定数学语言教学的标准，在教学评价中提倡语言训练，为数学语言教学营造有利的外部环境。

（2）在所有学段的教师中树立数学语言认知的观念，明确人的思维以语言作为表象，语言的训练可促进思维的发展。在学科教学计划中，要确立对数学语言的教学内容、方法、评价的要求；在教学备课中，认真准备每一节课所涉及的数学语言和教学语言；在上课时，认真落实计划，强化数学语言训练。

当然，最终的目的是要让学生认识到数学语言学习的必要性。英国著名数学教育家豪森指出："没有必要引入任何符号或缩写，除非学生自己已经深深感到了这样做的必要性，以至于他们自己提出这方面的建议，或者至少当教师提供给他们时，他们能够充分体会到它的优越性。"

（二）建立初高中数学学习的过渡方法

为了在高中给学生建立统一的数学语言体系，教师有必要在高中学生入学时进行衔接教学，补充学生必要的学习知识，如二次函数的增减性、最值，直线与方程的关系等。

（三）重视命题条件关系的教学

学生进入高中数学学习之后，一切的概念、结论均建立在一定的条件下。

特别是代数知识出现了一种条件关系，如函数概念强调"三要素"。函数是建立在某个定义域之上的，一元二次方程的研究需要考虑系数的取值范围。这实质是抽象的逻辑关系中支撑关系的具体表现，此时强化条件关系教学，有助于培养学生缜密的逻辑推理能力。

数学语言教学不能是孤立的，教师应当有意识地总结、归纳数学语言教学的一般方法，提炼和升华思想方法，通过不断地实践与研究，将零星的观点汇聚成统一的思路，将有效的思路演变为系统的方法和策略，以至最终升华为科学思想。

四、高中数学语言使用的原则

（一）追求数学化

数学课堂教学的核心是思维能力的培养。本体知识的掌握最重要，表达数学知识的语言首先需要"数学化"。这里有两个方面的要求，即非文字化形式和文字化形式的"数学化"。非文字化形式包括口头语言、肢体语言、图形或影像语言，这里一定要从数学的本质属性去考虑。如随手拿起一张16K白纸说这是"矩形"，就是口头语言的不严谨，有的教师为了语言"形象生动"，举一些不恰当的例子类比数学概念，这属于"非数学化"；文字（或符号）形式主要指书写内容要"数学化"。

（二）激发主体性

教学语言的设计应该符合"以学生的发展为本"的现代教育理念，而以教师为主导、教材为主线又是关注教育主体的必由之路。教学语言的设计和运用对象是学生，其目的自然是希望学生逐步学会用数学语言表达、交流思想。所以，在数学课堂上，教师要运用教学语言激活学生思维的主动性，激发学生使用数学语言表达的热情，鼓励学生认真阅读教材。教师要给学生以自由的活动空间，真正体现学生的主体性。激发学生的主体性，常常是在一定的教学情境中创设学习情境、优化课堂情境，使学生产生学习数学的渴望，充分感受数学、主动探究数学、主动运用数学（这是语言激发主体性的重要内容）。

（三）激励求知欲

人的求知欲往往和学习的动机相联系，而动机一般又和理想、抱负相统一。教师要成为帮助学生树立良好愿望的引路人，在端正自己做人品行、时时处为学生做好榜样的前提下，以数学专业的语言感染学生，以欣赏的眼光看待学生，以积极的热情鼓舞学生，以平等的态度对待学生。数学语言的运用在传递信息的同时，在对学生的评价、激励等方面发挥着很重要的功能。要培养学生的求知欲，教师要做到在回答问题时，以正面肯定为主，否定为辅，切忌讽刺挖苦；在设计问题时，以现实情境、科学故事、未知探索为主，培养学生的好奇心；在教学设计时，考虑学生的认知基础，考虑创设问题的情境，以激发学生解决问题的动机，让其获得积极的心理满足。

（四）渗透教育性

教学语言在传授知识的同时，更要育人。数学教育如何对学生进行思想道德教育，许多教师认为数学育人有些不现实。实际上，数学教育的思想性本身就是教给学生思维方式，即做人的道理、实事求是、一丝不苟、灵活机动等，这都是可以通过数学学习来培养的良好品格。另外，教师还可以利用数学史渗透思想性，通过中华民族历史悠久、光辉灿烂的数学史料，教育学生继承先人的治学精神、增强民族自信心、开阔学生的视野、激励学生奋发向上，形成爱科学、学科学的良好风气。这种教育对提高学生素质有着重要作用。

（五）贯穿实践性

数学语言教学设计一定要理论联系实际。语言情境的设计应尽可能联系学生生活，既注重"情感"，又提倡"学以致用"，努力使二者有机地统一起来。实际问题的教学分为两种：一种是引例或课堂内师生共同讨论的材料；另一种是为学生的探究、体验设计的活动。教师要通过实际应用来强化学生学习取得成果所带来的快乐。

第三节 教师对高中信息技术与
数学学科整合的理解

一、高中信息技术与数学学科整合的目的

创新是民族的灵魂，培养学生的创新能力和实践能力是学校素质教育的核心。在教学中培养学生的创新思维能力，发展创造力是社会对教育提出的要求。信息技术凭借其多种媒体形式的信息、丰富的数字化资源与智能化交流和交互工具，能够为学生创新思维能力的培养提供良好的技术与环境支持。因此，教师通过信息技术与数学课程的整合来培养学生的创新思维能力，对于当前的教育改革具有重要的理论与实践意义。

（一）高中数学课程创新思维能力培养的目标

斯托利亚尔曾说："数学教学是数学思维活动的教学。"思维过程是借助中介物去探索和发现新事物的一个复杂的心理过程，它需通过分析、综合、归纳、比较、抽象和概括等操作活动来实现。创新思维也可称为创造性思维，是指以新异、独创的方式解决问题的思维，它是直观动作思维、形象思维与逻辑思维、发散思维与聚合思维、直觉思维与分析思维等多种思维活动的综合表现。人们一般把思维的流畅性、灵活性、深刻性、全面性、独特性作为创新思维能力的判断标准。

高中数学课程培养学生创新思维能力是指，综合培养学生的多种思维能力，提高学生思维的流畅性、灵活性、深刻性、全面性、独特性。由于思维活动是由数学问题引发的，高中学生数学课程创新思维能力的高低具体表现为学生在数学课程学习活动中发现问题、分析问题和解决问题时，其思维的流畅性、灵活性、深刻性、全面性、独特性。

因此，高中数学课程创新思维能力培养的主要目标可以具体表述为："在直观动作思维和形象思维的培养过程中发展学生观察力、想象力和顿悟力；通过

形象思维和抽象思维结合的教学提高学生对数学问题的分析、综合、比较、归纳、抽象与概括能力；通过解决数学问题的教学来培养学生思维的流畅性、灵活性、深刻性、全面性；通过诱发直觉思维的教学发展学生数学思维的敏捷性与独特性。"

（二）可培养学生形象思维与直觉思维能力

形象思维是凭借事物的具体形象和表象来进行的思维活动，直觉思维是指不受某种固定的逻辑规则约束而直接领悟事物本质的一种思维形式。信息技术与数学学科的整合能为学生提供一个身临其境的具体情境，通过直观地感知、感受，继而进行抽象思维，提高学生运用事物表象进行分析、综合、抽象、归纳、概括，从而塑造整体把握、直观透视、空间整合、快速判断和概括提炼的能力，让学生很快投入数学学习，这对培养学生的灵感思维，发展学生的观察能力、想象力和顿悟力有极大的帮助。教师可以利用信息技术支持多种情境创设或过程展示的功能，利用信息技术对多媒体信息的集成与强大的交互功能，使用现成的计算机辅助教学软件或素材库与多媒体制作工具来编制自己的多媒体演示课件，可形象地演示数学课程中难以理解的内容，或用动画、图表等展示数学学科中图形的动态变化和理论模型等。

（三）可培养学生发散思维能力

发散思维又叫求异思维，是指从一个目标出发，沿着各种不同的途径去思考问题，探求多种答案的思维。信息技术能提供丰富的资源，在学生进行信息选择、信息加工的过程中，通过交流与查看各种各样的资源，有利于学生形成解决问题的不同答案，并从多个方面、多个角度思考判断信息，有利于发展学生的质疑、问难、想象、发散等多种思维能力。信息技术能给学生提供开放式和个性化的学习环境，学习内容、学习途径与学习方法可以根据每个学生的不同情况和需要进行重新组合与选择。信息技术还可以提供大量的交流、协作工具，为实现交流协作式学习提供良好的技术基础和支持环境。

（四）可培养学生直观动作思维与聚合思维能力

直观动作思维是在思维过程中把直觉和实际动作操作作为媒介的思维，又称实践思维。所谓聚合思维就是能从多种不同的方法中求得一个最好方法或取得一个最佳方案的思维方式。信息技术与数学学科整合可以提供问题解决的环境和条件，为学生多种思维能力的培养营造理想的环境，为数学教学的开放性、为学生的自主性和研究性学习提供有力的支持。这种支持使得学生在学习相同数学知识时，可通过不同的途径与方法对其进行研究，对已有的知识从多个角度去思考与再认识。通过个性化的学习情境，学生可以选择、比较、分析通过发散得出的各种方案或方法，通过对照、分析与综合，最终找出最佳方案或最好方法，如数学题目中的一题多解，可以有效培养学生的聚合思维能力。

二、高中信息技术与课堂教学整合的不同层次

从学生认知规律的角度出发，信息技术是从一般的技术转化为具有数学教育价值的工具。信息技术是通过长期的教学实践形成的，其中涉及教学主体对技术的把握、学生对数学知识的理解以及技术的使用方式。因此，信息技术的应用方式决定着它的工具价值发挥的大小。按照信息技术在教学中所发挥作用的程度，从低到高依次为辅助工具、交流工具、研究工具。按照信息技术在教学中承担角色的作用来看，上述的工具依次对应为替代黑板、展现动态过程、数学学习的必要支撑。

（一）替代黑板

信息技术的替代黑板的作用适合高中学生的年龄特征，符合学生的认知规律。信息技术的运用能够创设出直观、生动、形象的感知情境，从而达到调动学生学习积极性和学习兴趣的效果，有效地激发学生的学习兴趣，使学生产生强烈的学习欲望，由此形成积极的学习动机。

如在教学圆锥曲线知识时，利用多媒体技术制作了一个圆锥，让学生从不同角度做截面，观察截面所形成的曲线。当时，多数学生不能想象出截面的曲线，但利用多媒体课件工具做完数学实验后，结果一目了然。

再如函数教学中，图像和性质利用传统手段往往既费力又讲不清楚，学生很难掌握，借助信息技术可非常方便地做出任何一个函数的图像，观察它们的性质，使学生对其数学模型、几何形式有深刻的理解。对一些比较抽象的概念和知识，如三角函数的图像变换内容的教学，可通过几何画板生动地演示出 $y = \sin x$ 变换成图像的相位、周期、振幅变化的全过程，将课本上死的画面变为栩栩如生的动画，使学生获得充分的感性认识。因此，现代信息技术及多媒体的应用，既激发了学生学习数学的兴趣，又培养了学生的动手能力，同时也加深了学生对概念的理解。

（二）展现动态过程

数学属于逻辑经验科学，数学的认知过程是一个由具体思维到抽象思维，再由抽象思维到具体思维的过程。信息技术的多媒体性、动态性等特点有助于数学概念的表征，有助于学生自主构建数学概念、揭示知识发生的过程。因此，信息技术支撑下的数学教学更能体现现代数学教学的本质思想。如用相关信息技术呈现数学问题，可以创设逼真的数学学习情境，使数学材料更具有活动性、可视性和空间立体感，也可以使数学知识与其他知识融会贯通，进而使学生深刻体会数学的作用与价值，感悟数学的真谛，真正经历数学知识形成的过程。另外，学生通过信息技术工具的操作可以亲身感受数学知识的形成和发展过程，进而启迪思维、拓展思路，通过积极主动的观察、分析和探索活动，进行有意义的学习和发现，从而把培养学生的创新精神与实践能力真正落到实处。

（三）数学学习的必要支撑

信息技术已成为学习和研究数学的工具，有时甚至是必不可少的。如"四色定理"在 1976 年被两个美国数学家用计算机予以证明，我国的吴文俊院士也完成了平面几何定理的机器证明，这些事实说明信息技术是数学的研究工具。集数值计算、符号演算、机器证明、图形演示于一体的信息技术为学生的数学学习提供了"工具"支持。

1. 数学实验的必要性

波利亚曾指出："数学有两个侧面，一方面，它是欧几里得式的严谨科学，从这个方面看，数学像是一门系统的演绎科学；但另一方面，创造过程中的数学，看来却像一门试验性的归纳科学。"所谓"数学实验"是指根据研究目标，创设或改变某种数学情境，在某种条件下，通过思考和操作活动，研究数学现象的本质和发现数学规律的过程。实验数学不是教师直接用现成的知识去教学生，而是根据数学思想发展的脉络，创造问题情境，充分利用实验手段和实验器材，设计系列问题增加辅助环节，从直观、想象到发现、猜想，从而使学生亲历数学建构过程。这是一种思维实验和操作实验相结合的实验，而计算机技术和网络技术为"数学实验"教学提供了有效的手段。

2. 数学思维训练的必要性

数学思维是数学活动中的思维，它具有一般思维的根本特征，但又有自己的个性。主要表现在思维活动的运用方面，是按照客观存在的数学规律的表现方式进行的，即具有思维的特点和操作方式。教师在讲解数列极限概念时，首先从"一尺之捶，日取其半"谈起，问："如此组成的数列随时间的推移将怎样变化？"屏幕上此时生动地显示出"一尺之捶，日取其半"的规律随时间变化的情况。这比传统课堂上教师只是口头讲授的方式更能激发学生思考。随后在屏幕上给出了数列前几项的数值，在数轴上以及在直角坐标系中表示数列前几项的点动态地趋向极限的图示。学生从以上创设的情境中完全能够理解此无穷数列变化的趋势是无限地接近一个常数。

三、高中信息技术与数学学科课堂教学整合的实施

（一）过度替代

教师利用多媒体课件进行课堂教学，并不意味着多媒体课件由辅助性地位上升到了主导地位，成为课堂教学的主宰。有的教师自觉或不自觉地执行"技术决定论"，过分依赖多媒体课件，教师上课退化为只是点鼠标、读课件。用课件封装的教学过程缺少了板书时的随心所欲、得心应手，难免会压制教师和学生的灵感，造成多媒体独霸课堂，由传统的"人教"变成"机器教"。这种过分依赖多媒体教学的现象会使课堂教学中的教师和学生分别成为"放映员"和"观众"，计算机却成为"主体"，以至完全违背了多媒体辅助课堂教学的原则，忽视了教师的主导作用和学生的主体地位。因而多媒体教学应因课制宜，并非所有课堂都适宜用多媒体，尤其是习题，传统教学中教师的启发、引导、适时的点拨和分析数学题目，数学方法的渗透、数学思想的交流、师生情感之间的交流，都是多媒体教学做不到的。

（二）过度展示

目前很多教师制作的课件没有考虑到学生的学习需要，在设计教学内容的呈现方式时大多采用单一的线性方式，教学程序化，甚至就是书本搬家，由以往的"人教"变成"电教""机器教"，学生只能按照教师预先设计好的思路去思考问题，被动地接受知识的灌输，因此限制了对学生发散性思维与创造性思维的培养。

过度重视演示内容，忽视师生之间的交流。信息技术的发展，使得教师的教学设计需要正确处理"教材、学生、信息技术及教师"四者的关系。不少教师把教学活动中的"师生"关系简单转变为"人机"关系，这样的课件注重内

容演示，把传统教学手段排斥在外，缺少课堂教学的精髓——师生的情感交流。信息技术与数学学科的整合首先应体现在"整合"上，整合要追求适度和效度；另外，在使用计算机的课堂上，由于教师放映的节奏不可能适应每个学生，有时学生正在思考，教师却切换屏幕，屏幕上显示出完整的解题过程，这势必会使学生放弃自己的思路而去接受教师提供的"标准答案"。同时，计算机网络上有丰富的资源，使学生遇到问题时，很可能直接通过网络搜索找出正确答案，而不是自己独立动脑思考寻求问题答案。长此以往，学生独立思考的能力和积极性都很容易下降。

（三）过多"脚手架"

长期以来，数学教师总是一本教材、一本教案、几样作图工具、一盒粉笔进入课堂，导致课堂效率较低。而多媒体辅助教学模式的兴起，则正好弥补了传统教学的不足。但过多地搭建"脚手架"，不利于教师在课堂上发挥主导作用，也不利于师生情感的交流。这与新课标倡导的"教学的本质是交流"是相悖的。相比之下，传统课堂教学中，教师能主导课堂，师生之间是面对面的情感交流。这恰好是传统课堂教学的优势所在。因此，信息技术的优势正好弥补了传统课堂教学的不足；而传统课堂教学的优势恰好能弥补信息技术的劣势。它们不是谁取代谁的关系，也不是彼此对立的关系，而是优势互补的关系。多媒体辅助教学模式不能完全取代传统课堂教学模式，这是由它们各自的特性所决定的。适度的整合应提倡一种必要性、互补性、工具性，强调首先是数学教学，这是主流，其次才是如何借助信息技术更好地理解数学。信息技术不能完全替代传统的教学手段。

信息技术与学科整合是对传统教学的扬弃而不是抛弃。信息技术可以为学生提供多种感官参与学习的氛围，充分让学生动眼、动耳、动脑、动手、动口，并通过动手实验、操作学具，边想、边做、边练来感知事物、领悟概念、掌握原理。已有调查表明，多种感官参与学习，能大大提高学生的感知效果，并使学生由被动学习变为主动学习。多媒体辅助课堂教学的确能改善教学效果、提高教学质量，但一剂良药不能包治百病，同样，多媒体教学也不是万能的，它不能解决教学过程中的全部问题。在传统教学过程中，教师的教态、精彩的讲解、教学组织能力、应变能力、松弛有度的进度控制、行云流水般的板书等都是极其宝贵的。教师在传道、授业和解惑的同时，既能展现其人格魅力，又有利于师生情感的交流，这些恰恰是多媒体教学不能代替的。只有把多媒体辅助教学与传统教学有机地结合起来，发挥各自的优势并进行优势互补，才能真正提高教学效率，改善教学效果，这才是多媒体辅助课堂教学的根本目的所在。

总之，信息技术与数学学科整合绝不是简单的纳入或功能的叠加，也不仅仅是工具或技术手段层面的应用，而是要将信息技术与数学学科有机地融为一体，达到教学系统的最优化。这就要对信息技术与数学课程整合的效果做出价值上的判断，即信息技术与数学学科整合的评价。从总的目标来看，信息技术与数学学科的整合，应该有助于改善教学环境、提高教学效率，真正贯彻课程目标，达到课程预期效果，促进学生发展。

第 四 章

高中数学解题思维过程

第一节　审　题

一、审题的意义及思路

（一）审题的意义

审题，简单来说是学生对整个数学问题进行通读、分析、提炼、探索的思维过程。如果学生在审题环节对于题目内容没有做到充分了解，就可能在解题思路方面毫无头绪。因此，在整个数学题的解题过程中，审题是解题环节的第一步，同时也是最为关键的一步。

审题对于整个解题过程的意义主要在于以下三个方面。第一，学生可以通过审题找出题目中已经包含的已知条件。第二，学生可以发现题目中隐含的条件并揭示出来。发现题目中隐含的条件对于学生解题具有重要意义。如果学生不认真分析，题目中隐含的条件就可能被忽视掉，也很可能忽略解题过程中非常关键的线索。第三，审题过程中，学生可以着手将已知条件和要求解的目标联系起来，思考已知条件距离解题目标还缺少什么条件，根据已知条件探索缺少的解题条件，并逐步向解题目标推导。在审题过程中，学生可以在纸上将题目中的已知条件和已发现的隐藏条件罗列出来，以便构建完整的解题思路。一道数学问题的已知条件和答案之间一定存在一些必然联系，这些联系就是学生由条件通向目标的桥梁。因此，学生在审题时，要多转换一下角度，否则就可能导致解题无法继续进行。

（二）审题的思路

关于审题思路的研究，解题的认知过程和思维过程一般要经过以下几个阶段：第一，问题要求什么？第二，题目中有什么条件？第三，求解问题需要哪些条件和数据？第四，已知的条件有用吗？第五，解题还需要哪些未知条件？学生依照上述思路进行审题，就会养成细心审题的习惯，才能正确并且迅速地解决数学问题。

二、审题失败的原因及影响因素

（一）审题失败的原因

学生审题失败的原因主要包括对题意的曲解、对问题存在潜在假设、审题不全面三个方面，这也是导致学生审题失败的三个最主要原因。另外，在学生审题过程中，还有一些其他因素也会导致学生审题失败：一是学生在审题环节中，其自身所掌握的专业术语（数学语言）不够扎实，导致对问题所表达的意义出现偏差理解；二是在题目的条件和结论的明确阶段，复杂的问题结构让学生不能准确发掘出问题中的隐含条件和目标结论；三是学生缺乏与问题相关的知识，导致其在条件与问题的范围确定阶段无法确认题目的类型，无法顺利想到相关的知识与解题技巧。

（二）影响学生审题的因素

"熟悉问题"是审题至关重要的步骤，学生要准确弄清已知条件和未知条件，抓住问题的核心要素，挖掘已知条件和未知条件之间的相互联系，必要时还要借助数学语言的转化，熟悉问题并形成正确的问题关系图。因此，对于影响学生审题的因素存在很多方面。首先，思维定式对审题存在很大的负面影响。审题时固然要按照某种固定模式进行思考，但不根据具体情况做出调整，往往就会导致学生审题不清或审题错误。其次，没有认真全面地分析问题也是影响审题的因素之一。还没完全弄清题意，就开始套题型、想解法，也必定会导致审题失败。最后，非智力因素影响下的知识储备也会影响学生审题的成功。如专业知识掌握情况和对问题背景的了解，这些都能使学生找到解题的切入点，顺利地进入审题环节，更能成功地审题并解决问题。因此，知识、智力、经验和非智力因素都影响着解题中的审题环节。

三、正确的审题步骤

当一题上手时，凝神静思，许多人都会有不知从何入手的经历，这种尴尬的事情倘若发生在考场，则会使学生心理上产生慌张感，所以通过审题构建正确的解题思路就显得尤为重要。但有的人认为，审题过程毫无意义，要想解题只管试着去解即可，当然也有许多学生在练习甚至在考试时就是这样做的：他们一拿到问题，马上就迫不及待地试着做起来，但此时他们的思维是盲目的，甚至是无条理的，最终也往往很难得到正确的答案。那么，到底应该怎样进行审题呢？审题可以从以下四个方面进行。

（一）明确条件和结论

匆匆回答一个尚未明白的问题绝对是不理智的，要避免陷入这种劳而无功的困境，学生就要在解题时先明确问题的条件与结论。条件是探求解题思路的依据，结论是要达到的最终目标，也是推理的终点。明确条件和结论，对于找出正确的解题方法起着思维导向的作用。

审题时，明确条件与结论的具体做法是将已知条件一项一项地列出来，把结论也一项一项地仔细列出来。可能有人认为这是很简单的工作，但这项工作的完成水平却恰恰体现了一个人数学解题能力的强弱。因为对于同样的数学材料，数学解题能力强的人能获得更多信息，也能最大限度地确立已知条件和未知条件之间的联系，找到各个条件与结论之间的联系。他们也会注意到同一个条件可以有几种不同的表现方式，因此在一项一项地列出已知条件时，也会尽可能把问题中的条件写成易于进行运算和推理的形式。同时对于一些需要书写解题过程的试题，解题能力强的人也会注意选择结论最恰当的表现形式。

（二）符号语言、图像语言和日常用语间的转换

在数学问题解题过程中，常用到的三种数学语言为符号语言、图像语言和日常用语。符号语言相对简洁、严谨，表达形式相对稳定，了解符号语言有利于学生解题时的推理和正确表达解题过程；图像语言能直观地向人们表达概念及定理的本质以及数学中的各种相互关系，它可以帮助学生将抽象的数学思维变得具体化；日常用语自然、生动，它能将问题所要探究的目标直接以文字表达出来，有助于学生拓展思路。数学问题大多是由上述三种数学语言混合组成的，因此在审题环节就必然会涉及数学语言转换的情况。各种数学语言间的相互转换可以达到简化、缩短思维过程的目的，克服由于概念、定理的内在意义与其字母符号之间的脱节现象，摆脱由此而产生的思维受阻的困境。因此，熟练转换数学语言是思维敏捷的表现，也是学生审题、解答问题的重要技能。

（三）关键字句的斟酌

在数学题编拟时，因为主要考查方向多是学生的观察能力、分析能力以及对各种概念和定理的了解，所以命题人经常要变换概念的表现形式，精简命题从条件到结论的中间环节，肢解命题的各项条件之间的联系，隐去问题涉及的数学思想及背景。学生在解答数学题时，就需要学会通过问题的关键字句进行仔细推敲，找到问题的本质与规律。在对关键字句进行推敲时，学生要明确哪些是关键字句，常见的关键字句有：

（1）概念中容易疏忽的限定词，如在椭圆的定义中，平面内与两个定点 F_1、F_2 的距离之和等于常数（大于 $|F_1F_2|$）的点的轨迹叫椭圆，其中"大于 $|F_1F_2|$"便是一种限定词。

（2）问题中比较陌生的、抽象的词语、记号，这类字句往往存在一定的数学背景，但课本中并无现成的概念或对记号的描写，所以理解这些陌生、抽象的问语、记号便会成为解题关键。

（3）问题中易疏忽的特殊位置和可能情况。

（4）相近的基本概念之间的细微差异之处。

（5）定理成立的每一项前提或条件。

（四）对问题结构和问题整体进行把握

从数学思维的角度来讲，在解题过程中起关键作用的几个重要环节，它们所涉及的数学方法、定理和概念，可以称为问题的结构。如果能把握问题的结构，就等于厘清了基本的解题思路，确定了问题的实质，那么学生在复杂的问题面前就能避免毫无头绪的兜圈子，并在思维的转折关头也不会迷失方向。成功的审题要求学生能摆脱问题的外表特征、细节和具体的数字，不仅要对问题的个别条件进行感知，还要明确它们之间的联系，明确这些条件在整个推理的关键步骤中会起到的作用，即对问题进行整体把握。为了做到这一点，尤其是在解决数学综合题时，审题过程中应该把解题思路概括为几个关键步骤。

四、数学审题训练技巧

（一）培养学生审题的全面性、系统性

学生在审题时要养成透过现象看本质的审题习惯。这就要求学生在解决问题时学会全面搜索和思考并进行细致的观察，要从复杂的图形或式子中抓住问

题的主要特征。教师在日常教学中也要引导学生不仅在审题时学会观察问题，而且在整个解题过程中都要进行观察，要让学生学会多层次、多角度地观察问题，并根据需要转变观察角度。审题实际上是学生有选择的认知过程，全面地观察和审题，从不同的角度进行思考，就能使学生在较复杂的图形和关系中找出试题的规律，也能指出在某种特定的条件下试题的特殊解法，使学生做到全面审题。

（二）运用表格等形式，提高审题效率

学生在审题时遇到数量关系比较复杂的情况，可以通过列表或画图去厘清题目中的数量关系：可以按照事物类别、时间先后等条件列出表格，将复杂的数量关系清晰化，这样也有利于学生理解题意，并可以把文字语言数学化。例如，某地现有耕地 $250\mathrm{km}^2$，规划 20 年后粮食单产比现在增加 21.5%，人均粮食占有量比现在提高 12%。如果人口年增长率为 1.2%，那么耕地平均每年至多只能减少多少平方千米（精确到 $1\mathrm{km}^2$）？本题中有人口数、人均粮食占有量、粮食单产等多个数量，数量关系较为复杂，而用列表的方式可以从复杂的数量关系中寻找到有关联的数量，从而加深对题意的理解，既达到审题的效果，也为接下来的解题打下基础。

（三）教师精确掌控学生审题过程

教师在教学过程中要引导学生发现问题中不明显的隐含条件，帮助学生掌握题目中的数形特征，让学生学会将复杂、困难的数学问题转化为简单易解或具有典型解法的问题。教师要尽可能多地让学生自己发现解题思路和解题方法，改正其审题过程中出现的错误。学生在解题以后，教师要督促学生对审题活动加以反思、探讨、分析与研究，这是非常重要的环节。这样既可以检验解题结果是否正确、全面，推理过程是否无误、简捷，还可以发挥例题、习题的"迁移"功能，收到举一反三的效果。

审题过程是学生对题目进行综合分析，寻求解题思路和方法的过程，也是正确解题的关键。高中数学教师应当结合日常的教学工作，经常有意识地强化学生的数学审题意识，对学生进行严格的审题训练，对学生审题能力进行培养，同时在有意无意间培养他们认真审题的习惯，从而达到提高学生解题能力以及提高学生综合素质的目的。在高中数学教学实践过程中可以发现，很多学生做错或不敢做题，往往是因为学生没能读懂题目，无法自行从题中找出解题所需

的条件、信息，无法用数学语言将答案表达出来。换句话说，学生没能审好题，因此做不好题。所以，在教学过程中要求教师帮助学生对题目的条件和结论进行全面的认识，要帮助学生掌握题目的数形特征。有些问题往往需要对条件或所求结论进行转换，使之转化为较简单、易解或具有典型解法的问题。如果题中给出的条件不明显，即具有隐含条件，就要引导学生去发现。

第二节 探 索

一、探索解题思路的重要性

高中阶段对每一个学生的重要性是不言而喻的，但高中阶段的学习过程中有很多学生倒在了数学这道难关上，因为他们在数学学习中没有建立正确的学习思路及解题思路，导致他们在数学上虽花费的时间很多，但没有学习效率，数学学习成绩往往都很不理想。高考是大部分学生一生的转折点，为了战胜高考，在高中阶段的学习过程中就必须先战胜数学这门学科。这就要求学生在数学的学习中学会学习，要有一定的自主学习能力，学会主动去总结和探索自己在数学学习中所遇到的问题，不断改进自己的学习方法，建立适合自己的解题思路。学生一旦形成了自己的学习方法，有了适合自己的解题技巧和解题思路，在数学的学习过程中就可以事半功倍。

二、探索解题思路的难点

很多学生在初中时数学成绩很不错，但是到了高中数学成绩开始下滑，甚至跟不上班级的学习进度。这主要是因为初中阶段的数学学习和高中阶段的数学学习有很大的不同。高中阶段的数学课程相比初中阶段内容更加复杂，难度也更大，如果只是将初中时的数学解题思路、方法照搬到高中阶段，是绝对行不通的。进入高中以后，一定要迅速适应高中的数学学习节奏，探索自己的解题思路，以便更好地学习高中数学知识。高中阶段的数学题有较大的抽象性，需要学生具有良好的空间想象力和逻辑运算能力。高中数学解题过程主要分为以下几部分：一是审题，了解题目要求，明白出题人的意图和考点；二是探索解题思路，即在审题的基础上归纳相关问题的相应条件的信息，形成确定的解题思路；三是答题，经过审题和理解题目之后，根据题目的问题和已知条件信息，运用自己已经掌握的学习知识，确定相关解题过程，完成答题；四是检查和整理，学生在有时间的情况下一定要把自己得出的最后结果代入题目中进行验算，防止出现低级错误，同时最后要把自己做错的典型性错题整理出来方便之后查漏补缺。可以发现，探索解题思路是解题过程中承上启下的一个重要阶段。数学问题一般较为灵活，解题思路也较多，从不同的角度去审题，得到的解题思路也会不同，所以从多角度出发，发散思维，得到多种不同的解题思路和方法是学生探索解题思路的难点，也是其在解题时可以快速构建解题思路的关键点。因此，学生在平时的数学学习中要根据自己的数学基础知识和解题经验，多角度审题，理解清楚题意后找到适合自己的解题方法。

三、正确解题思路的建立

（一）学会审题和理解题意

建立正确的解题思路的第一步是要让学生学会审题，拿到一道数学习题时一定要先审题、理解题目，这是建立正确的数学解题思路的基础。对审题和理解题目一定要足够重视，一旦审题和理解题目的相关内容出现错误，那么解题思路就会走向错误的方向，使得解题错误。审题和理解题目是非常关键的，面对一道数学习题，一定要仔细审读题目条件和相关问题，揣摩出题人的意图，注意题目的隐含条件，方便正确解题。

（二）学会多角度地解答数学问题

数学问题十分灵活，在审题和理解题目之后就需要对问题进行解答。对数学问题进行解答需要学生发散思维，灵活运用自己学到的知识技巧，从不同的角度去考虑问题，锻炼自己独立思考解题思路和进行一题多解的能力。

（三）检查整理题目

在数学的学习中，学生对自己所做过的题目进行检查，就可以发现自己解题中所犯下的低级错误，提高自己解题的正确率，有助于学生增强构建解题思路的能力。而对具有典型性的错题进行收集、整理，可以更加方便地将自己做题过程中思路不清晰或其他错误的问题归类，这样不仅可以方便自己建立正确的解题思路，也方便自己最后进行综合的考前复习。但是在进行错题整理的时候，一定要注意不可贪多，要有针对性地整理典型性习题，同类型的习题一般整理一遍即可。在数学的学习过程中，学生要想提高自己的学习效率，建立正确的解题思路，就必须要有良好的做题习惯，善于对问题进行多角度的观察、分析，建立完整的数学基础知识结构，学会独立思考。

四、高中生的思维探索特征

学生的思维探索能力直接决定了其是否能够快速、准确地找到问题的解题思路。数学思维的发展具有阶段性特征，高中生的数学思维发展也具有自己独特的特点，了解高中生思维的发展特点，有利于教师引导学生探索自己的解题思路，也有利于学生在解题中锻炼自己的思维能力。

（一）高中生思维发展的特点

1. 思维具有假设性

假设是对因果关系的一种猜想、推测。有了假设，思维才有明确的目的和方向，一切科学的思维都离不开假设。高中时期的学生能撇开具体事物，运用抽象的概念进行逻辑思维，抽象逻辑思维的科学性、理论性更强，思维步骤更完整。他们能按照提出问题、明确问题、提出假设、制订解决问题的方案并实施方案、检验假设的完整过程去解决思维的课题。

2. 思维具有预见性

高中时期的学生生活经验丰富，科学知识增多，对事物之间的内在联系了解得更深刻，他们能对事物之间的规律、联系提出假设，可以设计方案去检验假设，他们不是只看眼前，而是着眼于未来，主动适应环境，其思维的预见性也更强。

3. 思维的形式化

高中时期的学生形式运算思维已占优势地位，这主要表现为思维形式与思维内容的相对区分，以及能够进行假设—演绎的思维推理。

4. 自我意识和监控能力显著提高

高中时期的学生，思维的自我意识和监控能力相较于初中生显著提高。高中时期的学生能对自己的思维进行自我反省、自我调控，确保思维的正确性和高效率。

5. 思维的创造性提高

高中时期的学生能不断提出新的假设、理论，思维的敏捷性、灵活性、深刻性、独创性和批判性明显增强，思维的创造性明显提高。

6. 辩证思维迅速发展

高中时期的学生理论思维的发展有力地促进了辩证思维的发展，从而形成了抽象逻辑思维和辩证思维协调发展、相互促进的新局面。高中时期的学生基本上能理解特殊与一般、归纳与演绎、理论与实践等的辩证关系，能用全面的、发展的、联系的观点去分析和解决问题。

7. 思维结构和功能日臻完善

高中时期的学生由于理论思维的发展，思维结构的内部关系更加协调，分析与综合、抽象与概括、归纳与演绎、形式逻辑与辩证逻辑、认知与非认知因素等形成协调发展的新格局，思维的功能更完善，思维的效率更高。

（二）高中生辩证逻辑形式的发展

1. 辩证概念的发展

辩证概念是对事物的内部矛盾，即对立统一关系的认识。它反映事物的运动变化、发展矛盾转化的辩证法，它突破了形式逻辑思维概念的确定性，具有灵活性和具体性。辩证概念是概念发展的高级阶段，难度更大。辩证概念的形成要经历一个复杂的过程，由于生活经验、文化知识和思维特点的不同，初高中学生掌握辩证概念的深度也不同。有关调查结果表明，初高中阶段的学生掌握辩证概念的过程是：先掌握具体概念，后掌握抽象概念；先掌握"是"与"非"的形式概念，后掌握相对变化的辩证概念。概念的内涵逐步深化、完整，达到科学水平。初中学生以掌握抽象概念为主，但认识还有片面性，概括水平不高。高中学生以掌握抽象辩证逻辑概念为主，概括水平较高，认识较全面，基本上能揭示概念对立统一的本质，科学概念基本上形成。

2. 辩证判断的发展

辩证判断是根据对立统一的思维规律，结合思维的具体内容，全面地或多层次地明确反映对象内在矛盾及其转化的思维形式。从测查资料的分析可以看出，初中学生主要是用"个别性判断"来对事物做出判断。高中学生的辩证判断已占初步优势，他们的判断发展到以"普遍判断"为主要形式，即反映对象的普遍特性的判断。

3. 辩证推理的发展

辩证推理是辩证逻辑的核心，即在对立统一思维的指导下，具体分析事物的矛盾运动，揭示隐藏于判断之中的辩证因素，从而由已知推出未知的思维形式。它是推理的最高发展阶段，这种思维形式难度最大，初中时期学生才开始发展，起点低，发展速度慢，高中学生发展速度明显变快。

（三）高中生思维发展障碍的形成原因

高中生可以通过不断地解决数学问题来提高数学思维能力，使其数学思维得到快速发展。但有些学生时常会出现课堂上听不懂老师的讲课内容，课下解决问题时也不知道如何下手的情况。这种情况产生的主要原因是学生还没有形成良好的数学思维品质，导致其数学思维能力薄弱，解题欲望也逐渐下降。长此以往，就会阻碍学生数学解题能力的发展，并使其产生数学思维障碍和畏惧解题的心理。这些障碍的产生大多是目前数学教学中存在的定式方法、学生自身的知识容量及其不科学的知识结构和思维模式造成的。分析思维障碍产生的原因有助于教师找到克服学生思维发展障碍的方法，从而顺利地发展学生的思维能力。高中学生数学思维障碍的产生原因主要有以下几种。

1. 难度、跨度过大

高中相较于初中，数学教学在知识容量和难度上都存在大幅度的上涨情况，再加上高中数学教学时间紧、任务重，部分教师就会存在为了赶上教学进度而加大每节课课程容量的做法。这也导致学生每节课要学习的内容增多，但消化所学知识的时间减少。长此以往，就会导致学生对所学数学知识的认识不够深刻，运用不够熟练，经常存在概念混淆、用错公式、用错定理和用错法则的现象。高中相较于初中，其知识难度也变得更大。高中数学知识一般过于抽象，学生在高一就会学习到几何语言、函数语言、图像语言这些抽象的数学知识，在课堂上不能理解的情况下，就会导致其丧失数学学习的热情及自信。在数学的思想方法上，高中要求在教学中渗透数形结合、等价变换、分类讨论的思想，而思想方法的掌握不是一蹴而就的，这在短期内也会导致学生产生思维障碍。

2. 教与学分离

学习本身是一种思维认知的过程，学生从其已经接受或熟悉的知识结构和经验出发，在老师的引导下，从学习中获得对一些旧知识的新理解或直接吸纳新的知识。这也说明，学生要找到新旧知识的"衔接点"，这样在其脑海中新旧知识就可以发生积极的相互作用和联系，从而使原有的知识结构不断地分化和重新组合，完善知识结构。然而，在实际教学中，一些教师没有很好地了解学生的学习情况，忽略了新旧知识之间的联系和区别，直接采用"灌输"和"填鸭"的教学方法，不断寻找所谓的"经典问题"教给学生，不断地教学生自己总结的"解决问题技巧"，以求学生能够快速掌握知识，在考试中取得好成绩，为班级争光，但学生在自己解决问题时往往感到茫然。这种教学不仅不能使学生很好地掌握知识，而且会使学生在解题的反复失败中对数学学习失去兴趣。因此，教师如果没有很好地了解学生的实际认知情况，没有做好新旧知识的衔接，没有做到以学生为主，在课堂上自我陶醉地滔滔不绝，就势必会导致学生对知识认识上的不足、理解上的偏差，从而使学生在解决问题时不能正确、灵活地应用新知识，进而使学生产生思维障碍。

3. 思维定式

在数学学习中，思维定式是指总是按照自己的某种习惯的思路和方法去分析、解决问题，是思维趋向性的一种表现。思维定式有积极的影响，也有消极的作用：当这种习惯思路与实际问题的解决途径一致时，能产生正面积极的影响；反之，相悖时会产生负面消极的作用。然而，一些学生无法抗拒这种思维模式的负面影响。在分析问题的条件时，他们会产生似曾相识的感觉，机械地运用之前类似的问题解决经验来解决问题，而不去挖掘潜在的隐藏条件，导致结果出现错误。或者学生在解决问题时，固执地选择固有的解决问题的方法，导致思维阻塞或误解，进一步阻碍了思维的发展。

4. 个体差异

个体差异一般是指学生的数学基础、个性和心理特征的不同。例如，有的学生基础知识扎实，思维能力强，在课堂学习中，能迅速获得解决问题的思路。然而，有的学生基础知识薄弱，根本不了解他们所学的数学知识，只是盲目模仿老师解决问题的过程，懒于思考，产生了严重的依赖心理，遇到问题立即询问同学或老师，从不积极思考，从而导致其无效的思维发展和思维障碍的形成。

五、培养高中生探索解题思路能力的教学策略

（一）提高学生的学习热情

兴趣是学生在数学知识的学习中不断坚持的强大动因，我国数学家王梓坤院士说过："数学教师的职责之一就在于培养学生对数学的兴趣，这等于给了他们长久钻研数学的动力，优秀的数学教师之所以使学生永志不忘，就是由于他点燃了学生心灵中热爱数学的熊熊火焰。"浓厚的学习兴趣能有效地激发学生学

习数学的热情，使其走进数学殿堂，废寝忘食、孜孜不倦地学习，沉浸在知识的海洋中。只有当学生对数学产生浓厚的兴趣时，他们才能积极地接受知识，学习规律，掌握方法，创造性地运用知识解决问题。因此，激发学生的学习兴趣是思维探究能力培养不可或缺的前提。相反，对数学没有兴趣的学习无疑是一种艰苦的劳动，但兴趣并不是与生俱来的，它来自后天环境和教育的不断影响。因此在教学中，教师可以通过创设问题情境、生活实例、智力游戏等方式引入新的课程，激发学生的兴趣，调动学生的积极性，为课堂教学的有效进行奠定基础。教师可以通过让学生学习数学史，丰富学生的数学文化知识，激发学生对数学的浓厚兴趣；运用认知矛盾提出问题，吸引学生积极思考，引导学生认识新旧知识之间的内在联系，巩固基础知识。

（二）重视数学思维品质教学

数学思维品质是区分数学思维能力高低的个体特征。它反映了每个人的思维水平、智力水平和能力的差异。它是衡量数学思维质量和判断数学能力水平的主要指标。多年来，国内外许多先进的教学方法和经验表明，培养学生的思维质量是一种突破，是培养学生探索问题解决思路能力的有效途径。学生思维素质的培养可以集中在以下几个方面。

1. 克服思维的肤浅性，培养思维的深刻性

思维的肤浅性意味着人们只能看到事物的表面现象，不能深刻理解事物的本质规律。在数学的学习中，学生只会遵循固有的定理和公式，而不考虑建立这些定理和公式的条件。因此，在教学过程中，教师就需要通过对问题进行剖析，帮助学生全面掌握概念、公式、定理和法则，使学生深入了解在什么条件下可以得出什么结论，同时准确把握公式、定理和规则的适用范围。通过辨析问题，教师也可以帮助学生理解数学的精神实质，避免形式主义、表面化和一知半解的情况出现。

2. 克服思维的呆板性，培养思维的灵活性

呆板的思维意味着人们总是依赖过去的知识和经验反复理解问题，用一定的、熟悉的"现成的方法"解决问题。在教学过程中，为了克服思维的僵化，教师需要引导学生从不同角度、不同方面对问题进行深入思考，灵活地进行全面的分析研究，让学生在掌握问题本质规律的基础上，运用所学知识以不同的方式解决问题，避免简单的机械模仿和固定的思维模式。

3. 克服思维的狭隘性，培养思维的广阔性

思维的狭隘性在学生数学学习中常常表现为思维受到束缚，处于封闭状态中，放不开，只能围着书上的公式转。为了克服思维的狭隘性，发展思维的广阔性，教师在数学教学中应该引导学生多角度地考虑问题，采用变式教学、一题多解等教学手段，充分拓展学生头脑中的知识，使其所学的方法得到广泛的应用，思维得到全面的发展。

第三节　表　述

一、"表述"的作用

思维是人脑借助语言、表象和动作实现的，是对客观事物概括和间接地反映。语言是思维创造的产物，是它的外在表现，与此同时，语言又可以促进思维的深度拓展。维果茨基在《思维与语言》一书中也曾揭示了思维与语言有一定的依存关系，但有时也是会分离的，它们之间遵循着相互作用、相互影响、相互促进的发展过程。在解答问题的过程中，如果不能完整地表述自己的解题过程及解题思路，对于解题的完成度会造成极大的影响。因此，重视学生解题过程中的表述能力就显得非常重要了。而作为表述中重要的数学语言也就变得更为重要，如果数学语言水平低下，不仅会影响学生在答题中的数学"表述"能力，也会制约学生思维水平的发展。

二、数学语言能力与高中数学解题的关系

良好的数学语言能力是学生解决数学问题的重要工具，也有利于学生形成良好的数学思维能力。解决数学问题的第一步是审题、解构问题、区分条件和结论，这个过程就需要学生具有良好的数学语言识别和理解能力。在审题之后，学生需要探索解题思路，拟定解题过程，这个步骤需要学生抓住数学语言的本质特征和隐含条件，寻找解决问题的灵感；或把条件、结论转换为熟悉的语句重新表达，联想以前解决问题的经验，寻找解题的线索；或引入适当的辅助符号或者辅助线，这些都要求学生具备数学语言的转换、构造和操作能力。同时，在学生探索问题解决思路的过程中，也需要进行语言转换、数学模型构建、定理和公式运算等，这些也要求学生有较高的数学语言表达能力。所以，在解决数学问题的过程中，学生应具有较高的数学语言组织和表达能力，做到表达准确和思维缜密。

学生解题能力与数学语言能力是相辅相成的。数学解题从本质上讲就是从具体情况中抽象出定量关系和变化规律，然后统一用数学符号进行表达，理解符号所代表的定量关系和意义，通过数学语言的转换，选择合适的数学定理、公式或规则，使用合适的方法解决数学问题。因此，解决数学问题的过程也是提取、加工和整合学生原有数学认知结构的思维活动，重构数学语言的过程。同样地，数学语言能力和数学解题能力的培养是相辅相成、不可分离的统一整体。在数学中，概念、定理、推理和证明都是用数学专业术语和数学符号表示出来的，这样的结果也有助于人们理解问题、分析问题，进而解决问题，这些专业数学术语和符号的引入，往往是为了理论的易于表述和问题的解决。在实际的数学解题过程中，学生通过对数学语言的识别、理解、转换、构造、组织和表达，不仅可以提高数学语言能力水平，还可以拓宽解决数学问题的思路，提高解决数学问题的效率。用多种数学语言形式描述数学对象是一种有效获得数学知识和思维的途径，是解决问题的重要方法，也可以加深学生对问题的理解。不同思维形式之间的转换及其表达方式的转换是解决数学问题的核心，如图像的直观性对于理解数量之间的关系具有重要的意义。图像将数学关系和数据转换为"看得见"的形式，清晰地表达出了数学变量之间的关系和变化规律，为有效解决数学问题提供了思路。

三、数学语言的分类及特点

语言是一种社会现象，它是人类通过高度结构化的声音组合或通过书写符号和手势形成的一种符号系统。人类通过语言进行交流和沟通，并将语言作为继承历史经验和文化传承的工具。数学是研究空间形态与数量关系的科学，是描述自然规律和社会规律的科学语言和有效工具。苏联数学教育家斯托利亚尔在《数学教育学》中对数学语言的定义是："数学语言是按照下列不同方向改进自然语言的结果：一是简化自然语言，二是克服自然语言中含混不清的缺陷，三是扩充它的表达范围。"

数学语言是表达数学抽象概念及数学概括内容的媒介，是数学概念、数学推理及其结论展现和交流的方式。有人认为数学语言是使用数学术语、符号和图像所表达的语言，数学语言是表达数学思维的语言，数学语言是数学教学语言。本节讨论的数学语言是人工运用文字、符号和图表组合构成的，用来表达数学内容和数学思维的语言，是进行数学交流、解题的工具。数学语言是由"数"和"形"经过漫长的历史过程逐渐形成的符号系统，是数学知识和思维的产物，是传承数学文明的工具（由于数学语言的结构特征和可操作性，与计算机结合之后更是加快了科技的发展）。

（一）数学语言的分类

大多数学者从表达形式上习惯把数学语言分为三种：文字语言、符号语言和图表语言。

1. 文字语言

数学文字语言的结构和语言学中的语言结构很相似，它是经过数学化的一种自然语言，是对自然语言加以改造的结果。数学文字语言多用来表达数学概念、公理、定理、性质，也可以用来解释和描述数学符号语言与数学图表语言，如代数语言中的"方程""不等式"等，集合与逻辑语言中的"且、或、非"等，函数语言中的"单调""正弦函数是奇函数"等，复数语言中的"虚数""模"等，几何语言中的"二面角""向量的数乘"等，计算机语言中的"二分法""条件语句"等，这些都是数学文字语言。与自然语言相比，数学文字语言具有很强的概括性和丰富的内涵，与数学符号语言和数学图表语言相比更容易理解。但是，数学文字语言也存在表述起来过于烦琐，不易于应用在数学问题的计算、推导、证明过程中的问题。

2. 符号语言

一般来说，符号就是某种事物的代号，就像人的名字一样。数学符号语言往往比数学文字语言更生动，也更简洁。计算机甚至可以根据数学符号语言和用数学公式的规则进行自动运算。数学符号语言是国际化的语言，凡是受过数学教育的人，都认识数学符号语言，不需要进行翻译，这也加速了数学的发展。16世纪韦达在自己的代数工作中引入符号体系，这种方法很快得到世界各地数学家的响应，数学符号语言全世界高度统一，最终也逐渐形成了数学自己特有的语言和符号体系。

3. 图表语言

数学语言的另一种表达形式是数学图表语言，它主要通过图像、图形和表格来描述数学对象及其关系。它是数学形象思维的描述工具，更是解决数学问题的有力工具。图表语言具有形象且直观的特点，可以帮助学生理解问题的本质和发现题中隐藏的条件，进而解决问题。高中数学图表语言主要有以下几种形式：函数图像，如三角函数图像、对数函数图像、指数函数图像、分段函数图像和特殊函数图像；几何图形，如立体几何图形、解析几何图形和直视图；图示和表格，如集合的韦氏图、条形图、直方图、茎叶图、分布列和程序框图。

（二）数学语言的特点

数学语言作为一门专业的通用语言，具有不同于一般语言的特点。在高中学习过程中，学生必须了解高中数学语言的特点，才能准确地运用数学语言解决数学问题，提高自己解决数学问题的效率。根据皮亚杰的认知发展阶段理论，高中阶段学生的认知水平处于形式运算阶段，这时候的学生能运用逻辑思维来处理抽象的、假设的情境问题。因此，高中学生学习的数学知识也相应地具有严谨的逻辑性、高度的抽象性，还具备广泛的应用性。

1. 数学语言的准确性

在数学里，反映数学概念的词的意义一般是通过定义加以规定的，也就是说，通过已经了解的概念来规定新概念的意义，概念的步步上溯，最终归结为几个原始概念。通过这种逻辑手段，也就是定义的方法确定反映概念的词的意义，保证了词的专义性，所以数学语言中的每个符号、式子只有一个意思，一个数学符号确定表示某个意义后，一般不再表示其他意义。当然，数学语言中也会出现一词多义的现象，如"和"的概念，中学数学中有代数式的"和"，三角式、对数式等式子的"和"，无穷项的"和"，角的"和"，线段的"和"，向量的"和"，这些"和"的意义不尽相同，易混淆，要倍加重视。但是，如果对概念理解深刻，从上下文的意思中仍可判断它们的确切意义，不会发生混淆，从而准确区分。

2. 数学语言的简约性

数学语言尽可能用最少的语言去表达最复杂的形式关系，它不同于文学语言，需要修饰和描述，而是直接揭露事物的本质。例如，语句"a、b 两数的倒数和"，在用词上极为精简，符合数学的"简洁美"原则。再如"直线外一点与直线上各点的连线中垂线段最短"，只用一句话陈述了一条性质，表达了一个特殊关系，这些都形成了一种简洁的风格。因此，数学语言可以大大缩短语言表达的长度，加快思维的速度，还可以使叙述、计算和推理更清晰明确。所以说，数学语言不仅是最简单和最容易理解的语言，而且也是最精练的语言，简练性是数学语言最突出的特点。

3. 数学语言的符号化和形式化

数学语言的符号化和形式化是数学发展的结果，主要体现在数学推理和数学计算过程中。数学语言的符号化和形式化使得数学的推理和计算具有可操作性和可靠性，得出的结论也是可以经得起时间检验的真理。如在数学中用"$\sin^2 x + \cos^2 x = 1$"表示同一个角的正弦和余弦的关系，而不用文字描述，因为这样便于操作和运算，数学语言的符号化和形式化加快了数学的发展速度，也让数学知识更便于操作和运用。

4. 数学语言的抽象性

高中阶段学生的抽象思维已经向"理论型"发展，所以高中数学中涉及的很多数学定义、数学定理以及数学推理都是人们从生活经验中抽象概括的、理想化的内容，主要表现为数学语言的概括性和数学符号的使用。如"函数"这两个字就包含了自变量、因变量和对应关系三个要素：虽然不同的函数有不同的表达式，但实质都是反映函数的自变量和因变量之间的变化规律。再如引入的数学符号"x"，在不同的数学情境中，可以表示一个变量，也可以表示一个常数或者是一个函数，它不是具体存在的，而是根据不同的情境抽象出来的一个符号。

5. 数学语言的通用性

数学语言的通用性表现在三个方面。一是表述同一个数学问题，可以用不同形式的数学语言来表达。二是数学语言应用的广泛性。数学语言不仅可以用来表达数学知识和数学思维，还可以用来表达物理、化学、生物学原理，甚至在地理这种文科性质的学科中也有涉及，它普遍地存在于我们的生活和思维活动中。三是数学语言在国际上是统一的、通用的，它的通用性主要表现在数学知识、数学思维和数学思想的统一上。尽管数学文字语言在不同国家的写法和读音不同，但语义是相通的，特别是数学符号和数学图表语言甚至在表达形式上都是相同的。例如，各国数学教材都用"$\sin x$"来表示正弦函数这一概念。

6. 数学语言的可操作性

法国数学家韦达提出用符号表示已知量和未知量，并对此进行了纯形式的操作；数学图表语言也可以进行形式上的操作，辅助数学解题活动。因为数学语言具有可操作性，人们可以把逻辑推理转换为运算或者图形来解决问题，高中的大部分数学问题都可以运用数学语言的可操作性进行解决。生活中的很多问题也都可以通过建立适合的数学模型，运用已经发现的数学规律、数学定理和数学运算对模型进行数学化、抽象化的分析，给出方案。现在计算机上的很多编程软件如"C 语言""C＋＋"等，都是运用了可操作的数学语言。

四、数学语言能力的内涵

能力是人类的一种心理特征，是其能否顺利完成某种活动的一项心理条件。语言学中的语言能力是指人类是否可以说出或理解前所未有、合乎语法的语句，是否能够对有歧义的语句进行辨析，是否能够判别表面形式相同而实际语义不同或表面形式不同而实际语义相似的语句，以及听说读写译等语言技能的运用能力。数学语言表述能力就是能够正确识别和理解表示数学知识和思维的数学语言，并能对数学语言进行转换、构造、操作和组织表达的能力。数学语言表述能力主要有以下几种：记忆和识别能力、理解能力、转换能力、构造能力、操作能力以及组织和表达能力。

五、数学语言能力的重要性

高中数学学习之所以会给学生带来困难，很大程度上是因为数学语言在抽象程度上的突变。初中的数学语言比较贴近生活，具有通俗易懂、趣味性强的特点，而高中的数学语言随着教材内容、抽象程度的加深，也变得晦涩难懂，枯燥乏味。高中数学的第一章就是比较抽象的集合语言，接着就是函数语言等一些重要的数学基本语言，学生的抽象思维能力在某种程度上是很难适应的。再者，学习数学主要是学习数学中的数学思想，它是人们对世界的数量关系和空间形式及推理形式的本质认识。而数学思想通常都隐含在由数学符号、图形、文字等语言组成的数学概念、定理、公理中。所以说，数学语言是数学思维的外壳，数学的交流与表述离不开简明、正确、灵活完整、逻辑性强的数学语言，因此，培养数学语言表述能力是高中数学教学的重要任务之一。

六、学生表述能力的培养

学生能准确无误、流畅地用数学语言来表述自己内心的想法，前提条件就是必须能选择恰当的表述方式、灵活地运用数学语言。因此，文字、符号、语言三种表述方式之间的灵活转换就必然成为学生不可或缺的能力。数学语言转换能力是指学生在不同表达形式的数学语言之间或在同一种表达形式的数学语言的内部进行转换的能力。

（一）文字语言与符号语言之间的转换

文字语言与符号语言之间的转换分为两类：文字转换符号和符号转换文字。换句话说，就是将实际问题中的语言叙述与符号的表达形式进行互相转换。文字符号的相互转换，既要以实际问题为背景，又要从符号语言的基础意义出发。准确地进行文字语言与符号语言之间的转换是学生解决数学问题的关键步骤。

（二）符号语言与图形语言之间的转换

符号语言与图形语言的转换是将抽象、简洁的数学符号与直观的、易于理解的数学图像建立对等关系。在符号语言与图形语言这个维度里，运用最多的形式和思维方法就是数形结合思想。数形结合思想是数学思想的四大法宝之一，该思想可以培养学生的辩证思维能力以及创新能力，因此，培养学生的数形结合思想不仅能使学生在解决某些数学问题时达到事半功倍的效果，而且也能提高其在符号与图形之间的数学语言转换能力。

（三）文字语言与图形语言之间的转换

文字语言与图形语言的转换就是给文字配以适当的图形，使题目中的信息量可以直观地呈现在图形上。美国数学家斯蒂恩说："如果一个特定的问题可以转化为图形，那么思维就整体地把握了问题，并且能创造性地思索问题的解法。"可见，图形语言对于解决问题的重要性。

第 五 章

高中数学解题策略

第一节 选择题的解题策略

一、选择题的特点

一个数学选择题的原型就是一个数学命题,它有"题设"与"题断"两个部分。选择题与一般的数学命题的不同之处仅在于把正确的"题断"掺杂在几个"似是而非"的结论中,不直接给出。这些供选择的结论通常称为"题断"的"选择支"。如何正确地排除错误选择支的干扰,找到正确的题断,从而使其"还原"成一个正确的数学命题,这就是选择题的最大特点。选择题之所以成为"标准化命题"的重要课题,还因为它具有以下一些重要特点。

(一)考查学生的思维能力

选择题只要求学生确定选择支中正确"题断"的代号,因而能分辨出学生在思维速度上的差异。如果某学生忽略了这一特点而完全采用常规的解题思路和方法,就很可能事倍功半,而若某学生能注意运用比较、分析、观察、想象、类比等方法,对各选择支进行判断、筛选,就必能收到事半功倍之效。选择题从总体来说是对思维速度的一种综合考查题,它也有着考查学生思维能力和测量学生解题速度的功能。

(二)探测学生"双基"掌握程度

选择题是将谬误的选择支与正确的选择支随机地分布在供选择的答案中,这些起干扰作用的选择支多半来自因概念不清、审题不慎、考虑不周、推理不当、因果不分、计算不对而产生的错误结论,这些干扰或从正向或从负向都能诱发学生产生相应的反馈。形似而实非、形非而实是的选择支常使一些学生不知所措，"双基"掌握中的缺漏之处会得到真实的反映，所以，选择题能较好地发挥这种探测工具的功能。

（三）小巧且灵活

标准化命题要求一张试卷在试题的数量、形式、知识的覆盖面、内容的难易度、结构的综合性以及试题的解答、评卷等方面都应有所体现。而选择题大都小巧、灵活，其答案中有正确的选择支，也有错误的选择支，它不要求学生写出计算推理和判断的过程，花费时间不多，也有利于配合其他题型全面地考查学生的"双基"和能力。选择题的答案以规定的代号写出，也便于批阅和统一评分，特别是在试卷总量很大的考试中，可以用计算机进行评分、核分，有效地防止一些人为的差错产生，节省了大量的人力、物力和时间。因而，选择题的这一特点也使其以新的姿态作为标准化命题的一种题型发挥作用。

二、选择题的缺点

（一）不能确保测试的可信度

选择题随机排列的选择支通常有 4~5 个，随机选对的概率其实很高。对一组选择题而言，即使对所学知识掌握得极差的学生来说，也很可能因"选对"几个根本一无所知的答案而得分。若以每题设置 4 个选择支而言，当只有一个正确的选择支时，随机选对的概率将是 1/4；当正确的选择支不止一个时，其概率亦将会随之改变。可见，选择题无法直接体现真实的试题可信度。

（二）不能确切反映致错的原因

选择题的答案由于只能反映正确与错误，即使答对也无法排除偶然因素，而答错的更无法正确分析其失误的确切原因。因而事后也无法进行有针对性的辅导，致使教师难以进行讲评，不易找出改进教学的"着力点"。因此，选择题与其他题型（如计算题、证明题）相比，真实反映错误的"灵敏度"是很差的。

综上所述，选择题有其"得天独厚"的长处，亦有不可忽视的短处，因而它不是标准化命题题型的唯一形式。但只要注意扬长避短，选择题的测试也会收到预期的效果，这是毋庸置疑的，并已为实践所证明。

三、选择题的解题思路及常用方法

（一）选择题的解题思路

要想确保在有限的时间内对 10 多道选择题做出有效的选择，清晰的解题思路是十分必要的。一般来说，数学选择题有着特定的解题思路，具体概括为以下几种。

1. 仔细审题，吃透题意

审题是正确解题的前提条件，通过审题，学生可以掌握用于解题的已知条件，弄清题目要求。选择题的审题关键在于：第一，将有关概念、公式、定理等基础知识加以集中整理，凡在题中出现的概念、公式、性质等内容都是平时理解、记忆、运用的重点，也是学生在解选择题时首先需要回忆的对象。第二，注意题目中的"机关"，即题目中的一些隐含条件，其往往是该题的"价值"所在，也是学生失分的"隐患"。除此之外，审题的过程还是一个解题方法的选择过程。开拓的解题思路能使学生心涌如潮，适当的解题方法也能使其在解题时事半功倍。

2. 反复分析问题，去伪存真

分析问题就是剖析题意，在认真审题的基础上，对题目进行反复的分析和解剖，从而为自己正确解题寻得路径。因此，分析问题的过程就是根据题意，联系知识，形成思路的过程。由于选择题的选择支具有相近、相关的特点，有时难以进行分辨，对于一些似是而非的选项，学生可以结合题目，将选项逐一比较，用一些"虚拟式"的"如果"加以分析，从而提高解题的正确率。

3. 抓住关键，全面分析

在解题过程中，通过审题、分析题找到题目的关键所在是十分重要的。从关键点入手，找突破口，联系知识进行全面的分析，形成正确的解题思路，就可以化难为易，化繁为简，从而得出正确的答案。

4. 反复检查，认真核对

在审题、分析题的过程中，由于思考问题不全面，往往会导致学生做出错误的选择。因此，作答完毕后要对选择题反复地进行检查，认真地进行核对，这也是解选择题必不可少的步骤之一。

（二）解题方法

1. 直接对照法

直接对照型选择题是直接从题设条件出发，利用已知条件、相关概念、性质、公式、公理、定理、法则等基础知识，通过严谨推理、准确运算、合理验证，从而直接得出正确结论，然后对照题目所给出的选项"对号入座"，从而确定正确的选择支。这类选择题往往是由计算题、应用题或证明题改编而来的，其基本求解策略是由因导果，直接求解。

例：设定义在 **R** 上的函数 $f(x)$ 满足 $f(x) \times f(x+2) = 13$，若 $f(1) = 2$，则 $f(99)$ 等于（C）。

A. 13　　　　 B. 2　　　　 C. $\dfrac{13}{2}$　　　　 D. $\dfrac{2}{13}$

思维启迪：先求 $f(x)$ 的周期。

解：$\because f(x+2) = \dfrac{13}{f(x)}$，

$\therefore f(x+4) = \dfrac{13}{f(x+2)} = \dfrac{13}{\dfrac{13}{f(x)}} = f(x)$。

$\therefore$ 函数 $f(x)$ 为周期函数，且 $T = 4$。

$\therefore f(99) = f(4 \times 24 + 3) = f(3) = \dfrac{13}{f(1)} = \dfrac{13}{2}$。

探究提高：直接对照法是解选择题的最基本方法，运用直接对照法时，要注意充分挖掘题设条件的特点，利用有关性质和已有的结论，迅速得到所需结论。如本题通过分析条件得到 $f(x)$ 是周期为 4 的函数，周期性是快速解答此题的关键。

变式训练 1：函数 $f(x)$ 对于任意实数 x 满足条件 $f(x+2) = \dfrac{1}{f(x)}$，若 $f(1) = -5$，则 $f(f(5))$ 的值为（D）。

A. 5　　　　 B. -5　　　　 C. $\dfrac{1}{5}$　　　　 D. $-\dfrac{1}{5}$

解：由 $f(x+2) = \dfrac{1}{f(x)}$，得 $f(x+4) = \dfrac{1}{f(x+2)} = f(x)$。

所以，$f(x)$ 是以 4 为周期的函数，$f(5) = f(1) = -5$。

从而 $f(f(5))=f(-5)=f(-1)=\dfrac{1}{f(-1+2)}=\dfrac{1}{f(1)}=-\dfrac{1}{5}$。

变式训练2：已知双曲线 C：$\dfrac{x^2}{a^2}-\dfrac{y^2}{b^2}=1$（$a>0$，$b>0$），以 C 的右焦点为圆心且与 C 的渐近线相切的圆的半径是（B）。

A. a　　　　B. b　　　　C. $\sqrt{ab}$　　　　D. $\sqrt{a^2+b^2}$

解：$\dfrac{x^2}{a^2}-\dfrac{y^2}{b^2}=1$ 的其中一条渐近线方程为 $y=-\dfrac{b}{a}x$，即 $bx+ay=0$，而焦点坐标为 $(c，0)$，根据点到直线的距离 $d=\dfrac{\left|b\times\sqrt{a^2+b^2}\right|}{\sqrt{a^2+b^2}}=b$，故选 B。

2. 概念辨析法

概念辨析法是从题设条件出发，通过对数学概念的辨析，进行少量运算或推理，直接选择出正确结论的方法。这类题目常涉及一些似是而非、很容易混淆的概念或性质，这需要考生在平时注意辨析有关概念，准确区分相应概念的内涵与外延，同时在审题时要多加小心，准确审题以保证选择正确。一般来说，这类题目运算量小，侧重判断，下笔容易，但稍不留意则易误入命题者设下的"陷阱"。

例：已知非零向量 $\boldsymbol{a}=(x_1，y_1)$，$\boldsymbol{b}=(x_2，y_2)$，给出下列条件：①$\boldsymbol{a}=k\boldsymbol{b}$（$k\in\mathbf{R}$）；②$x_1x_2+y_1y_2=0$；③$(\boldsymbol{a}+3\boldsymbol{b})\,//\,(2\boldsymbol{a}-\boldsymbol{b})$；④$\boldsymbol{a}\cdot\boldsymbol{b}=|\boldsymbol{a}||\boldsymbol{b}|$；⑤$x_1^2y_2^2+x_2^2y_1^2\leq2x_1x_2y_1y_2$。

其中能够使得 $\boldsymbol{a}\,//\,\boldsymbol{b}$ 的个数是（D）。

A. 1　　　　B. 2　　　　C. 3　　　　D. 4

解：①是正确的，这是共线向量的基本定理。

②是错误的，这是两个向量垂直的条件。

③是正确的，因为由 $(\boldsymbol{a}+3\boldsymbol{b})\,//\,(2\boldsymbol{a}-\boldsymbol{b})$ 可得 $(\boldsymbol{a}+3\boldsymbol{b})=\lambda(2\boldsymbol{a}-\boldsymbol{b})$，当 $\lambda\neq\dfrac{1}{2}$ 时，整理得 $\boldsymbol{a}=\dfrac{\lambda+3}{2\lambda-1}\boldsymbol{b}$，故 $\boldsymbol{a}\,//\,\boldsymbol{b}$。

④是正确的，若设两个向量的夹角为 φ，则由 $\boldsymbol{a}\cdot\boldsymbol{b}=|\boldsymbol{a}//\boldsymbol{b}|\cos\varphi$，可知 $\cos\varphi=1$，从而 $\varphi=0°$，所以 $\boldsymbol{a}\,//\,\boldsymbol{b}$。

⑤是正确的，由 $x_1^2y_2^2+x_2^2y_1^2\leq2x_1x_2y_1y_2$，可得 $(x_1y_2-x_2y_1)^2\leq0$，从而 $x_1y_2-x_2y_1=0$，于是 $\boldsymbol{a}\,//\,\boldsymbol{b}$。

探究提高：平行向量（共线向量）是一个非常重要和有用的概念，应熟练掌握共线向量的定义以及判断方法，同时要将共线向量与向量中的其他知识（如向量的数量积、向量的模以及夹角等）有机地联系起来，能够从不同的角度来理解共线向量。

变式训练：关于平面向量 a，b，c，有下列三个命题：

① 若 $a \cdot b = a \cdot c$，则 $b = c$。

② 若 $a = (1, k)$，$b = (-2, 6)$，$a /\!/ b$，则 $k = -3$。

③ 非零向量 a 和 b 满足 $|a| = |b| = |a - b|$，则 a 与 $a + b$ 的夹角为 $60°$。

上述命题中是假命题的是（B）。

A. ①②   B. ①③   C. ②③   D. ①②③

解：① $a \cdot b = a \cdot c \Leftrightarrow a \cdot (b - c) = 0$，$a$ 与 $b - c$ 可以垂直，而不一定有 $b = c$，故①为假命题。

② ∵ $a /\!/ b$，∴ $1 \times 6 = -2k$，∴ $k = -3$，故②为真命题。

③ 由平行四边形法则知围成一菱形，且一角为 $60°$，$a + b$ 为其对角线上的向量，a 与 $a + b$ 夹角为 $30°$，故③为假命题。

3. 数形结合法

"数"与"形"是数学这座高楼大厦的两块最重要的基石，二者在内容上互相联系、在方法上互相渗透、在一定条件下可以互相转化，而数形结合法正是在这一学科特点的基础上发展而来的。在解答选择题的过程中，可以先根据题意，作出草图，然后参照图形的做法、形状、性质，综合图像的特征，得出结论。

例：用 $\min\{a, b, c\}$ 表示 a，b，c 三个数中的最小值，设 $f(x) = \min\{2^x, x+2, 10-x\}(x \geqslant 0)$，则 $f(x)$ 的最大值为（C）。

A. 4   B. 5   C. 6   D. 7

思维启迪：画出函数 $f(x)$ 的图像，观察最高点，求出纵坐标即可。本题运用图像来求值，直观、易懂。

解：由题意知函数 $f(x)$ 是三个函数 $y_1 = 2^x$，$y_2 = x + 2$，$y_3 = 10 - x$ 中的较小者，作出三个函数在同一个坐标系之下的图像［图 5-1-1 中实线部分

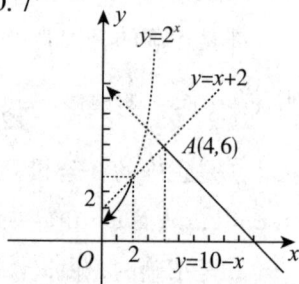

图 5-1-1　例题图

为 $f(x)$ 的图像],可知 $A(4,6)$ 为函数 $f(x)$ 图像的最高点。

变式训练 1:设集合 $A = \left\{(x,y) \mid \dfrac{x^2}{4} + \dfrac{y^2}{16} = 1\right\}$,$B = \{(x,y) \mid y = 3^x\}$,则 $A \cap B$ 的子集的个数是(A)。

A. 4　　　　　B. 3　　　　　C. 2　　　　　D. 1

解:集合 A 中的元素是椭圆 $\dfrac{x^2}{4} + \dfrac{y^2}{16} = 1$ 上的点,集合 B 中的元素是函数 $y = 3^x$ 的图像上的点。由数形结合可知,$A \cap B$ 中有 2 个元素,因此 $A \cap B$ 的子集的个数为 4。

变式训练 2:函数 $y = \left| \log_{\frac{1}{2}} x \right|$ 的定义域为 $[a,b]$,值域为 $[0,2]$,则区间 $[a,b]$ 的长度 $b - a$ 的最小值是(D)。

A. 2　　　　　B. $\dfrac{3}{2}$　　　　　C. 3　　　　　D. $\dfrac{3}{4}$

解:作出函数 $y = \left| \log_{\frac{1}{2}} x \right|$ 的图像,如图 $5-1-2$ 所示,由 $y = 0$,解得 $x = 1$;由 $y = 2$,解得 $x = 4$ 或 $x = \dfrac{1}{4}$,所以区间 $[a,b]$ 的长度 $b - a$ 的最小值为 $1 - \dfrac{1}{4} = \dfrac{3}{4}$。

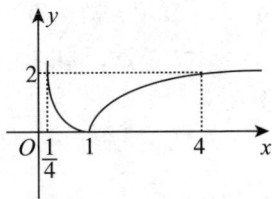

图 $5-1-2$　例题图

4. 特例检验法

特例检验法(也称特例法或特殊值法)是用特殊值(或特殊图形)代替题设普遍条件,得出特殊结论,再对各个选项进行检验,从而做出正确的选择。特例检验法是解答选择题非常好的方法之一,适用于解答"对某一集合的所有元素、某种关系恒成立"这样以全称判断形式出现的题目,其原理是"结论若在某种特殊情况下不真,则它在一般情况下也不真",利用"小题小做"或"小题巧做"的解题策略。

例 1:已知 A、B、C、D 是抛物线 $y^2 = 8x$ 上的点,F 是抛物线的焦点,且 $\overrightarrow{FA} + \overrightarrow{FB} + \overrightarrow{FC} + \overrightarrow{FD} = \vec{0}$,则 $\left| \overrightarrow{FA} \right| + \left| \overrightarrow{FB} \right| + \left| \overrightarrow{FC} \right| + \left| \overrightarrow{FD} \right|$ 的值为(D)。

A. 2　　　　　B. 4　　　　　C. 8　　　　　D. 16

解:取特殊位置,AB,CD 为抛物线的通径,显然 $\overrightarrow{FA} + \overrightarrow{FB} + \overrightarrow{FC} + \overrightarrow{FD} = \vec{0}$,则 $\left| \overrightarrow{FA} \right| + \left| \overrightarrow{FB} \right| + \left| \overrightarrow{FC} \right| + \left| \overrightarrow{FD} \right| = 4p = 16$,故选 D。

探究提高:本题直接求解较难,利用特殊位置法,则简便易行。利用特例检验法的关键是所选特例要符合条件。

变式训练 1：已知 P、Q 是椭圆 $3x^2 + 5y^2 = 1$ 上满足 $\angle POQ = 90°$ 的两个动点，则 $\dfrac{1}{OP^2} + \dfrac{1}{OQ^2}$ 等于（B）。

A. 34　　　　　B. 8　　　　　C. $\dfrac{8}{15}$　　　　　D. $\dfrac{34}{225}$

解：取两个特殊点 $P\left(\dfrac{\sqrt{3}}{3}, 0\right)$、$Q\left(0, \dfrac{\sqrt{5}}{5}\right)$，即两个端点，则 $\dfrac{1}{OP^2} + \dfrac{1}{OQ^2} = 3 + 5 = 8$，故选 B。

例 2：数列 $\{a_n\}$ 成等比数列的充要条件是（B）。

A. $a_{n+1} = a_n q$（q 为常数）　　　　B. $a_{n+1}^2 = a_n \cdot a_{n+2} \neq 0$

C. $a_n = a_1 q^{n-1}$（q 为常数）　　　　D. $a_{n+1} = \sqrt{a_n \cdot a_{n+2}}$

解：考查特殊数列 $0, 0, \cdots, 0, \cdots$，不是等比数列，但此数列显然适合 A、C、D 项，故选 B。

探究提高：判断一个数列是否为等比数列的基本方法是定义法，也就是看 $\dfrac{a_{n+1}}{a_n}$ 是否为常数，但应注意检验一个数列为等比数列的必要条件是否成立。

变式训练 2：已知等差数列 $\{a_n\}$ 的前 n 项和为 S_n，若 $\dfrac{a_{2n}}{a_n} = \dfrac{4n-1}{2n-1}$，则 $\dfrac{S_{2n}}{S_n}$ 的值为（C）。

A. 2　　　　　B. 3　　　　　C. 4　　　　　D. 8

解：方法一（特殊值检验法）

取 $n = 1$，得 $\dfrac{a_2}{a_1} = \dfrac{3}{1}$，$\therefore \dfrac{a_1 + a_2}{a_1} = \dfrac{4}{1} = 4$，于是，当 $n = 1$ 时，$\dfrac{S_{2n}}{S_n} = \dfrac{S_2}{S_1} = \dfrac{a_1 + a_2}{a_1} = 4$。

方法二（特殊式检验法）

注意：$\dfrac{a_{2n}}{a_n} = \dfrac{4n-1}{2n-1} = \dfrac{2 \cdot 2n - 1}{2 \cdot n - 1}$，取 $a_n = 2n - 1$，$\dfrac{S_{2n}}{S_n} = \dfrac{\dfrac{1 + (4n-1)}{2} \cdot 2n}{\dfrac{1 + (2n-1)}{2} \cdot n} = 4$。

方法三（直接求解法）

由 $\dfrac{a_{2n}}{a_n}=\dfrac{4n-1}{2n-1}$，得 $\dfrac{a_{2n}-a_n}{a_n}=\dfrac{2n}{2n-1}$，即 $\dfrac{nd}{a_n}=\dfrac{2n}{2n-1}$，$\therefore a_n=\dfrac{d\ (2n-1)}{2}$，于

是，$\dfrac{S_{2n}}{S_n}=\dfrac{\dfrac{a_1+a_{2n}}{2}\cdot 2n}{\dfrac{a_1+a_n}{2}\cdot n}=2\cdot\dfrac{a_1+a_{2n}}{a_1+a_n}=2\cdot\dfrac{\dfrac{d}{2}+\dfrac{d}{2}\ (4n-1)}{\dfrac{d}{2}+\dfrac{d}{2}\ (2n-1)}=4$。

5. 极限法

从有限到无限，从近似到精确，从量变到质变，应用极限思想解决某些问题，可以避开抽象、复杂的运算，降低解题难度，优化解题过程。

例：对任意 $\theta\in\left(0,\dfrac{\pi}{2}\right)$ 都有（D）。

A. $\sin(\sin\theta)<\cos\theta<\cos(\cos\theta)$

B. $\sin(\sin\theta)>\cos\theta>\cos(\cos\theta)$

C. $\sin(\cos\theta)<\cos(\sin\theta)<\cos\theta$

D. $\sin(\cos\theta)<\cos\theta<\cos(\sin\theta)$

解：当 $\theta\to 0$ 时，$\sin(\sin\theta)\to 0,\cos\theta\to 1,\cos(\cos\theta)\to\cos 1$，故排除 A、B。

当 $\theta\to\dfrac{\pi}{2}$ 时，$\cos(\sin\theta)\to\cos 1,\cos\theta\to 0$，故排除 C，因此选 D。

6. 估值法

估值法通过猜测、合情推理、估算而获得答案，可减少运算量，省去了很多推导过程和比较复杂的计算，能强化思维，是人们发现问题、研究问题、解决问题的一种重要的运算方法。

例：如图 5-1-3 所示，多面体 $ABCDEF$ 中，已知面 $ABCD$ 是边长为 3 的正方形，EF 平行于

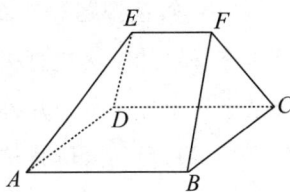

图 5-1-3　例题图

AB，$EF=\dfrac{3}{2}$，EF 与面 AC 的距离为 2，则该多面体的体积为（D）。

（A）$\dfrac{9}{2}$　　（B）5　　（C）6　　（D）$\dfrac{15}{2}$

解：连接 EB、EC，则 $V_{E-ABCD}=\dfrac{1}{3}\times 3^2\times 2=6$，可知原多面体体积必大于 6，故选 D。

7. 筛选法

数学选择题的解题本质就是去伪存真，舍弃不符合题目要求的选项，找到符合题意的正确结论。筛选法（又叫排除法）就是通过观察分析或推理运算各项提供的信息或通过特例，对于错误的选项逐一剔除，从而获得正确的结论。

例：方程 $ax^2 + 2x + 1 = 0$ 至少有一个负根的充要条件是（C）。

A. $0 < a \leqslant 1$ B. $a < 1$ C. $a \leqslant 1$ D. $0 < a \leqslant 1$ 或 $a < 0$

解：当 $a = 0$ 时，$x = -\dfrac{1}{2}$，故排除 A、D；当 $a = 1$ 时，$x = -1$，排除 B；故选 C。

探究提高：选择具有代表性的值对选项进行排除是解决本题的关键。对"至少有一个负根"的充要条件取值进行验证要比直接运算方便、易行，不但能缩短时间，而且可以提高解题效率。

变式训练：已知函数 $f(x) = mx^2 + (m-3)x + 1$ 的图像与 x 轴的交点至少有一个在原点右侧，则实数 m 的取值范围是（D）。

A. $(0, 1)$ B. $(0, 1]$ C. $(-\infty, 1)$ D. $(-\infty, 1]$

解：令 $m = 0$，由 $f(x) = 0$ 得 $x = \dfrac{1}{3}$ 适合，排除 A、B。令 $m = 1$，由 $f(x) = 0$ 得 $x = 1$ 适合，排除 C。

（三）规律方法总结

（1）解选择题的基本方法有直接法、特例法、验证法和数形结合法，但大部分选择题的解法是直接法，在解选择题时要根据题干和选择支两方面的特点灵活运用上述一种或几种方法"巧解"，在"小题小做""小题巧做"上做文章，切忌盲目地采用直接法。

（2）由于选择题供选答案多、信息量大、正误混杂、迷惑性强，稍不留心就会误入"陷阱"，应该从正反两个方向肯定、否定、筛选、验证，既谨慎选择，又大胆跳跃。

（3）作为平时训练，解完一道题后，还应考虑一下能不能用其他方法进行"巧算"，并注意及时总结，这样才能有效地提高解选择题的能力。

第二节 填空题的解题策略

一、填空题的特点

由于高考填空题注重多个知识点的小型结合，渗透着各种数学思想和数学方法，体现了利用基础知识考查学生能力的导向，因而中低档填空题仍是具备较高区分度的高考基本题型。特别是近年来命题指导思想又倾向于"多题把关"，并把开放型问题引入填空题中，明显加大了填空题中一些题目的难度，这就使填空题成为拉开考生时间差、分数差，加大区分度的必要题型。解答好填空题的关键是"准确、迅速"。要做到这一点，就需要结合试题的结构特点，掌握一些常用的方法和技巧。

填空题是近几年高考试题难易程度变化较大的题型，考查的功能从只考计算的单一形式变为考查概念、推理数学思想方法和应用。自 1997 年以来，高考试卷把填空题当作创新改革的"试验田"，相继推出了一些题意新颖、构思精巧，具有深度和明确导向的创新题型，使高考数学试卷充满了活力，但随之也加大了填空题的难度。这类题型的特点是，将解题信息改变为常规表述方式，设计或定义一个陌生的数学情境，让考生首先深入审题，细心阅读理解，提取解题信息，在此基础上运用所学知识和方法灵活地进行知识迁移。而对于多选填空题，虽然题型相似，但由于结论的不唯一性，则会造成误选或多选的情况，成为失分最多的考题之一，解决此类问题的方法是通过阅读材料，分析、理解问题所给的相关信息，经过合成和加工，形成解题思路。

近些年的创新填空题是综合考查考生的阅读能力、分析能力、随机应变能力的极好素材。填空题年年都有新颖题型出现，除多选填空题外，还有完形填空题、组合填空题、类比迁移题等。这些试题都没有现成的题型模式或方法可以套用，能有效地检测考生的创新意识和创造能力。因此，填空题中的一些创新题型扩大了单题的知识覆盖面，并且考查的自由度加大，不仅解法不固定、结论有时也不唯一，而且题设条件比较灵活，由考生自由选择，这些对考生的能力和素质要求都比较高。

二、填空题解题思路及解题方法

（一）解题思路

填空题是一种只要求写出结论，不要求写出解答过程的特殊解答题，其形态短小精悍，答案简短、明确、具体，不必写解答过程，类似选择题的特点，因而可考虑用特殊化方法、图像法等进行求解。填空题又不同于选择题，因为选择题的答案是给出的，它隐匿在选择支中，而填空题缺少选择支信息，所以求解填空题不能猜测答案，而是需要准确计算或合情推理。填空题也不同于解答题，不需要写出解题的过程和步骤，只需要将解答题的速解思路迁移到填空题上来，在"准""巧""快"上下功夫、做文章。

（二）解题方法

1. 直接法

直接从题设条件出发，利用定义、性质、定理、公式等，经过变形、推理、计算、判断得到结论，称为直接法。它是解填空题的最基本、最常用的方法。使用直接法解填空题，要善于透过现象看本质，自觉地、有意识地采取灵活、简捷的解法。

例1：乒乓球队的 10 名队员中有 3 名主力队员，派 5 名参加比赛。3 名主力队员要安排在第一、三、五位置，其余 7 名队员选 2 名安排在第二、四位置，那么不同的出场安排共有_____种（用数字作答）。

解：3 名主力队员的排法有 A_3^3 种，其余 7 名队员选 2 名安排在第二、四位置上有 A_7^2 种排法，故共有排法 $A_3^3 A_7^2 = 252$ 种。

例2：$(x+2)^{10}(x^2-1)$ 的展开式中 x^{10} 的系数为_____。

解：

$(x+2)^{10}(x^2-1) = (C_{10}^0 x^{10}+2C_{10}^1 x^9+4C_{10}^2 x^8+\cdots+C_{10}^{10}2^{10})(x^2-1)$ 的展开式中 x^{10} 的系数为 $-C_{10}^0+4C_{10}^2=179$。

2. 特殊化法

当填空题已知条件中含有某些不确定的量，但填空题的结论唯一或题设条件中提供的信息暗示答案是一个定值时，可以将题中变化的不定量选取一些符合条件的恰当的特殊值进行处理，从而得出探求的结论。这样可大大地简化推理、论证的过程。

例：在 $\triangle ABC$ 中，角 A、B、C 所对的边分别为 a、b、c，如果 a、b、c 成等差数列，则 $\dfrac{\cos A + \cos C}{1 + \cos A \cos C} =$ ＿＿＿＿＿＿。

解法一：取特殊值 $a = 3$，$b = 4$，$c = 5$，则 $\cos A = \dfrac{4}{5}$，$\cos C = 0$，$\dfrac{\cos A + \cos C}{1 + \cos A \cos C} = \dfrac{4}{5}$。

解法二：取特殊角 $A = B = C = 60°$，$\cos A = \cos C = \dfrac{1}{2}$，$\dfrac{\cos A + \cos C}{1 + \cos A \cos C} = \dfrac{4}{5}$。

3. 数形结合法

对于一些含有几何背景的填空题，若能根据题目条件的特点，作出符合题意的图形，做到数中思形，以形助数，并通过对图形的直观分析、判断，则往往可以简捷地得出正确的结果。

例：如果不等式 $\sqrt{4x - x^2} > (a - 1)x$ 的解集为 A，且 $A \subseteq \{x \mid 0 < x < 2\}$，那么实数 a 的取值范围是＿＿＿＿＿＿。

解：根据不等式解集的几何意义，作函数 $y = \sqrt{4x - x^2}$ 和函数 $y = (a - 1)x$ 的图像（图 5 - 2 - 1），从图上容易得出实数 a 的取值范围是 $a \in [2, +\infty]$。

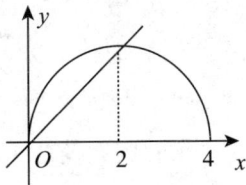

图 5 - 2 - 1 例题图

4. 等价转化法

通过"化复杂为简单、化陌生为熟悉"的方法将问题等价转化成便于解决的问题，从而得到正确的结果。

例：不等式 $\sqrt{x} > ax + \dfrac{3}{2}$ 的解集为 $(4, b)$，则 a ＿＿＿＿＿＿，b ＿＿＿＿＿＿。

解：设 $\sqrt{x} = t$，则原不等式可转化为 $at^2 - t + \dfrac{3}{2} < 0$，$\therefore a > 0$，且 2 与 $\sqrt{b}$ $(b > 4)$ 是方程 $at^2 - t + \dfrac{3}{2} = 0$ 的两根，由此可得 $a = \dfrac{1}{8}$，$b = 36$。

5. 构造法

构造法是根据题设条件与结论的特殊性，构造出一些新的数学形式，并借助其认识和解决问题的一种方法。

例1：如图5-2-2所示，点 P 在正方形 $ABCD$ 所在的平面外，$PD \perp ABCD$，$PD = AD$，则 PA 与 BD 所成角的度数为_____。

解：根据题意可将此图补成一正方体，在正方体中易求得 PA 与 BD 所成角为 $60°$。

例2：4个不同的小球放入编号为1、2、3、4的4个盒中，则只有1个空盒的放法共有_____种（用数字作答）。

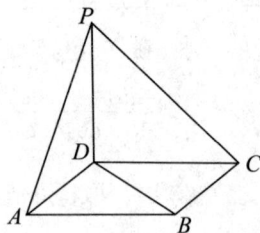

图5-2-2　例题图

解：符合条件的放法是：有一个盒中放2个球，有2个盒中各放1个球。因此可先将球分成3堆（一堆2个，其余2堆各1个，即构造了球的"堆"），然后从4个盒中选出3个盒放3堆球，按照分步计算原理，符合条件的放法有 $C_4^2 A_4^3 = 144$（种）。

6. 分析法

分析法是指根据题设条件的特征进行观察、分析，从而得出正确的结论。

例：如图5-2-3所示，在直四棱柱 $ABCD - A_1B_1C_1D_1$ 中，当底面四边形满足_____条件时，有 $A_1C \perp B_1D_1$。（填上你认为正确的一个条件即可，不必考虑所有可能性的情形）

解：因四棱柱 $ABCD - A_1B_1C_1D_1$ 为直四棱柱，故 A_1C_1 为 A_1C 在面 $A_1B_1C_1D_1$ 上的射影，从而要使 $A_1C \perp B_1D_1$，只要 B_1D_1 与 A_1C_1 垂直即可。

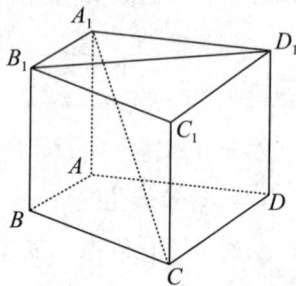

图5-2-3　例题图

三、学生解决填空题能力的提升方法

（一）养成良好的学习习惯

良好的学习习惯可以让学生提高学习效率，避免一些低级错误发生，而且，良好的学习习惯有助于学生及时纠正自己的错误。养成良好的学习习惯，首先，学生要培养自己不怕麻烦的精神，正所谓一勤天下无难事。学生在解题时多一分耐心和仔细，就能进一步降低错误发生的概率。当然，要培养学生的耐心不是一朝一夕就可以完成的，但教师在教学的过程中，不仅要教会学生如何解答问题，还应注重培养学生的素质，让学生做到不急不躁。其次，要让学生做好笔记。这里说的笔记不是上课时的抄书笔记，而是学生在解答题目时的错题集。一本错题集能够收集学生在学习时暴露出的问题，让学生养成制定错题集的习惯，能让学生在改正中做到有的放矢，既节约了时间，也不至于花费了精力而徒劳无功。最后，要规范书写。潦草的书写有可能导致学生写的是正确答案而被教师误看成错误答案，从而失分。学生应尽量做到书写规范、工整。

（二）加强基础知识学习

学生对基本原理、概念、公式要理解透彻，如果对基本原理或者公式掌握得不好，就会造成计算错误，或者是基础知识没有学好，结果在解题时就会不知道从何下手。有的学生也会因为解题解到一半而忘了某个公式，结果功亏一篑。要解决这些问题，加强基础知识学习就成了学生必须完成的目标之一。基础知识就好比士兵手中的子弹，如果没有子弹，有再好的枪法也无济于事。教师在讲课时，一方面要传授学生解题的技巧；另一方面还要不断地巩固学生的基础知识。在教学过程中，教师要细心地收集学生的错题，针对学生的错题及时地帮学生纠正。在布置家庭作业的时候，书本上的基础习题，务必要求学生全对，如果连书本上的题目都不能全对，那只能说明学生的基础还没有掌握牢靠。

（三）要做好检查

学生在完成题目后，往往迫不及待地把答案填上去，却不知道做检查。检查有利于学生换个角度来看自己的解题思路，发现自己在解题过程中出现的一些错误；检查能够让学生变得细心谨慎，这对数学学习来说是非常重要的。在时间充裕的情况下，学生在检查一些不确定的题目时，可以自己再演算一遍，先审清题意，用笔勾画出条件和要求，确定两次审题的结果是相同的，然后检查解题步骤，如果解题步骤不一样则要改正过来，还需要检查自己在运算过程中有没有出现错误。

学生要做好填空题，需要不断地练习和刻苦地努力，在学习的过程中，培养自己全面思考问题的能力，做题时认真仔细，不要粗心大意。解题思路要灵活，尝试从多个方面切入题目，仔细分析已知条件和题目考查的内容，不钻牛角尖，这样长期坚持下来，学生在面对填空题时，便能够做到快速、准确、高效、得心应手了。

第三节 代数推理题的解题策略

代数题型是高中数学试卷中经常出现的重要题型，常常通过函数方程中建模思想的分析与应用在试卷上出现，代数题型因为题目的抽象以及已知条件的不充分使得许多高中生即使花费大量的时间与精力去解答，也难以得到正确的答案。提高解答高中数学代数题型的能力要在平时的高中学习生活中不断解决典型例题，从中培养解题能力，只有这样，学生的数学解题能力才能够突破量的限制，实现质的飞跃。

代数题型尽管多种多样，千变万化，但高中生只要留心观察题目的特点，从中选取一些关键的信息，就能够快速准确解答；既能够保证题目的准确率得到高分，也能够将大量的时间与精力放在解答其他题型上。代数题型看似千变万化，实际上万变不离其宗，只要能够发现题目的特点，高中生一般都能够顺利完成解答。

一、代数推理题的考查特点

（一）知识衔接点

就知识内容而言，初等数学是高等数学的准备和基础，高等数学是初等数学的延伸和发展。高考作为高校的选拔性考试，无疑应关注两者内容的衔接点。从这一角度设计的试题，做到观点高，立意新，这样对高中教学可以起到良好的导向作用，对于升入高校的学生的学习，能产生既熟悉又陌生的良好心理效应。

（二）思想方法的结合点

知识内容的衔接，必然会带来解题思维方法的融合，况且数学思想方法的自觉运用，必须经过长期渗透，方能收到实效。由于中学教学研究内容的局限性，这一脱节现象极为严重，应引起教师与学生的高度重视。

（三）现有学习能力与潜能的一致性

创新精神应是一个民族的灵魂，是社会发展的不竭动力。高考作为国家选拔合格人才的考试，应体现考查学生的创新意识和综合能力的思想，这是高考命题走向成熟的标志。目前高考的多数题型都能通过强化训练使学生熟练掌握，正所谓"熟能生巧"。但是也有许多教育的有识之士对此提出了质疑，为了遏制"题海浪潮"，高考命题在题型设计上做出了一系列有效的改革尝试，代数推理计算题就是其中之一。随着时间的推移，高考对代数推理计算题的考查不断走向深入，具体表现在题量上已由一题改为两题，内容上更趋向于综合化，也使其成为高考的能力把关题。这类问题知识网络的交汇点多，涉及的思想方法丰富，提供的思想空间广阔，因而对学生的综合素质，尤其是对学生的潜能具有较高的考查价值。

二、代数推理题的经典类型与解法

（一）移项，数形结合

例：设函数 $f(x) = a + \sqrt{-x^2 - 4x}$，$g(x) = \dfrac{4}{3}x + 1$，已知 $x \in [-4, 0]$ 时恒有 $f(x) \leqslant g(x)$，求 a 的取值范围。

解：由 $f(x) \leqslant g(x)$ 实施移项技巧，得 $\sqrt{-x^2 - 4x} \leqslant \dfrac{4}{3}x + 1 - a$，令 $C : y = \sqrt{-x^2 - 4x}$，$l : y = \dfrac{4}{3}x + 1 - a$，从而只要求直线 l 不在半圆 C 下方时，直线 l 的 y 截距的值最小。

当直线与半圆相切时，易求得 $a = -5\left(a = \dfrac{5}{3}\ \text{舍去}\right)$，故 $a \leqslant -5$ 时，$f(x) \leqslant g(x)$。

本例题的求解在于实施移项技巧，关键在于构造新的函数，进而通过解模型进行推理解题。其中渗透着数形结合的数学思想方法，显示了解题思维转换的灵活性和流畅性。还需指出的是：数形结合未必一定要画出图形，但图形早已在你的心中，这也许是解题能力的提升。

（二）构造函数解恒成立的问题、函数最值

例：已知不等式 $\dfrac{1}{n+1} + \dfrac{1}{n+2} + \cdots + \dfrac{1}{2n} \geqslant \dfrac{1}{12}\log_a(a-1) + \dfrac{2}{3}$ 对于大于 1 的

正整数 n 恒成立,试确定 a 的取值范围。

解:构造函数 $f(n) = \dfrac{1}{n+1} + \dfrac{1}{n+2} + \cdots + \dfrac{1}{2n}$,易证(请思考:用什么方法证明呢?) $f(n)$ 为增函数。

$\because n$ 是大于 1 的正整数,$\therefore f(n) \geqslant f(2) = \dfrac{7}{12}$。

要使 $\dfrac{1}{n+1} + \dfrac{1}{n+2} + \cdots + \dfrac{1}{2n} \geqslant \dfrac{1}{12} \log_a(a-1) + \dfrac{2}{3}$ 对一切大于 1 的正整数 n

恒成立,必须 $\dfrac{1}{12} \log_a(a-1) + \dfrac{2}{3} \leqslant \dfrac{7}{12}$,即 $\log_a(a-1) \leqslant -1$,解得 $1 < a \leqslant \dfrac{1+\sqrt{5}}{2}$。

这里的构造函数和上例属于同种类型,学习解题就应当在解题活动的过程中不断地触类旁通,举一反三,总结一些解题的小结论。针对恒成立的问题,函数最值解法似乎是一种非常有效的解法。

(三)分类讨论

例:已知函数 $f(x) = -3x^2 - 3x + 4b^2 + \dfrac{9}{4}$ $(b < 0)$ 在区间 $[-b, 1-b]$ 上的最大值为 25,求 b 的值。

解:对已知二次函数配方,得 $f(x) = -3\left(x + \dfrac{1}{2}\right)^2 + 4b^2 + 3$。

(1) 当 $-b \leqslant -\dfrac{1}{2} \leqslant 1-b$,即 $\dfrac{1}{2} \leqslant b \leqslant \dfrac{3}{2}$ 时,$f(x)$ 的最大值为 $4b^2 + 3 = 25$,

$\therefore b^2 = \dfrac{25}{4}$ 与 $\dfrac{1}{2} \leqslant b \leqslant \dfrac{3}{2}$ 矛盾。

(2) 当 $-\dfrac{1}{2} < -b$,即 $0 < b < \dfrac{1}{2}$ 时,$f(x)$ 在 $[-b, 1-b]$ 上递增,

$\therefore f(-b) = \left(b + \dfrac{3}{2}\right)^2 < 25$。

(3) 当 $-\dfrac{1}{2} > 1-b$,即 $b > \dfrac{3}{2}$ 时,$f(x)$ 在 $[-b, 1-b]$ 上递增,

$\therefore f(1-b) = b^2 + 96 - \dfrac{15}{4} = 25$,解得 $b = \dfrac{5}{2}$。

关于二次函数问题是历年高考的热门话题,值得教师在复习课时重点强化训练。针对抛物线顶点横坐标 $-\dfrac{1}{2}$ 在不在区间 $[-b, 1-b]$ 内,自然引出解

题形态的三种情况，这显示了分类讨论的数学思想在解题当中的充分运用。该分就分，该合就合，这种辩证的统一完全依具体的数学问题而定，需在解题时灵活把握。

（四）逆向分析法

例：已知 $f(x) = \dfrac{x}{x+1}$（$x \neq -1$）。

（1）求 $f(x)$ 的单调区间。

（2）若 $a > b > 0$，$c = \dfrac{1}{(a-b)b}$，求证：$f(a) + f(c) > \dfrac{3}{4}$。

解：（1）对已知函数进行降次分项变形，得 $f(x) = 1 - \dfrac{1}{x+1}$，$\therefore f(x)$ 在区间 $(-\infty, -1)$ 和 $(-1, +\infty)$ 上分别单调递增。

（2）首先证明任意 $x > y > 0$，有 $f(x+y) < f(x) + f(y)$。事实上，

$$f(x) + f(y) = \frac{x}{x+1} + \frac{y}{y+1} = \frac{xy+xy+x+y}{xy+x+y+1} > \frac{xy+x+y}{xy+x+y+1} = f(xy+x+y)，而$$

$xy + x + y > x + y$，由（1）知 $f(xy+x+y) > f(x+y)$，

$\therefore f(x) + f(y) > f(x+y)$，

$\therefore c = \dfrac{1}{(a-b)b} \geqslant \dfrac{1}{\left(\dfrac{a-b+b}{2}\right)^2} = \dfrac{4}{a^2} > 0$，

$\therefore a + c \geqslant \dfrac{a}{2} + \dfrac{a}{2} + \dfrac{4}{a^2} \geqslant 3$。

$\therefore f(a) + f(c) > f(a+c) \geqslant f(3) = \dfrac{3}{4}$。

函数与不等式证明的综合题在高考中常考常新，是既考知识又考能力的好题型，在高考备考中有较高的训练价值。针对本例的求解，学生能够想到证明任意 $x > y > 0$，有 $f(x+y) < f(x) + f(y)$。

（五）数学猜想能力；证明对称可采用解几中的坐标证法

例：已知函数 $f(x) = \dfrac{a^x}{a^x + \sqrt{a}}$（$a > 0$，$a \neq 1$）。

（1）证明函数 $f(x)$ 的图像关于点 $P\left(\dfrac{1}{2}, \dfrac{1}{2}\right)$ 对称。

（2）令 $a_n = \dfrac{\sqrt{a}f(n)}{f(1-n)}$，对一切自然数 n，先猜想使 $a_n > n^2$ 成立的最小自然数 a，并证明。

（3）求证：$\dfrac{1}{4}n(n+1)\lg 3 > (\lg n!)(n \in \mathbf{N})$。

解：（1）关于函数的图像关于定点 P 对称，可采用解几中的坐标证法。设 $M(x,y)$ 是 $f(x)$ 图像上任一点，则 M 关于 $P\left(\dfrac{1}{2},\dfrac{1}{2}\right)$ 的对称点为 $M'(1-x,1-y)$。

$\because f(1-x) = \dfrac{a^{1-x}}{a^{1-x}+\sqrt{a}} = \dfrac{a}{a+\sqrt{a}\cdot a^x} = \dfrac{\sqrt{a}}{\sqrt{a}+a^x}$，$1-y = 1-\dfrac{a^x}{a^x+\sqrt{a}} = \dfrac{\sqrt{a}}{a^x+\sqrt{a}}$，

$\therefore f(1-x) = 1-y$，$\therefore M'(1-x,1-y)$ 亦在 $f(x)$ 的图像上，故函数 $f(x)$ 的图像关于点 $P\left(\dfrac{1}{2},\dfrac{1}{2}\right)$ 对称。

（2）将 $f(n)$、$f(1-n)$ 的表达式代入 a_n 的表达式，化简可得 $a_n = a^n$ 猜 $a=3$，即 $3^n > n^2$。

下面用数学归纳法证明。

设 $n=k$ $(k\geq 2)$ 时，$3^k > k^2$，那么 $n=k+1$，$3^{k+1} = 3\cdot 3^k > 3k^2$，又 $3k^2 - (k+1)^2 = 2\left(k-\dfrac{1}{2}\right)^2 - \dfrac{3}{2}\geq 0$ $(k\geq 2,k\in\mathbf{N})$，$\therefore 3^n > n^2$。

（3）$\because 3^k > k^2$，$\therefore k\lg 3 > 2\lg k$。

令 $k=1,2,\cdots,n$，得 n 个同向不等式，并相加得 $\dfrac{n(n+1)}{2}\lg 3 > 2\lg(1\times 2\times\cdots\times n)$，故 $\dfrac{n}{4}(n+1)\lg 3 > \lg(n!)$。

函数与数列综合型问题在高考中频频出现，是历年高考试题中一道亮丽的风景线。

（六）采用反证法

例：对于函数 $f(x)$，若存在 $x_0 \in \mathbf{R}$，使 $f(x_0) = x_0$ 成立，则称 x_0 为 $f(x)$ 的不动点。如果函数 $f(x) = \dfrac{x^2+a}{bx-c}$ $(b,c\in\mathbf{N})$，有且只有两个不动点 0，2，且 $f(-2) < -\dfrac{1}{2}$。

（1）求函数 $f(x)$ 的解析式。

（2）已知各项不为 0 的数列 $\{a_n\}$ 满足 $4S_n \cdot f\left(\dfrac{1}{a_n}\right) = 1$，求数列通项 a_n。

（3）如果数列 $\{a_n\}$ 满足 $a_1 = 4$，$a_{n+1} = f(a_n)$，求证：当 $n \geq 2$ 时，恒有 $a_n < 3$ 成立。

解：（1）依题意有 $\dfrac{x^2 + a}{bx - c} = x$，化简为 $(1-b)x^2 + cx + a = 0$，由韦达定理，得

$\begin{cases} 2 + 0 = -\dfrac{c}{1-b} \\ 2 \cdot 0 = \dfrac{a}{1-b} \end{cases}$，解得 $\begin{cases} a = 0 \\ b = 1 + \dfrac{c}{2} \end{cases}$，代入表达式 $f(x) = \dfrac{x^2}{\left(1+\dfrac{c}{2}\right)x - c}$，由 $f(-2) =$

$\dfrac{-2}{1+c} < -\dfrac{1}{2}$，得 $c < 3$，又 $c \in \mathbf{N}$，$b \in \mathbf{N}$，若 $c = 0, b = 1$，则 $f(x) = x$ 不止有两个

不动点，$\therefore c = 2, b = 2$，故 $f(x) = \dfrac{x^2}{2(x-1)}$，$(x \neq 1)$。

（2）由题设得 $4S_n \cdot \dfrac{\left(\dfrac{1}{a_n}\right)^2}{2\left(\dfrac{1}{a_n} - 1\right)} = 1$，得 $2S_n = a_n - a_n^2$ ①，

且 $a_n \neq 1$，以 $n-1$ 代 n 得 $2S_{n-1} = a_{n-1} - a_{n-1}^2$ ②，

由①②两式相减得

$2a_n = (a_n - a_{n-1}) - (a_n^2 - a_{n-1}^2)$，即 $(a_n + a_{n-1})(a_n - a_{n-1} + 1) = 0$，

$\therefore a_n = -a_{n-1}$ 或 $a_n - a_{n-1} = -1$，以 $n = 1$ 代入①得 $2a_1 = a_1 - a_1^2$，

解得 $a_1 = 0$(舍去) 或 $a_1 = -1$，由 $a_1 = -1$，若 $a_n = -a_{n-1}$，得 $a_2 = 1$，这与 $a_n \neq 1$ 矛盾，

$\therefore a_n - a_{n-1} = -1$，即 $\{a_n\}$ 是以 -1 为首项，-1 为公差的等差数列，

$\therefore a_n = -n$。

（3）采用反证法，假设 $a_n \geq 3$ $(n \geq 2)$，则由（1）知 $a_{n+1} = f(a_n) =$

$\dfrac{a_n^2}{2a_n - 2}$，

$\therefore \dfrac{a_{n+1}}{a_n} = \dfrac{a_n}{2(a_n - 1)} = \dfrac{1}{2} \cdot \left(1 + \dfrac{1}{a_n - 1}\right) < \dfrac{1}{2}\left(1 + \dfrac{1}{2}\right) = \dfrac{3}{4} < 1$，即 $a_{n+1} < a_n$

$(n \geq 2,\ n \in \mathbf{N})$，有 $a_n < a_{n-1} < \cdots < a_2$，而当 $n = 2$ 时，$a_2 = \dfrac{a_1^2}{2a_1 - 2} = \dfrac{16}{8-2} =$

$\dfrac{8}{3}<3$；$\therefore a_n<3$，这与假设矛盾，故假设不成立，$\therefore a_n<3$。

关于本例第（3）题，还可给出直接证法，事实上：由 $a_{n+1}=f(a_n)$ 得

$a_{n+1}=\dfrac{a_n^2}{2a_n-2}$，$\dfrac{1}{a_{n+1}}=-2\left(\dfrac{1}{a_n}-\dfrac{1}{2}\right)^2+\dfrac{1}{2}\leqslant\dfrac{1}{2}$ 得 $a_{n+1}<0$ 或 $a_{n+1}\geqslant2$。

若 $a_{n+1}<0$，则 $a_{n+1}<0<3$，结论成立；

若 $a_{n+1}\geqslant2$，此时 $n\geqslant2$，从而 $a_{n+1}-a_n=\dfrac{-a_n(a_n-2)}{2(a_n-1)}\leqslant0$，即数列 $\{a_n\}$ 在

$n\geqslant2$ 时单调递减，由 $a_2=2\dfrac{2}{3}$，可知 $a_n<a_2=2\dfrac{2}{3}<3$，在 $n\geqslant2$ 上成立。

（七）赋值法

例：已知函数 $f(t)$ 满足对任意实数 x、y 都有 $f(x+y)=f(x)+f(y)+xy+1$，且 $f(-2)=-2$。

（1）求 $f(1)$ 的值。

（2）证明：对一切大于 1 的正整数 t，恒有 $f(t)>t$。

（3）试求满足 $f(t)=t$ 的整数 t 的个数，并说明理由。

解：（1）为求 $f(1)$ 的值，需令 $x=y=0$，得 $f(0)=-1$。

令 $x=y=-1$，$\because f(-2)=-2$，$\therefore f(-1)=-2$。

令 $x=1$，$y=-1$，$\therefore f(0)=f(1)+f(-1)$，即 $f(1)=1$。

（2）令 $x=1$，$\therefore f(y+1)=f(y)+y+2$，即 $f(y+1)-f(y)=y+2$①，

$\therefore$ 当 $y\in\mathbf{N}$ 时，有 $f(y+1)-f(y)>0$。

由 $f(y+1)>f(y)$，$f(1)=1$ 可知，对一切正整数都有 $f(y)>0$，

$\therefore$ 当 $y\in\mathbf{N}$ 时，$f(y+1)=f(y)+y+2=f(y)+1+y+1>y+1$，

于是对于一切大于 1 的正整数 t，恒有 $f(t)>t$。

（3）由①及（1）可知 $f(-3)=-1$，$f(-4)=1$。

下面证明当整数 $t\leqslant-4$ 时，$f(t)>t$。

$\because t\leqslant-4$，$\therefore -(t+2)\geqslant2>0$，由①得 $f(t)-f(t+1)=-(t+2)>0$，即 $f(-5)-f(-4)>0$，同理 $f(-6)-f(-5)>0$，以此类推，$f(t+1)-f(t+2)>0$，$f(t)-f(t+1)>0$。将诸不等式相加得 $f(t)>f(-4)=1>-4$，$\because t\leqslant-4$，$\therefore f(t)>t$。

综上，满足条件的整数只有 $t=1$，-2。

第四节　证明题的解题策略

一、证明题的特点

数学证明题作为高考数学中的必考题目，对学生的逻辑思维能力要求非常高，同时需要学生有较强的计算求解能力、推理论证能力，所以很多学生在面对高中数学证明题目时会出现多种多样的障碍。有非常多的学生可以非常熟练地记住完整的数学概念及相关的定理和公式，甚至也清楚地记得曾经解答过的证明题的解题步骤，但在遇到新题时，却依然不会做。究其原因，是学生虽然接触了多种多样的证明题，却没有真正获得数学的思考能力和解决问题能力，导致不会灵活采用证明解答中的方法和方式，所以学生自身对证明题的解题方法和思维进行一定的研究是非常必要的。

二、学生解决证明题时存在的问题

高中数学证明题对每一个高中学生来说，都具有抽象性、逻辑思维要求高、对问题解决严密的特点，这致使好多人对证明题失去学习的热情，很容易在解答证明题过程中感到不自信；尤其对于数学基础差的学生而言更加困难。数学证明题是一个必不可少的重要题型，正是由于数学证明题本身的重要地位，如何提高数学证明题解题能力也越来越受到每一个与之有关的人的关注。因此，为了提高学生的数学成绩，就需要不断地总结高中数学证明题经验，不断地发散高中数学证明题思维，使学生能够将数学证明题进行技巧性的解析。作为高中生，必须掌握数学证明题的解题方法（解题方法对解决高中数学证明题尤为重要）。

随着高中数学教育不断地发展，有关高中数学证明题的解题思路与方法已经成为一个单独的高中数学教学内容，并将高中数学证明题解题思路与方法在各个班级及学校广泛应用。尽管目前高中数学教师总结了一些数学证明题的解题方法与思路，但从现实情况来看，高中数学证明题解题思路与方法仍存在着一些难以解决的问题。

（一）学生缺乏证明题解题逻辑性

众所周知，数学证明题是比较抽象的，需要有严谨的逻辑性思维才能解答。也正是因为这样，解数学证明题时需要学生具有基本的逻辑性思维。但是，现在存在一种现象，就是很多学生没有明确的解题步骤，不能理解证明题真正的目的，很难解析题目，这便是学生缺乏逻辑性思维的表现。

（二）证明题分析及解题过程中缺乏针对性

一部分高中生在对证明题进行分析与解答的过程中往往表现出针对性不强的问题，从而导致证明题思维发散困难，也无法从中获得证明题解题策略。

（三）学生具有畏惧心理及概念模糊和计算能力差的问题

证明题是高中数学题目中重要的一部分，学生在解证明题时，经常会出现对这类题的畏惧心理，在潜意识中就觉得题目难，不容易解答。另外，很多学生经常对证明题中涉及的概念以及定义认识不全，在解题过程中出现了原则性问题。同时，在日常的学习中缺乏对这类题目的训练，学生的运算能力也比较差，使得解证明题的过程很容易出现差错。

三、证明题的解题方法

（一）综合法

证明题都是比较综合的题目，涉及的方面非常广，所以需要学生具有比较全面的知识系统，这样才能完美解决相关问题。综合法是高中数学中非常常见的证明方法，是一种三段式的演绎方法，主要是根据题目条件来进行顺推，或者是找到题干上的"因"来导入相关的"果"。这种方法是从一种已知状态到未知的逻辑，学生要从题目中涉及的已知条件出发，进行一系列的推导过程，最后导出结论，来表明其真实性和可靠性。一般在证明题中通常都会用固定的符号，如"∵（因为）""∴（所以）"或者"→"。

例如，在例题中：已知 x、y、z 为三个不全部相同的实数，请证明：$x^4 + y^4 + z^4 > xyz(x+y+z)$。通过观察，首先认识到这是一道代数不等式证明题，并且看到 $x^4 + y^4 + z^4$ 等式子，根据不等式定理可以得到 $x^4 + y^4 \geq 2x^2y^2$，$x^4 + z^4 \geq 2x^2z^2$ 等，又因为 x、y、z 是三个不全部相等的实数，所以得到上面三个式子中有一个式子是不能够取到等号的，所以得出 $x^4 + y^4 + z^4 > x^2y^2 + x^2z^2 + y^2z^2$，而又由 $x^2y^2 + y^2z^2 \geq 2xy^2z$，$x^2z^2 + y^2z^2 \geq 2xyz^2$，所以很容易就得出 $x^4 + y^4 + z^4 > xyz$ $(x + y + z)$。在整道题目的证明过程中，学生需要仔细观察，题目的开始用到了著名不等式 $x^4 + y^4 \geq 2x^2y^2$，从这个不等式出发，根据知识和已知条件来推出想要证明的结论。学生要学会从证明的结果来对整道证明题进行分析，利用条件来完成证明过程。需要学生注意的是，某些题目有多个证明题，学生要学会观察各个问题间的联系，并且对条件进行逆推或者顺推，把这两种方式结合起来，对证明题进行解答。如想要证明面面垂直，就需要找到线面垂直、线线垂直等条件。

（二）分析法

分析法也是在高中数学证明题中常用的一种方法，它是一种逆证法，需要学生体验从未知到已知的过程，也需要学生具备一定的逻辑思维。简单来说，分析法在使用的过程中，学生要假设题目中需要证明的命题是正确的，然后再推出能够保证这个结论充分成立的结果，而且这些结论一定是已知的定理、已证的命题或者是题目中早就给出的条件。另外，还有一些证明题中出现信息量非常多的情况，大多数学生会觉得非常困难，毫无解题的头绪，从而不能够有效消化题目中的信息，所以学生还应该积极根据题干中所给出的结论来找到满足结论存在的条件，然后再层层分析和展开，让所需要证明的目标越来越清晰和简单。充分利用结论，结合条件，分析时要想该结论成立还需什么条件，有时候还需要学生具备画图作辅助线的意识。采用分析法解证明题，可以促进学生从多个方面来思考问题，从而探索解题的方法，拓宽解题的思路。需要学生注意的是，分析法并不是由命题的结论来证明前提条件。一般利用分析法来解决证明题，常用的规范格式是"要证明……只需要……"或者是符号"←"。

例：已知 $a > 0$，请证明 $\sqrt{a^2 + \dfrac{1}{a^2}} - \sqrt{2} \geq a + \dfrac{1}{a} - 2$。

证明：要证明式子 $\sqrt{a^2 + \dfrac{1}{a^2}} - \sqrt{2} \geq a + \dfrac{1}{a} - 2$，只需证明 $\sqrt{a^2 + \dfrac{1}{a^2}} + 2 \geq a + \dfrac{1}{a} + \sqrt{2}$，因为 $a > 0$，所以又可以推出只要证明 $\left(\sqrt{a^2 + \dfrac{1}{a^2}} + 2\right)^2 \geq \left(a + \dfrac{1}{a} + \sqrt{2}\right)^2$ 即可，化解式子得到 $4\left(a^2 + \dfrac{1}{a^2}\right) \geq 2\left(a^2 + 2 + \dfrac{1}{a^2}\right)$。通过观察，$a^2 + \dfrac{1}{a^2}$ 是肯定大于

等于 2 的,所以上面不等式成立,原式也成立。一般在这种所给条件非常简单,而要求证明的式子复杂的情况时,可以采用分析法。而对于条件非常多的证明题,学生更要学会对条件进行有效提取,排除干扰信息,保证解题准确性,提高解题的效率。

(三)反证法

反证法是非常常用的一种间接证明方法,如果在解决证明题的过程中,采用直接证明的方式遇到阻碍时,可以考虑采用反证法。一般学生采用反证法时,需要采用以下标准解题证明步骤:

(1)反设,即假设题目中要求证明的结论不成立,设其否定命题成立。

(2)归谬,即将假设成立的否定命题作为已知条件,从这个结论出发,通过正确的推理思路和过程,导出和题目中的已知条件、已经证明出来的定理、明确的事实相反,且产生矛盾。

(3)结论,即证明出假设错误,假设和已知事实存在明显的矛盾,从而假设结论是不存在的,所以否定命题不存在,间接肯定了结论的成立。

例如,已知 a、b、c 都在 (0,1) 这个区间上,请证明 $(1-a)b,(1-b)c,(1-c)a$ 中,最少有一个小于或等于 $\frac{1}{4}$。在本题中,如果要完成证明,就需要分别证明三个式子是否存在小于或等于 $\frac{1}{4}$ 的情况,而利用反证法证明:假设三个式子同时都大于 $\frac{1}{4}$,此题就容易表达很多,因为 $0<a<1$,所以 $1-a>0$,而通过著名的不等式结论可以得到 $\frac{(1-a)+b}{2} \geqslant \sqrt{(1-a)b} > \sqrt{\frac{1}{4}} = \frac{1}{2}$,而对于 b 和 c,同理可得相同的式子,三个式子相加得到 $\frac{3}{2} > \frac{3}{2}$,显而易见,和假设矛盾,从而原命题成立。

反证法是高考考查的重点和热点,学生要掌握反证法的使用,并且能够认识反证法的使用情况,从而保证解题的效率和正确性。

(四)数学归纳法

数学归纳法是一种用来证明和正整数 n 有关的数学命题的方法,这种方法的使用非常容易识别,也有固定的书写步骤。一般是由一系列有限的特殊事例得出结论的推理方法。证明的书写过程如下：当 n 取第一个值时，证明相关命题是成立的；或假设当 n 取第 k 个值时，命题成立，其中 k 属于正整数，k 是大于或者等于 0 的，并且也证明当 n 取第 $k+1$ 个值时，命题同样成立，所得这个命题对 k 取任意值都成立。采用这种方法时，学生需要清楚，验证是整个证明过程的基础条件，最为关键的是对式子进行递推，再在其中寻找递推关系。

例如，证明式子 $(3n+1)\cdot 7^n - 1$ 能够被 9 整除，利用数学归纳法，首先，当 $n=1$ 的时候，原式等于 $4 \times 7 - 1 = 27$，可以被 9 整除，命题初步成立；其次，假设当 n 取 k 值时，命题成立，所以 $(3n+1)\cdot 7^n - 1$ 能够被 9 整除；当 n 为 $k+1$ 时，原式等于 $(3k+4)\cdot 7^{k+1} - 1 = \left[(3k+1)\cdot 7^k - 1\right] + 18k\cdot 7^k + 27\cdot 7^k$，由归纳假设 $(3k+1)\cdot 7^k - 1$ 可以被 9 整除，因为 $18k\cdot 7^k + 27\cdot 7^k$ 能够被 9 整除，所以 $(3k+4)\cdot 7^{k+1} - 1$ 也可以，所以当 $n=k+1$ 时，命题同样成立。这种题目在解读的过程中，可以明显发现需要用数学归纳法，所以可以按照数学归纳法的固定步骤来进行假设，从而证明该结论。此方法的关键就是在由已知推向未知的过程中，对式子进行变形时，要善于找出式子之间的联系。

总的来说，数学的证明题彰显了数学严谨性的特征，所以学生在解决相关的证明题目时，一定要保证严谨性和完整性。在训练证明题目的解答过程中，也可以很好地培养和锻炼学生的思维发散能力、逻辑思维能力、解决问题能力，还可以提高学生对问题进行分析和探索的能力。一个结论的证明，其证明思路和过程都不是单一的，上文笔者提到的都是比较基础的方式。学生要想真正掌握证明策略，还需要对大量的数学理论和定理进行反复证明实践，从而明确每种类型证明题的解题思路，使用正确的证明方法并能举一反三，获得良好的学习效果。

第五节　综合题的解题策略

所谓综合题，是泛指题目本身或在解题过程中涉及多个知识点和多种数学思想方法，具有较高能力要求的数学题。在高中复习过程中，夯实解题基本功是十分重要的。这就要求教师在平时的解题训练中，教会学生认真领悟数学思想，熟练掌握数学方法，正确应用它们分析问题和解决问题，合理运用概念、公式、法则、定理、定律等，提高思维、运算的准确性，灵活运用数学思想方法进行等价转化，化繁为简，提醒学生多进行解题后的反思与探究，提高解题能力。

现在，高考数学试题立足于当前中学数学的实际情况、教学条件和学生素质等，寓创新意识于其中，着重在试题由知识型向能力型的转化上进行积极的探索和创新。这些富有时代气息的试题，突出对"三基"的考查，增大了思考量，减少了计算量，能较好地考查考生的思维品质、创新能力和学习潜能，使高考与素质教育形成良性互动。

一、综合题的特点

高考数学解答题包含的知识容量大，解题方法多，综合能力要求高，突出考查了中学数学的主要思想和方法，也考查了学生的能力和意识。三角函数、概率统计、数列、立体几何、解析几何、函数与导数等知识的解答题是近几年高考命题的热点，也是考生获得高分的制高点。解答的基本策略是审题要慢，解答要快。审题时，必须充分搞清题意，综合所有条件，提炼全部线索，形成整体认识；确保运算准确，争取一次成功；讲究书写规范，力争既全面又正确。这就要求考生在面对试题时，要会而对，对而全，全而规范。面对难题，讲究策略，争取多得分。解题过程在其中某一环节上卡住时，可以承接这一结论，往下推，或直接利用前面的结论做后面的问题。

二、综合题的解题方法

数学综合题是高中数学中覆盖最广、综合性最强的题型，它对学生的综合能力要求较高，往往是学生感到头疼的问题。要想解决高中数学中的这个难题，学生必须学会科学地分析问题。俗语有云："方法恰当，事半功倍；方法不当，徒劳无功。"因此，在解决数学综合性问题的过程中，需要学生养成对问题观察、分析、尝试、猜想、归纳、总结等习惯，在这一系列的活动过程中找出解决问题的思路与方法，从而顺利完成解题过程。在这个过程中，学生不仅通过自己的努力解决了问题，还全面提高了数学素养。对于综合题的解题方法有以下几种。

（一）认真审题，顺向分析解决问题

要提高数学综合性问题的解题效率与正确率，首先需要学生学会审题，读懂题目，分析题目中的已知条件，从已知条件出发，经过逐步逻辑推理，最后达到待证结论或需求问题。

（二）从结论入手，逆向思维解决问题

所谓逆向思维解题，指的是从数学题的待证结论或需求问题出发，一步一步地探索，最后由假设成立的结论推导出题设的已知条件。这是一种逆向思维的方法，当我们从题目条件推导出结论的过程受阻或者难度增大时，不妨试着从题目的结论入手，"由果导因"也许会豁然开朗，顺利解题。

（三）变更问题，化繁为简

在数学综合性问题的解答过程中，有很多数学问题只按一种思路考虑时显得极为复杂，甚至无从下手，但是如果换一种思维，将问题进行变更，会发现问题变得简单很多，从而实现化繁为简，达到顺利解题的目的。从某种意义上说，解答数学题的关键就在于对原问题做一系列恰当的变换。

下面将从以下几个方面对综合题的解题策略做一些探讨。

（1）从条件入手。分析条件，化繁为简，注重对隐含条件的挖掘。

（2）从结论入手。执果索因，搭好联系条件的"桥梁"。

（3）回到定义和图形中来。

（4）以简单的、特殊的情况为突破口。

（5）构造辅助方式（函数、方程、图形等），换一个角度去思考。

（6）通过横向沟通和转化，将各数学分支中不同的知识点串联起来。

（7）培养整体意识，把握整体结构。

（8）连续性问题，承上启下，层层递进，充分利用已得出的结论。

例1：已知函数 $f(x)=x^3+ax^2+bx+c$ 的一个零点为 $x=1$，另外两个零点分别为一个椭圆、一个双曲线的离心率，则 $\dfrac{b}{a}$ 的取值范围是_____。

解：$a+b+c=-1$，$f(x)=x^3+ax^2+bx-a-b-1$。

$f(0)=-a-b-1<0$；$f'(x)=3x^2+2ax+b$；$f'(0)=b>0$；$f'(1)=3+2a+b<0$。

转化为线性规划问题：已知 $\begin{cases} x+y+a>0 \\ y>0 \\ 3+2x+y<0 \end{cases}$，求 $\dfrac{y}{x}$。易得 $\dfrac{y}{x}\in\left(-2,-\dfrac{1}{2}\right)$，

$\therefore$ 答案为 $\left(-2,-\dfrac{1}{2}\right)$。

例2：函数 $f(x)=\dfrac{\log_2 x-1}{\log_2 x+1}$，若 $f(x_1)+f(2x_2)=1$（其中 x_1,x_2 均大于2），则 $f(x_1 x_2)$ 的最小值为_____。

解：$f(x_1)+f(2x_2)=\dfrac{\log_2 x_1-1}{\log_2 x_1+1}+\dfrac{\log_2 x_2}{\log_2 x_2+2}=1$，

$\therefore \dfrac{2}{\log_2 x_1+1}+\dfrac{2}{\log_2 x_2+2}=1$，

$f(x_1 x_2)=\dfrac{\log_2 x_1+\log_2 x_2-1}{\log_2 x_1+\log_2 x_2+1}=1-\dfrac{2}{\log_2 x_1+\log_2 x_2+1}$（分离常量法），而

$[(\log_2 x_1+1)+\log_2 x_2+2]\left(\dfrac{2}{\log_2 x_1+1}+\dfrac{2}{\log_2 x_2+2}\right)\geq 8$（基本不等式），$\log_2 x_1+\log_2 x_2+1\geq 6$，$f(x_1 x_2)=1-\dfrac{2}{\log_2 x_1+\log_2 x_2+1}\geq\dfrac{2}{3}$，

$\therefore$ 答案为 $\dfrac{2}{3}$。

例3：在三棱锥 $A-BCD$ 中，E、F 分别是线段 AD、BC 上的点，满足 $\dfrac{AE}{ED}=\dfrac{BF}{FC}=\dfrac{1}{2}$，$AB=CD=3$，且 AB 与 CD 所成的角为 $60°$，求 EF 的长。

解：如图 $5-5-1$ 所示，过 E 分别作 $EG\parallel AB$ 交 BD 于 G，$EH\parallel DC$ 交 AC

于 H，连接 GF、FH，由条件，易知 $EGFH$ 为平行四边形。

∴ $\angle GEH$ 为异面直线 AB 与 CD 所成的角或其补角。

∴ $\angle GEH = 60°$或$120°$，又 $EG = \dfrac{2}{3}AB = 2$，$EH = \dfrac{1}{3}CD = 1$，由余弦定理得

$EF = \sqrt{2^2 + 1^2 \pm 2 \times 2 \times 1 \times \cos 60°} = \sqrt{3}$或$\sqrt{7}$。

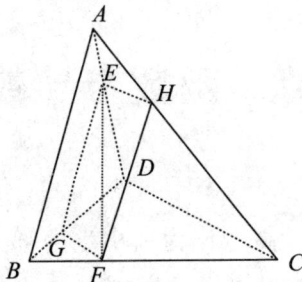

图 5 – 5 – 1　例题图

三、提升学生解答题能力的方法

（一）培养和提高学生的数学建模能力

高中数学解答题教学需要能够培养和提高学生分析与解决实际问题的能力，而数学建模的教与学是完成数学解答题教学目的的重要手段。数学建模教与学的过程要求教师能够准确识别问题中的数学模式，不仅要帮助学生构建数学模型，从而找到解决问题的方法，更要确保学生掌握构建数学模型的思路，能够在以后的解题中学以致用。同时，这种从实际问题中提炼数学知识的教学方式有利于活跃课堂教学氛围，促进学生积极主动地去学习，也提高了其分析问题的能力。

（二）改变教学方法，提升学生解题兴趣

在高中数学的教学过程中，教师的教学方法决定着学生对于知识的掌握程度和解题能力的高低。高中阶段，学生大都具有比较扎实的数学基础知识，他们真正缺少的其实是对于探索数学问题的兴趣，长期被动地接受知识也导致学生在数学问题的解决上缺乏策略。所以，要想提高高中学生解答题的解题能力，首先要从根本上改变学生的学习观念。教师应在教学中发挥引导作用，注重教学情境的构建，以激发学生的学习兴趣。

第 六 章

高中数学解题策略应用

第一节　函数与导数问题

在应试教育的要求下，高考作为高中生的唯一目标，考试的内容也是学生必须要了解的，而导数作为高考数学的必考知识点是学生必须掌握的部分。将导数引入数学不仅能加深学生对不同函数的不同形态的理解，还能让学生学会用创造性的思维思考问题，从而引导学生将导数知识运用到高中数学函数解题中，能够激发学生的学习兴趣，让学生在更愉悦的氛围中学习导数。

一、导数在解题中的应用

（一）利用导数求函数极值、最值和值域

学生要用导数求解函数极值、最值和值域，首先要了解其相关的理论知识并熟练掌握，灵活应用到解题过程中。理论知识大致包括以下几点：

（1）驻点即函数导数为零的点，是函数极大值或者极小值的可疑点，也就是说，要求函数极值，先求其驻点，但驻点并不一定是极值点，还要判断导函数在驻点附近的正负，如果某驻点两边导数值异号，则该驻点为极值点：左正右负为极大值，左负右正为极小值。

（2）最值与极值是不同的两个概念。极值是局部概念，指的是在函数定义域的局部区域内的相对最大值或最小值；而最值是全局概念，是函数整个定义域内的最大和最小值。特殊情况下，如果某一函数为单调函数，那么该函数可能有极值而无最值。

（3）值域指的是函数在定义域范围内所能取得的值的范围。定义域是使

函数有意义的因变量的取值范围。如要求一个函数的值域，可以根据以下几个步骤来求：首先求出该函数的定义域，然后求出该函数的极值点，再将端点和极值点代入函数求出结果，将结果互相比较得到最大值和最小值，即值域。

（二）利用导数求函数单调性

函数单调性也称函数的增减性，指的是在一定的范围内，函数值变化与自变量变化的关系。当函数值随着自变量在其定义域内增大而增大时，称该函数单调递增；当函数值随自变量的减小而减小时，称该函数单调递减。通常函数单调性指的是局部范围内的函数性质，若用导数求解函数单调性，则采用导数值为负函数单调递减，导数值为正函数单调递增，导数值为零则为驻点的原则。若函数单调递减，该函数往往没有最小值；若函数单调递增，则往往没有最大值。一个函数在其定义域内并不一定全为单调递增或递减，大部分情况是在定义域内以一个或两个驻点为界，单调性分成几部分。例如，求 $f(x) = x^3 + \dfrac{3}{x}$ 的单调区间，首先求出其定义域为 $(-\infty, 0) \cup (0, \infty)$，再求出其导函数大于 0 时 $x < -1$ 或 $x > 1$，小于 0 时 $-1 < x < 0$ 或 $0 < x < 1$，最后得出结论：该函数的单调递减区间为 $(-1, 0)$ 和 $(0, 1)$，单调递增区间为 $(-\infty, -1)$ 和 $(1, +\infty)$。

（三）利用导数求解几何题

有些学生的空间想象能力过弱，在面对几何题时找不到解决方法，不能用常规的做法来解决，此时可以通过导数来进行灵活的解答。在高考题中的导数与解析几何综合题，如果只运用解析几何的知识来求解会是一个非常复杂的过程，在考试中不建议采取，而运用导数求解完全可以使解题时间减少且准确率上升。一些简单的几何题，如用很长的绳子围一个长宽比为 $2:1$ 的长方形，怎样使其面积最大，就可以转化成函数求最大值的问题，利用导数可以很简单地得到答案。

二、函数与导数基础知识与解题规律

（一）函数与导数基础知识

1. 基本初等函数的导数公式

基本初等函数的导数公式见表 6-1-1。

表 6-1-1　基本初等函数的导数公式

原函数	导函数
$f(x) = c$	$f'(x) = 0$
$f(x) = x^n \ (n \in \mathbf{N}^*)$	$f'(x) = nx^{n-1}$
$f(x) = \sin x$	$f'(x) = \cos x$
$f(x) = \cos x$	$f'(x) = -\sin x$
$f(x) = a^x \ (a > 0 \text{ 且 } a \neq 1)$	$f'(x) = a^x \ln a$
$f(x) = e^x$	$f'(x) = e^x$
$f(x) = \log_a x \ (a > 0 \text{ 且 } a \neq 1)$	$f'(x) = \dfrac{1}{x \ln a}$
$f(x) = \ln x$	$f'(x) = \dfrac{1}{x}$

2. 导数的运算法则

（1）和（差）的导数：两个可导函数的和（差）的导数，等于两个函数导数的和（差），即 $[f(x) \pm g(x)]' = f'(x) \pm g'(x)$。

（2）积的导数：两个可导函数的积的导数，等于第一个函数的导数乘上第二个函数，加上第二个函数的导数乘上第一个函数，即 $[f(x) \times g(x)]' = f'(x)g(x) + f(x)g'(x)$。

（3）商的导数：两个可导函数的商的导数，等于分子的导数与分母的积，减去分母的导数与分子的积，再除以分母的平方，即 $\left[\dfrac{f(x)}{g(x)}\right]' = \dfrac{f'(x)g(x) - f(x)g'(x)}{[g(x)]^2} \ (g(x) \neq 0)$。

3. 复合函数的导数

复合函数对自变量的导数等于已知函数对中间变量的导数与中间变量对自

变量的导数的乘积。设 $y = f(u)$，$u = g(x)$，则 $y'_x = f'(u) \times g'(x)$。

复合函数的导数需要注意的问题有以下三点：第一，一个函数可以看成由不同的两个函数复合而成，利用复合函数求导法则求导，要注意恰当选择中间变量；第二，应用复合函数求导法则时，要注意弄清每一步求导是哪个变量对哪个变量求导，不能混淆；第三，在复合函数求导问题中，要注意区分 $f'(u(x))$ 与 $[f(u(x))]'$ 的不同含义，前面是先对 $f(x)$ 求导，再在导函数中用 $u(x)$ 代替 x；后者是先在 $f(x)$ 中用 $u(x)$ 代替 x，再对 x 求导，一般情况下，两者不相等。

4. 函数的单调性与导数

（1）在区间 D 上，若 $f'(x) \geq 0$，且 $f'(x) = 0$ 不连续 $\Leftrightarrow$ 函数 $f(x)$ 在区间 D 上递增。

（2）在区间 D 上，若 $f'(x) \leq 0$，且 $f'(x) = 0$ 不连续 $\Leftrightarrow$ 函数 $f(x)$ 在区间 D 上递减。

（3）在区间 D 上，若 $f'(x) = 0$ 恒成立 $\Leftrightarrow$ 函数 $f(x)$ 在区间 D 上是常函数。

5. 函数的极值与导数

函数的极值与导数见表 6-1-2。

表 6-1-2　函数的极值与导数

条件	$f'(x_0) = 0$	
	x_0 附近的左侧 $f'(x) \geq 0$,右侧 $f'(x) \leq 0$	x_0 附近的左侧 $f'(x) \leq 0$,右侧 $f'(x) \geq 0$
图像		
极值	$f(x_0)$ 为极大值	$f(x_0)$ 为极小值
极值点	x_0 为极大值点	x_0 为极小值点

6. 函数的最值与导数

（1）在区间 $[a, b]$ 上连续的函数 $f(x)$ 在 $[a, b]$ 上必有最大值与最小值。

（2）若函数 $f(x)$ 在 $[a, b]$ 上单调递增，则 $f(a)$ 为函数的最小值，

$f(b)$ 为函数的最大值；若 $f(x)$ 在 $[a, b]$ 上单调递减，则 $f(a)$ 为函数的最大值，$f(b)$ 为函数的最小值。

（二）解题规律

例：已知曲线 $y = \frac{1}{3}x^3 + \frac{4}{3}$。

（1）求曲线在点 $P(2, 4)$ 处的切线方程。

（2）求曲线过点 $P(2, 4)$ 的切线方程。

解：（1）$\because P(2, 4)$ 在曲线 $y = \frac{1}{3}x^3 + \frac{4}{3}$ 上，且 $y' = x^2$，

$\therefore$ 在点 $P(2, 4)$ 处的切线的斜率为 $y'|_{x=2} = 4$。

$\therefore$ 曲线在点 $P(2, 4)$ 处的切线方程为 $y - 4 = 4(x - 2)$，即 $4x - y - 4 = 0$。

（2）设曲线 $y = \frac{1}{3}x^3 + \frac{4}{3}$ 与过点 $P(2, 4)$ 的切线相切于点 $A\left(x_0, \frac{1}{3}x_0^3 + \frac{4}{3}\right)$，则切线的斜率为 $y'|_{x=x_0} = x_0^2$。

$\therefore$ 切线方程为 $y - \left(\frac{1}{3}x_0^3 + \frac{4}{3}\right) = x_0^2(x - x_0)$，即 $y = x_0^2 \cdot x - \frac{2}{3}x_0^3 + \frac{4}{3}$。

$\therefore$ 点 $P(2, 4)$ 在切线上，

$\therefore 4 = 2x_0^2 - \frac{2}{3}x_0^3 + \frac{4}{3}$，即 $x_0^3 - 3x_0^2 + 4 = 0$，

$\therefore x_0^3 + x_0^2 - 4x_0^2 + 4 = 0$，

$\therefore x_0^2(x_0 + 1) - 4(x_0 + 1)(x_0 - 1) = 0$，

$\therefore (x_0 + 1)(x_0 - 2)^2 = 0$，解得 $x_0 = -1$ 或 $x_0 = 2$，故所求的切线方程为 $x - y + 2 = 0$ 或 $4x - y - 4 = 0$。

规律方法：

（1）求切线方程的方法：①求曲线在点 P 处的切线，则表明 P 点是切点，只需求出函数在点 P 处的导数，然后利用点斜式写出切线方程；②求曲线过点 P 的切线，则 P 点不一定是切点，应先设出切点坐标，然后列出切点坐标的方程解出切点坐标，进而写出切线方程。

（2）处理与切线有关的参数问题，通常根据曲线、切线、切点的三个关系列出参数的方程并解出参数：①切点处的导数是切线的斜率；②切点在切线上；③切点在曲线上。

1. 导函数与原函数图像之间的关系

如果原函数在定义域内可导，则原函数的图像 $f(x)$ 与其导函数 $f'(x)$ 的图像有密切的关系。

（1）导函数 $f'(x)$ 在 x 轴上、下方图像与原函数图像上升、下降的对应关系如下：

① 若导函数 $f'(x)$ 在区间 D 上恒有 $f'(x) > 0$，则 $f(x)$ 在区间 D 上为增函数，由此进一步得到导函数 $f'(x)$ 在 x 轴上方的图像对应的区间 D 为原函数图像中的上升区间 D。

② 若导函数 $f'(x)$ 在区间 D 上恒有 $f'(x) < 0$，则 $f(x)$ 在区间 D 上为减函数，由此进一步得到导函数 $f'(x)$ 在 x 轴下方的图像对应的区间为原函数图像中的下降区间。

（2）导函数 $f'(x)$ 图像的零点与原函数图像的极值点的对应关系如下：

导函数 $f'(x)$ 图像的零点是原函数的极值点。如果在零点的左侧为正，右侧为负，则导函数的零点为原函数的极大值点；如果在零点的左侧为负，右侧为正，则导函数的零点为原函数的极小值点。

2. 利用导数求解函数的单调性问题

若 $f(x)$ 在某区间上可导，则由 $f'(x) > 0$（$f'(x) < 0$）可推出 $f(x)$ 为增（减）函数，但反之则不一定，如函数 $f(x) = x^3$ 在 **R** 上递增，而 $f'(x) \geq 0$。$f(x)$ 在区间 D 内单调递增（减）的充要条件是 $f'(x) \geq 0$（$f'(x) \leq 0$），且 $f'(x)$ 在 (a, b) 的任意子区间上都不恒为零。利用导数求解函数单调性的主要题型：①根据函数解析式，求函数的单调区间；②根据函数的单调性求解参数问题；③求解与函数单调性相关的其他问题，如函数图像的零点、不等式恒成立等问题。

例：已知函数 $f(x) = x^3 + ax^2 + x + 1$，$a \in \mathbf{R}$。

（1）讨论函数 $f(x)$ 的单调区间。

（2）设函数 $f(x)$ 在区间 $\left(-\dfrac{2}{3}, -\dfrac{1}{3}\right)$ 内是减函数，求 a 的取值范围。

分析：第（1）小题先求导函数 $f'(x)$，由于含有参数 a，根据判别式确定对 a 的分类标准，进而确定单调区间；第（2）小题根据第（1）小题的结果，建立关于 a 的不等式组，由此可确定 a 的范围。

解：（1）由 $f(x) = x^3 + ax^2 + x + 1$，求导得 $f'(x) = 3x^2 + 2ax + 1$。

当 $a^2 \leqslant 3$ 时，$\Delta = 4(a^2 - 3) \leqslant 0$，$f'(x) \geqslant 0$，$f(x)$ 在 **R** 上递增；

当 $a^2 > 3$ 时，由 $f'(x) = 0$ 求得两根为 $x = \dfrac{-a \pm \sqrt{a^2 - 3}}{3}$，则函数 $f(x)$

在区间 $\left(-\infty, \dfrac{-a - \sqrt{a^2 - 3}}{3}\right)$ 上递增，在区间 $\left(\dfrac{-a - \sqrt{a^2 - 3}}{3}, \dfrac{-a + \sqrt{a^2 - 3}}{3}\right)$

上递减，在区间 $\left(\dfrac{-a + \sqrt{a^2 - 3}}{3}, +\infty\right)$ 上递增。

（2）由（1）得 $\begin{cases} \dfrac{-a - \sqrt{a^2 - 3}}{3} \leqslant -\dfrac{2}{3} \\ \dfrac{-a + \sqrt{a^2 - 3}}{3} \geqslant -\dfrac{1}{3} \end{cases}$，且 $a^2 > 3$，解得 $a \geqslant 2$。

解题规律：本题是利用导数求解函数单调性问题的最典型的题型。函数解析式中含有字母参数 a，因此解答第（1）小题时注意分类讨论。第（2）小题的解答是根据第（1）小题的结果，利用集合与集合间的关系建立不等式来求解的。

第（2）小题还可利用函数在已知区间上的导数建立不等式 $\begin{cases} f'\left(-\dfrac{2}{3}\right) \leqslant 0 \\ f'\left(-\dfrac{1}{3}\right) \leqslant 0 \end{cases}$ 来求解。

3. 求函数的极值问题

极值点的导数一定为 0，但导数为 0 的点不一定是极值点，同时不可导的点可能是极值点。因此函数的极值只能在导数为 0 的点或不可导的点处产生。利用导数求函数的极值的主要题型有：

（1）根据函数解析式求极值。

（2）根据函数的极值求解参数问题。解答时要注意准确应用利用导数求极值的原理求解。

例：设 $x = 1$ 和 $x = 2$ 是函数 $f(x) = x^5 + ax^3 + bx + 1$ 的两个极值点。求 a 和 b 的值。

分析：先求导函数 $f'(x)$，然后由 $x = 1$ 和 $x = 2$ 是 $f'(x) = 0$ 的两个根建立关于 a、b 的方程组求解。

解：因为 $f'(x) = 5x^4 + 3ax^2 + b$，又 $x = 1$ 和 $x = 2$ 是函数 $f(x) = x^5 + ax^3 + bx + 1$ 的两个极值点，所以 $f'(1) = 0$，且 $f'(2) = 0$，

即 $\begin{cases} 5 \times 1^4 + 3a \times 1^2 + b = 0 \\ 5 \times 2^4 + 3a \times 2^2 + b = 0 \end{cases}$，解得 $a = -\dfrac{25}{3}$，$b = 20$。

解题规律：解答本题要明确极值点与导函数方程之间的关系：对于三次函数极值点的导数一定为 0，但导数为 0 的点不一定是极值点。本题的解答充分利用上述关系，通过建立方程组求得 a 和 b 的值。

4. 求解函数的最值问题

函数在闭区间上的最值是比较所有极值点与端点的函数值所得的结果，因此函数在闭区间 $[a, b]$ 上的端点函数值一定不是极值，但它可能是函数的最值。同时，函数的极值不一定是函数的最值，最值也不一定是极值。另外，求解函数的最值问题，还可以直接结合函数的单调性来求解。利用导数求解函数最值问题的主要题型有：

（1）根据函数的解析式求函数的最大值。

（2）根据函数在一个区间上的最值情况求解参数问题。

例：已知 a 是实数，函数 $f(x) = x^2(x - a)$，求 $f(x)$ 在区间 $[0, 2]$ 上的最大值。

分析：首先求函数 $f'(x)$，再解方程 $f'(x) = 0$，得两个根，而两根含有参数，不知两根的大小，因此须分类讨论函数 $f(x)$ 的单调区间，进而确定 $f(x)$ 在给定区间上的最大值。

解：$f'(x) = 3x^2 - 2ax$，令 $f'(x) = 0$，解得 $x_1 = 0$，$x_2 = \dfrac{2a}{3}$。

当 $\dfrac{2a}{3} \leq 0$，即 $a \leq 0$ 时，$f(x)$ 在 $[0, 2]$ 上单调递增，从而 $f(x)_{\max} = f(2) = 8 - 4a$。

当 $\dfrac{2a}{3} \geq 2$，即 $a \geq 3$ 时，$f(x)$ 在 $[0, 2]$ 上单调递减，从而 $f(x)_{\max} = f(0) = 0$。

当 $0 < \dfrac{2a}{3} < 2$，即 $0 < a < 3$ 时，$f(x)$ 在 $\left[0, \dfrac{2a}{3}\right]$ 上单调递减，在 $\left[\dfrac{2a}{3}, 2\right]$ 上单调递增，从而 $f(x)_{\max} = \begin{cases} 8 - 4a & (0 < a \leq 2) \\ 0 & (2 < a < 3) \end{cases}$。

综上所述，$f(x)_{\max} = \begin{cases} 8 - 4a & (a \leq 2) \\ 0 & (a > 2) \end{cases}$。

解题规律：本题由于函数解析式中含有参数，因此方程 $f'(x)=0$ 的根含有参数，在确定函数单调区间时要注意对参数 a 的讨论。本题的解答不是通过先确定函数在区间上的极值，再比较其与区间端点值的大小来求解的，而是利用函数单调性来求函数在各单调区间上的最值，再比较这些最值大小来求解的。

5. 导数与数学建模的问题

导数与数学建模的问题主要是利用函数、不等式与导数相结合设计实际应用问题，旨在考查考生在数学应用方面阅读、理解陈述的材料，综合应用所学数学知识、思想和方法解决实际问题的能力，这是高考中的一个热点。

例：统计表明，某种型号的汽车在匀速行驶中每小时耗油量 h（L）关于行驶速度 x（km/h）的函数解析式可以表示为 $h(x)=\dfrac{1}{128000}x^3-\dfrac{3}{80}x+8$（$0<x\leq120$）。已知甲、乙两地相距 100km。

（1）当汽车以 40km/h 的速度匀速行驶时，从甲地到乙地要耗油多少升？

（2）当汽车以多大的速度匀速行驶时，从甲地到乙地耗油最少？最少为多少升？

分析：第（1）小题直接根据所给函数的解析式进行计算；第（2）小题需根据条件建立耗油量 $h(x)$ 关于行驶速度 x 的函数关系式，再利用导数的知识进行解答。

解：（1）当 $x=40$ 时，汽车从甲地到乙地行驶了 $\dfrac{100}{40}=2.5$ 小时，要耗油

$$\left(\frac{1}{128000}\times40^3-\frac{3}{80}\times40+8\right)\times2.5=17.5\ (\text{L})。$$

答：当汽车以 40km/h 的速度匀速行驶时，从甲地到乙地耗油 17.5L。

（2）当速度为 $x$km/h 时，汽车从甲地到乙地行驶了 $\dfrac{100}{x}$ 小时，设耗油量为 $h(x)$升，依题意得

$$h(x)=\left(\frac{1}{128000}x^3-\frac{3}{80}x+8\right)\cdot\frac{100}{x}=\frac{1}{1280}x^2+\frac{800}{x}-\frac{15}{4}\ (0<x\leq120),$$

$$h'(x)=\frac{x}{640}-\frac{800}{x^2}=\frac{x^3-80^3}{640x^2}\ (0<x\leq120),\ 令\ h'(x)=0\ 得\ x=80。$$

当 $x\in(0,80)$ 时，$h'(x)<0$，$h(x)$ 是减函数；

当 $x\in(80,120)$ 时，$h'(x)>0$，$h(x)$ 是增函数。

∴ 当 $x=80$ 时，$h(x)$ 取到极小值 $h(80)=11.25$，因为 $h(x)$ 在（0，120〕上只有一个极值，所以它是最小值。

答：当汽车以 80km/h 的速度匀速行驶时，从甲地到乙地耗油最少，最少为 11.25L。

解题规律：解答类似于本题的问题时，可从给定的数量关系中选取一个恰当的变量，建立函数模型，然后根据目标函数的结构特征（非常规函数），确定运用导数最值理论去解决问题。

第二节　三角函数变换问题

一、高中三角函数的学习技巧

（一）联系实际背景理解三角函数的概念

新课标明确要求学生对高中数学概念的学习要达到对其本质的理解。数学概念是数学学习的基石，是客观事物的本质反映。学生较难理解三角函数的概念，因此要掌握好概念的本质内容，理解有关概念的背景也是相当必要的，这就要求教师不能一味地向学生陈述概念的内容，要在概念的教学方式方法上下功夫，从而启发学生重视对概念引入内容的学习，逐步培养学生主动联系概念实际背景的习惯，使概念的学习不再枯燥乏味，理解起来也比较容易，长期坚持也能够增强学生对数学学习的兴趣。

任意角这个概念并不难理解，任意角在生活中随处可见，如体操中的旋转动作和时间指针的转动等现象。通过联系生活中的实际现象认识任意角，这样学生接受起来更加容易。弧度制是角的另一种度量方法，然而很多学生一开始只知道角是度量角度大小的单位。在此，学生可以联系生活实际，回忆之前学习到的某些用于测量物体长度、面积、体积等大小的单位。如测量线段长度的度量单位有哪些，测量土地面积的度量单位有哪些等，进一步联想，既然角度也是有大小的，那么，除了角度制以外，是否还有其他度量角的大小的单位呢？学生通过创设情境，进行联想类比并提出问题，从而激发对角重新审视的兴趣，自我寻找并认识另一种度量角的方法——弧度制。

由于函数本身就是一个抽象的概念，因此，从函数的角度理解三角函数的周期性质对于大多数刚接触三角函数的学生来说比较难理解。在实际生活中，周期是指事物在运动变化过程中所重复出现的特征现象，把这种特征连续两次出现时所经过的时间称为"周期"。如潮汐现象、春夏秋冬的交替、红绿灯的变化等，这些都是学生生活中熟知的周期现象。学生可以通过生活中周期现象的例子感受什么是周期函数，理解周期函数的概念，从而进一步明确并找出三角函数的周期。

学生在学习过程中要多观察生活周边的例子，将抽象的概念生活化，抓住概念的本质内容并深刻记忆。如果学生只是盲目背诵概念的内容，而不重视其学习方法、明确其本质意义，就会对于条件较多或者变形过多的题目无从下手。因此，学生要注重概念引入的学习、掌握概念内容的本质特征、理解概念的内涵和外延，从而在解决问题的时候运用自如。

（二）利用多媒体模式解决三角函数变换问题

1. 多媒体学习认知理论

把能够揭示学生的多媒体学习认知机制称作多媒体学习认知理论。按照学生的心理工作方式设置的多媒体信息比没有按照学生的心理工作方式设置的多媒体信息更有意义，主要通过整合词语和画面进行有效的学习。多媒体以多种方式的整合向学生呈现课程的核心内容，它所呈现的知识形象活泼、具体、直观，改变了传统的学习模式。多媒体学习认知理论将学生的内部认知建构与学生的外部多媒体学习环境中呈现的信息相互联系，从而在理论和学科层面上促进了心理学和教育技术的交叉，在实践层面上启发了学生从几何学的角度理解代数问题，指导学生的有效学习。

2. 多媒体模式在高中三角函数中的应用

基于高中数学学科的特点，单一、传统的"一板一笔"的学习模式已经不能适应高中生的数学学习特点，尤其是对于平面或立体几何中涉及图像性质的问题。教师通过应用多媒体教学模式，不仅可以将抽象问题具体化、静态问题动态化、复杂问题简单化、呆板问题生动化，而且可以使学生更加直观地感知数学知识。多媒体教学模式不仅丰富了数学课堂教学，而且能够提高学生的学习效率。要深入理解三角函数的变换过程，学生必须很好地掌握振幅、周期、相位变换之间的相互作用和变换的具体步骤，并灵活运用各种变换模式。

因此，学生在学习这部分内容时，要注意观察老师运用"五点法"作图的过程以及运用计算机演示图像变化的过程。如果学生是用以往普通的学习方法学习三角函数的图像性质，不仅浪费自身宝贵的课堂时间，而且会挫败学生对数学的学习耐性，导致其不再关注图像的变化过程，只会"做死题、死做题"。学生要注意观察图像的动态演示过程，学会对比函数图像，能够触类旁通，类比其他三角函数的变换过程，从而更加准确地总结单个变量对图像的影响。

（三）通过变式训练提高解题能力

变式训练是把数学概念、性质、定理及公式从不同的角度、层次等做出相应的变化，但所反映的问题实质与变化前的题目是一致的。变式训练有很多典型的变形方法，如一题多变、一题多解、一题多问、多题一解等，它是提高学生解题能力行之有效的方法之一。在变式训练的过程中，学生要学会全方位地从不同的角度分析老师给出的问题，灵活运用所学知识，确定解题方案，避免盲目解题，从而进一步明晰解题思路，发散解题思维，对同样的题目获得不同的解题方法，使解题过程更加灵活简便，从而进一步提高解题能力。

三角函数这一部分的关系式较多，与之对应的题目也非常多，学生要想熟练并深刻记忆这部分知识，仅仅靠掌握基本的公式是不够的，更重要的是能够运用这些公式找到更合适的解题技巧和解题方法。变式训练就是一个很好的途径，学生通过做一个题目就能会一类题目，再将同一类题目变形出不同的表达形式：可以改变已知条件，看看是否会有相同的结论出现。如可以将已知条件和结论互换，体会如何逆向思维思考问题；也可以通过添加条件增大题目的难度；还可以将证明题变形成解答题或者将解答题变形成证明题，从而找到同种类型不同题目的解法，既避免了"题海战术"，又节省了大量的学习时间。下面以三角函数的诱导公式为例进行说明。

例：已知 $f(\cos x) = \cos(17x)$，求证 $f(\sin x) = \sin(17x)$。

证明：根据已知条件，应用诱导公式有：

$$f(\sin x) = f\left[\cos\left(\frac{\pi}{2} - x\right)\right] = \cos\left[17\left(\frac{\pi}{2} - x\right)\right] = \cos\left(8\pi + \frac{\pi}{2} - 17x\right)$$

$$= \cos\left(\frac{\pi}{2} - 17x\right) = \sin(17x)。$$

变式训练：已知 $f(\sin x) = \sin[(4n+1)x]$，求 $f(\cos x)(n \in \mathbf{N})$。

解：

$$f(\cos x) = f\left[\sin\left(\frac{\pi}{2} - x\right)\right] = \sin\left[(4n+1)\left(\frac{\pi}{2} - x\right)\right]$$

$$= \sin\left[2n\pi + \frac{\pi}{2} - (4n+1)x\right]$$

$$= \sin\left[\frac{\pi}{2} - (4n+1)x\right] = \cos[(4n+1)x]$$

二、高中三角函数题目的解析分析

（一）高中三角函数基础题型的错解分析

1. 从所学的知识方面对学生错解的原因进行分析

有关数学学科的各个知识点都是环环相扣的，学生在处理数学问题时需要将所学的各类基础知识以及所具有的各种解题技巧综合起来，而不是独立地面对某一内容。但是，大多数学生总是将三角函数的学习与其他数学内容分割开来，片面地认为这方面的题目出现错误了，认为三角函数这一块内容没有掌握好。下面主要从学生对知识点的掌握程度分析各类问题错解的原因。

（1）非三角函数知识所产生的错误。

例1：若一个扇形的面积是 $7cm^2$，周长是 1m，求这个扇形的圆心角。

分析：本题主要对扇形的面积公式、弧长公式以及二元二次方程组的求解方法进行考查。

对于能独立写出扇形的面积公式 $S = \frac{1}{2}lr$ 和弧长公式 $l = \theta r$ 的学生，无论是在解方程组 $\begin{cases} 2r + l = 11 \\ \frac{1}{2}lr = 7 \end{cases}$，还是解方程组 $\begin{cases} (2 + \theta)\,r = 11 \\ \frac{1}{2}\theta r^2 = 7 \end{cases}$ 时均出现错误，甚至有的学生干脆不解。造成学生不会求解的原因主要是他们不清楚"二元二次方程组"的具体解法。原来这个知识点并没有单独作为一节内容编入中学教材中，尽管教师在教学过程中会补充这部分内容，但并未引起学生的高度重视。再者，要提高学生数学的运算能力，需要大量的训练才能够加强学生对这一程序性知识的巩固。如果这个知识点学生没有很好地掌握并巩固，在以后的解题过程中就很容易出现类似的错误。

例2：求函数 $f(x) = \lg\sin 2x + \sqrt{9 - x^2}$ 的定义域。

分析：本题的思路很明晰，对对数函数和二次根式的定义域求交集即可。但是，在求解的背后同时蕴含了通过三角函数线来解三角不等式这一知识点的考查。主要出现的错误有以下三个方面：一是学生不会用正弦线找出角的范围；二是学生粗心大意遗漏了二次根号下的代数式可以为零的情形；三是学生没有理解教材中交集的含义，在最终求解交集时出现错误。

（2）解答需用多个知识点解决的问题时出现错误。在分析部分普遍性错误时发现，对于考查的知识点比较单一的题目，学生分析起来比较容易，也就好解答。但是，如果题目考查的知识点较多，由于每个学生对各个知识点的掌握情况总会有差距，就会导致学生在部分环节上出现不同的问题，从而增加了错解的概率。

例：化简 $\cos(-351°)\cos261° + \cos189°\cos(-81°)$。

分析：乍一看本题似乎与教材中的课后练习题较为近似，但是为什么学生还会出现不同的错误答案呢？原因很明显，由于本题所考查的知识点单一，仅仅是对诱导公式的考查，所以频频出现错误的原因也就在于学生对诱导公式的掌握和应用上存在问题。针对本题，学生需要多次使用正弦函数的各类诱导公式。即使计算过程没有任何问题，但是只要诱导公式有一次变形错误，如正负号写错，就很可能导致最终的结果出现差错。这类反复考查同一知识点并且需要大量的机械运算才能求其结果的题目，往往会造成普遍性的错误。

（3）对基础知识的掌握不牢固造成的错误。数学概念、定义、性质、公式等基本知识是数学学科的主干知识，是正确解题的必要前提准备。如果学生基础知识都不能掌握好，解题就是纸上谈兵。

例：用五点法作出函数 $f(x) = 2\sin\left(2x - \dfrac{1}{6}\pi\right)$ 的图像，并说出它是怎样由函数 $y = \sin x$ 的图像变化而来的。

分析：本题主要考查诱导公式和正弦函数 $y = A\sin(\omega x + \varphi)$ 的图像变化这两个知识点。图像变换是一种程序性知识，顺利完成该变换的关键是处理好这三种变换（周期变换、相位变换、振幅变换）的位置次序。关于函数 $y = A\sin(\omega x + \varphi)$ 的图像变换是高考中的重点内容，要注意角的变换和每一步的变换次序。学生对诱导公式的运用灵活自如，能够顺利完成 $y = \sin x$ 到 $f(x) = 2\sin\left(x - \dfrac{1}{6}\pi\right)$ 的正确变形，而问题出现比较多的是从函数 $f(x) = 2\sin\left(x - \dfrac{1}{6}\pi\right)$ 的图像到函数 $f(x) = 2\sin\left(2x - \dfrac{1}{6}\pi\right)$ 的图像的变换过程。

2. 从所出错误的类型对学生错解的原因进行分析

（1）无法准确确定各变量之间的关系导致的错误。

例：已知 $\cos\beta = \dfrac{1}{2}$，$\sin(\alpha + \beta) = \dfrac{3}{4}$ $\left[\text{其中}, \alpha \in \left(0, \dfrac{\pi}{2}\right), \beta \in \left(-\dfrac{\pi}{2}, \dfrac{\pi}{2}\right)\right]$，求 $\sin\alpha$ 的值。

分析：题目已知角 β 和角 $\alpha + \beta$ 的三角函数值，而要求的是 α 的正弦值，所以学生可以考虑把角 α 写成 $\alpha = (\alpha + \beta) - \beta$ 的形式，再应用两角和差的正弦公式将已知条件整体代入进行求解。

有部分学生先直接根据平方公式 $\cos^2\beta = 1 - \sin^2\beta$ 求出 $\sin\beta$ 的值，然后再结合公式 $\sin(\alpha + \beta) = \sin\alpha\cos\beta + \cos\alpha\sin\beta$ 与 $\sin^2\alpha + \cos^2\alpha = 1$，代入数值求解二元方程，从而得到 $\sin\alpha$ 的值。这类多次运用公式求解不同的三角函数值的方法，在初学者身上比较常见，但是往往由于学生不能够准确地判断角的范围而产生一些错误。

（2）缺少整体思想而导致化简复杂。通过调查发现，很多学生在做题时缺乏整体思想，不能周全考虑各类情况，这样不仅会导致解题过程复杂，而且很容易出现错误。

例：求证 $\dfrac{\sin(k\pi - \alpha)\cos(k\pi + \alpha)}{\sin[(k+1)\pi + \alpha]\cos[(k+1)\pi + \alpha]} = -1$（其中 $k \in \mathbf{Z}$）。

证明：若能够运用整体思想设 $k\pi + \alpha = A$，即 $\alpha = A - k\pi$，代入等式的左边，将其进行变形，就有 $\dfrac{\sin(2k\pi - A)\cos A}{\sin(\pi + A)\cos(\pi + A)} = \dfrac{-\sin A\cos A}{\sin A\cos A} = -1$，这样就不需要对 k 进行讨论了。

（3）忽视隐含条件导致的错误。学生要学好数学知识，善于发掘数学问题的隐含条件是十分重要的，它不仅能帮助学生提高解决问题的实际效率，同时也能促使学生发现新的数学问题，从而培养学生的数学思维，带领学生探索数学的奥秘。尤其是在涉及有关三角形的三角函数问题中，隐含了条件内角和等于180°，切记不能忽视角的可取范围，因为它直接影响三角函数的取值符号。

例：已知在 $\triangle ABC$ 中，$\sin A = \dfrac{4}{5}$，$\cos B = -\dfrac{12}{13}$，求 $\cos C$ 的值。

分析：本题与一般考查三角函数公式的不同之处在于它是在三角形中考查学生对两角的和与差的正弦公式的熟知程度。其中蕴含了 $\angle A + \angle B + \angle C = \pi$ 和 $\angle A$ 为锐角这两个隐含条件。$\angle A + \angle B + \angle C = \pi$ 这个隐含条件很明显，即求 $\cos C$ 的问题等同于求 $\cos(A + B)$ 的问题。

因为 $0 < B < \pi$ 且 $\cos B = -\dfrac{12}{13}$，所以角 B 是钝角，那么角 A 和角 C 只能是锐角，但是角 A 为锐角这一隐含条件大多数学生未能发现，导致在求 $\cos A$ 的时候出现错误，从而影响最终 $\cos C$ 的值。

（二）高考三角函数重难点问题的解法分类

（1）可化为 $f(x) = A\sin(\omega x + \varphi) + b$ 型的三角函数问题。这类题目的表达式一般比较复杂，主要考查三角函数的基本性质，通过对其化简整理来找到相关的性质。针对这类问题，解题方法是通过三角恒等变换将所给的三角函数化简成 $f(x) = A\sin(\omega x + \varphi) + b$ 或者 $f(x) = A\cos(\omega x + \varphi) + b$ 的形式。首先通过"降幂扩角"将表达式化为单角，再通过三角恒等变换将其化简成标准形式。

（2）三角函数和二次函数的复合问题。这类问题是把原函数中的三角函数作为内函数，而把二次函数作为外函数复合，或把二次函数作为内函数，而把三角函数作为外函数再复合，通过"降幂扩角"，采用换元的方法构造复合函数从而进行求解。将解析式中所有角均化为单角，使得只有一个三角函数名出现。

三、三角函数变换策略

三角函数属于高中数学中的关键内容，因三角变换灵活多样、种类繁多，学生学习和掌握起来较为困难，很多学生面对此类题目一筹莫展。不过三角变换并非无规律可循，学生在学习此类知识的过程中，要不断总结方法，掌握变换的基本规律，遇到难度较大的题目时，能够采用恰当的解题方式与基本公式，将复杂的高难度问题转变成简单的基础性题型，从而实现合理变换，提高解题效率。

（一）函数名称变换

三角函数包括六种形式，因此，对于含有多种三角函数的问题，要从题目中所给的各函数间的关系入手，寻求统一函数名称的变换途径，正确选用三角变换公式，通过变换尽量减少三角函数的种类，可以使问题得到快速的解决。

例1：若 $\sin(\alpha + \beta) = \dfrac{1}{2}$，$\sin(\alpha - \beta) = \dfrac{1}{10}$，求 $\dfrac{\tan\alpha}{\tan\beta}$。

解：由 $\sin(\alpha + \beta) = \dfrac{1}{2}$，$\sin(\alpha - \beta) = \dfrac{1}{10}$，

得 $\begin{cases} \sin\alpha\cos\beta + \cos\alpha\sin\beta = \dfrac{1}{2} \\ \sin\alpha\cos\beta - \cos\alpha\sin\beta = \dfrac{1}{10} \end{cases}$，

解得 $\sin\alpha\cos\beta = \dfrac{3}{10}$，$\cos\alpha\sin\beta = \dfrac{1}{5}$，

$$\therefore \frac{\tan\alpha}{\tan\beta} = \frac{\sin\alpha\cos\beta}{\cos\alpha\sin\beta} = \frac{3}{2} \, .$$

例2：当 $0 < x < \dfrac{\pi}{4}$ 时,函数 $f(x) = \dfrac{\cos^2 x}{\cos x \sin x - \sin^2 x}$ 的最小值是（A）。

(A) 4　　　　(B) $\dfrac{1}{2}$　　　　(C) 2　　　　(D) $\dfrac{1}{4}$

分析：注意函数的表达式的分子与分母是关于 $\sin x$ 与 $\cos x$ 的二次式，所以，分子与分母同时除以$\cos^2 x$ 转化为关于 $\tan x$ 的函数进行求解。因为 $0 < x < \dfrac{\pi}{4}$，所以 $0 < \tan\alpha < 1$。

因而 $f(x) = \dfrac{1}{\tan x - \tan^2 x} = \dfrac{1}{-\left(\tan x - \dfrac{1}{2}\right)^2 + \dfrac{1}{4}} \geqslant 4$ ，故选 A。

评注：切、割化弦，弦化切是解答三角函数问题中对函数名称进行转化的非常常见的、基本的两种方法：

（1）若所给的三角式中出现了"切、割函数"，则可利用同角三角函数基本关系将"切、割函数"化为"弦函数"进行求解、证明。

（2）若所给的三角式中出现了"弦函数"与"切函数"，有时可以利用公式 $\tan x = \dfrac{\sin x}{\cos x}$ 将"弦函数"化为"切函数"进行解答。

（二）角度变换

在高中数学课程中，三角函数既是重点又是难点，在计算相关问题时，学生一定要厘清题目中已知角与未知角之间的相互关系，利用角度之间的等量关系进行变换，从而形成正确的解题思路。因此在平常的学习中，应当结合实际题目根据角度之间的等量关系来变换，在不断实践中灵活运用拼角、拆角的方式来分析题目，找到新的解题切入点，弄清题目中各个角度之间的关系，最终有效解决三角函数问题，增强解题自信，提升数学学习的效率。

当已知条件中的角与所求角不同时，需要通过拆、配等方法实现角的转化，一般是寻求它们的和、差、倍等关系，再通过三角变换得出所求的结果。

例：函数 $y = 2\sin\left(\dfrac{\pi}{3} - x\right) - \cos\left(\dfrac{\pi}{6} + x\right)(x \in \mathbf{R})$ 的最小值等于（C）。

A. -3　　　　B. -2　　　　C. -1　　　　D. $-\sqrt{5}$

分析：注意题中所涉及的两个角的关系。$\left(\dfrac{\pi}{3}-x\right)+\left(\dfrac{\pi}{6}+x\right)=\dfrac{\pi}{2}$，所以将函数 $f(x)$ 的表达式转化为 $f(x)=2\cos\left(\dfrac{\pi}{6}+x\right)-\cos\left(\dfrac{\pi}{6}+x\right)=\cos\left(\dfrac{\pi}{6}+x\right)$，故 $f(x)$ 最小值为 -1，选 C。

评注：常见的角的变换包括 $\alpha=(\alpha+\beta)-\beta$，$2\alpha=(\alpha+\beta)+(\alpha-\beta)$，$2\alpha-\beta=\alpha+(\alpha-\beta)$，$\beta=\dfrac{\alpha+\beta}{2}-\dfrac{\alpha-\beta}{2}$，$\left(\dfrac{3\pi}{4}+\beta\right)-\left(\dfrac{\pi}{4}-\alpha\right)=\dfrac{\pi}{2}+(\alpha+\beta)$，$\left(\alpha+\dfrac{\pi}{4}\right)+\left(\beta-\dfrac{\pi}{4}\right)=\alpha+\beta$。只要对题设条件与结论中所涉及的角进行仔细的观察，就会发现角之间的关系。

（三）公式变换使用

使用任何一个公式都要注意它的逆向变换、多向变换，这是灵活、深刻地使用公式所必需的，尤其是三角公式众多时，把这些公式变活，就显得更加重要。

三角公式是变换的依据，应熟练掌握三角公式的顺用、逆用及变形应用，如 $\cos\alpha=\dfrac{\sin2\alpha}{2\sin\alpha}$，$\tan\alpha\pm\tan\beta=\tan(\alpha\pm\beta)(1\mp\tan\alpha\tan\beta)$ 等。

例：求 $\dfrac{(\sqrt{3}\tan12°-3)\ \csc12°}{4\cos^2 12°-2}$。

解：先看角，都是 $12°$；再看名，需将切割化为弦，最后在化简过程中再看变换。

$$原式=\dfrac{\left(\dfrac{\sqrt{3}\sin12°}{\cos12°}-3\right)\dfrac{1}{\sin12°}}{4\cos^2 12°-2}\quad（切、割化为弦）$$

$$=\dfrac{\sqrt{3}\sin12°-3\cos12°}{2\sin12°\cos12°(2\cos^2 12°-1)}=\dfrac{2\sqrt{3}\left(\dfrac{1}{2}\sin12°-\dfrac{\sqrt{3}}{2}\cos12°\right)}{\sin24°\cos24°}\quad（逆用二倍角）$$

$$=\dfrac{2\sqrt{3}(\sin12°\cos60°-\cos12°\sin60°)}{\sin24°\cos24°}\quad（常数变换）$$

$$=\dfrac{4\sqrt{3}\sin(12°-60°)}{2\sin24°\cos24°}\quad（逆用差角公式）$$

$$=\dfrac{4\sqrt{3}\sin(-48°)}{\sin48°}=-4\sqrt{3}\quad（逆用二倍角公式）$$

注意：要养成逆用公式的意识，熟悉材料给出的三角函数基本公式的同时，如果学生熟悉其他变通形式，可以拓展解题思路。

（四）升幂与降幂变换

分析三角函数中的次数，是低次的升次，还是高次的降次，要充分结合题中的要求，正确选用半角公式或倍角公式等三角函数公式，达到次数的统一。

例：已知 α 为第二象限角，且 $\sin\alpha = \dfrac{\sqrt{15}}{4}$，求 $\dfrac{\sin\left(\alpha + \dfrac{\pi}{4}\right)}{\sin 2\alpha + \cos 2\alpha + 1}$ 的值。

分析：由于已知条件中知道 $\sin\alpha$ 的值，而所求三角函数式中所涉及的角是与 α 有关的复角，因此可利用同角三角函数的基本关系式、二倍角公式以及三角函数式的恒等变形进行解答。

解：原式 $= \dfrac{\dfrac{\sqrt{2}}{2}\left(\sin\alpha + \cos\alpha\right)}{2\sin\alpha\cos\alpha + 2\cos^2\alpha} = \dfrac{\sqrt{2}\left(\sin\alpha + \cos\alpha\right)}{4\cos\alpha\left(\sin\alpha + \cos\alpha\right)}$，

当 α 为第二象限角，且 $\sin\alpha = \dfrac{\sqrt{15}}{4}$ 时，$\sin\alpha + \cos\alpha \neq 0$，$\cos\alpha = -\dfrac{1}{4}$，

所以 $\dfrac{\sin\left(\alpha + \dfrac{\pi}{4}\right)}{\sin 2\alpha + \cos 2\alpha + 1} = \dfrac{\sqrt{2}}{4\cos\alpha} = -\sqrt{2}$。

注意：解答本题的关键是将含有二倍角的一次式转化为二次式，消去常数 1。

（五）常数变换

例：已知 $\tan\left(\dfrac{\pi}{4} + \alpha\right) = 2$，求 $\dfrac{1}{2\sin\alpha\cos\alpha + \cos^2\alpha}$ 的值。

分析：由已知易求得 $\tan\alpha$ 的值，而所求三角函数式中的分母所涉及的函数是正、余弦函数，且各式都为二次式，而分子是常数 1，可将 1 化为 $\sin^2\alpha + \cos^2\alpha$，再利用同角三角函数基本关系将所求式转化为正切函数进行求解。

解：由 $\tan\left(\dfrac{\pi}{4} + \alpha\right) = \dfrac{1 + \tan\alpha}{1 - \tan\alpha} = 2$，

得 $\tan\alpha = \dfrac{1}{3}$，于是原式 $= \dfrac{\sin^2\alpha + \cos^2\alpha}{2\sin\alpha\cos\alpha + \cos^2\alpha} = \dfrac{\tan^2\alpha + 1}{2\tan\alpha + 1} = \dfrac{2}{3}$。

注意：对于题中所给三角函数式中的常数，比照特殊角的三角函数值，将它们化为相应的三角函数，参与其他三角函数的运算，在解题中往往起着十分

奇妙的作用。

总之，对于高中数学中的三角函数变换，无论是解题方式还是题目，都需要遵循由难到易、由繁到简的基本原则。学生要在老师的指导下掌握牢固三角函数中的公式、原理、概念等，根据题目随机应变，选择合适的变换方式，最终快速、正确地求得答案，真正提升解题效率。

四、高中三角函数的应用

对于某些实际问题，学生可以将题目内容转化为简单的示意图，如果示意图是与三角形有关的图形，就把与实际问题有关的这个图形中的三角形称为三角模型。建立三角模型的关键是审清题意，画出与三角形有关的示意图，抽象出的图形可能是一个或几个三角形，也可能是三角形与其他图形的结合，统称为三角模型。

三角模型是几何模型中的一个主要模型。实际上在初中阶段，学生就已经接触到了许多三角模型，如全等三角模型、相似三角模型、直角三角模型等。高中阶段，除了对初中阶段的三角模型的应用外，还对其进行了推广，即对较复杂的三角模型的应用，其实求三角模型的过程就是解三角形的过程。因此，高中阶段有关三角模型的具体求解过程复杂，常常要借助正弦定理、余弦定理、勾股定理等与解三角形有关的基础知识，它更广泛的是考查三角模型在距离、路程、高度等测量问题中的应用，并且有关这类问题常常会涉及俯角、仰角、坡度等基本概念。表 6 – 2 – 1 归纳了三角模型所涉及的有关内容。

表 6 – 2 – 1　三角模型有关内容（表格来源：高中三角函数的学习研究）

知识点	内容	应用
仰角、俯角、方向角	以水平线为准，视线在水平线上方时，视线与水平线所成的角称仰角；视线在水平线下方时，视线与水平线所成的角称俯角；将指南或指北方向的线与目标方向线所成的小于90°的夹角称方向角	测量问题、航海问题
正弦定理	设 $\triangle ABC$ 的三边分别是 a、b、c，则 $\dfrac{a}{\sin A} = \dfrac{b}{\sin B} = \dfrac{c}{\sin C}$	求有关三角形的边或角

续　表

知识点	内容	应用
余弦定理	$\cos A = \dfrac{b^2 + c^2 - a^2}{2bc} \Leftrightarrow a^2 = b^2 + c^2 - 2bc\cos A$ $\cos B = \dfrac{a^2 + c^2 - b^2}{2ac} \Leftrightarrow b^2 = a^2 + c^2 - 2ac\cos B$ $\cos C = \dfrac{a^2 + b^2 - c^2}{2ab} \Leftrightarrow c^2 = a^2 + b^2 - 2ab\cos C$	求有关三角形的边或角
勾股定理	设 Rt $\triangle ABC$ 的两条直角边分别是 a、b，斜边是 c，则 $a^2 + b^2 = c^2$	求有关三角形的边长

第三节 不等式问题

一、不等式的知识要点

高中时期的数学内容，不等式属于一个重要知识点，在对高中数学中的一些其他知识进行解答时会用到不等式的相关内容，如方程以及函数等。所以，学生对不等式具体理解与掌握程度会对其最终的学习效果造成影响。而学生在对不等式有关内容进行学习时，经常会遇到一些困难，如对不等式进行等价变形时，很多学生都无法对不等式具有的基础解法和同解原理加以正确运用，还有不少学生遇到不等式有关问题时没有相应的解题思路，这都对学生的学习效果造成较大影响。不等式是解决数学问题的重要工具，也是高中数学的一个重要基础，它几乎渗透了高中数学的各个部分。不等式的内容有：不等式的概念，不等式的性质及其应用，不等式的解法和不等式的证明。

（1）理解不等式的性质并能熟练应用。理解绝对值不等式的性质，并能解决简单的应用问题。

性质 1（对称性）：若 $a > b$，则 $b < a$。

性质 2（传递性）：若 $a > b$ 且 $b > c$，则 $a > c$。

性质 3：若 $a > b$ 且 $c > d$，则 $a + c > b + d$。

性质 4：若 $a > b$ 且 $c > 0$，则 $ac > bc$；若 $a > b$ 且 $c < 0$，则 $ac < bc$。

性质 5：若 $a > b > 0$ 且 $c > d > 0$，则 $ac > bd$。

性质 6：若 $a > b > 0$，则 $a^n > b^n$；若 $a > b > 0$，则 $\sqrt[n]{a} > \sqrt[n]{b}$。

性质 7：$|a| - |b| \leqslant |a + b| \leqslant |a| + |b|$。

（2）掌握解一元一次不等式、一元二次不等式、简单的分式不等式、绝对值不等式的方法。不等式的求解过程是一个同解变形的过程，学生在求解的过程中特别要注意保持解集的一致性。

（3）掌握用分析法、综合法、比较法证明简单的不等式。在证明的同时，要了解有关数学思想的具体应用，如化归思想（等价转换）、逆向思维（分析、反证法）等；了解证明不等式中的一些常用的技巧与技能，如三角代换、换元法、放缩法、函数（单调性）在求最值中的应用；数学归纳法、数形结合的解题方法等。

（4）学生在熟练掌握不等式性质、定理和各类不等式解法、证明方法的基础上，能正确、合理、灵活地运用不等式的知识解决有关问题。如讨论函数性质（定义域、值域、单调区间的求解，单调性的证明），方程中根的分布问题，解析几何中有关范围的问题，数列的最值问题、单调性的讨论，三角函数、立体几何中的最值问题，将实际问题中的量的关系转化为不等式进行求解或证明问题等。

二、不等式的解题方法

高中数学学习中，不等式是学生学习的一个重点及难点，其和很多知识都存在关联，并且和这些知识结合起来考查，这样就增大了学生的解题难度。所以，学生需要对不同题型对应的解法、方法加以掌握，这样才能促使解题效率得以提高。

（一）构造函数，化难为易

函数思想是变量与变量之间的一种对应思想，是数学解题中常用的思维策略。有些不等式问题若直接采用常规解法，难度较大，不易入手。此时，学生若能结合不等式的结构特征，巧妙地构造函数关系式，将不等式问题转化为函数问题，运用函数相关知识来分析和解决问题，则可以化难为易，避繁就简。

例：求证 $\dfrac{|a+b|}{1+|a+b|} \leqslant \dfrac{|a|+|b|}{1+|a|+|b|}$ 。

分析：仔细观察不等式的两边，不难发现分母比分子均大 1，且 $|a+b| \geqslant 0$，$|a|+|b| \geqslant 0$，所以可以构造函数 $f(x) = \dfrac{x}{1+x}$，$x \in [0, +\infty)$。由 $f(x) = \dfrac{x}{1+x} = 1 - \dfrac{1}{1+x}$，知 $f(x)$ 在 $[0, +\infty)$ 上单调递增。又因为 $|a+b| \leqslant |a|+|b|$，所以 $f(|a+b|) \leqslant f(|a|+|b|)$，即 $\dfrac{|a+b|}{1+|a+b|} \leqslant \dfrac{|a|+|b|}{1+|a|+|b|}$ 。

构造函数法是求解不等式问题常用的方法。上述问题的解题关键在于通过构造函数，将不等式问题转化为函数问题，利用函数性质解决问题，巧妙地避开了繁算。

（二）换位思考，主元变更

主元变更法，即在解决数学问题时，尤其是在解含参变量的方程、函数、不等式问题时，将式子中的主元与参变量换位，从而达到求解目的。巧用主元变更法解题，不仅可以简化问题，使问题迎刃而解，还可以锤炼学生换位思考和多向思维能力。

例：设不等式 $2x - 1 > m(x^2 - 1)$ 对满足 $|m| \leq 2$ 的一切实数 m 都成立，求 x 的取值范围。

分析：对于本题，受思维定式的影响，许多学生容易将它看成关于 x 的不等式进行讨论，结果求解之路烦琐，还容易无功而返。此时，可以转换思维视角，以 m 为变量，即转换为关于 m 的一次不等式 $m(x^2 - 1) - (2x - 1) < 0$ 在 $[-2, 2]$ 上恒成立的问题。

解：设 $f(m) = (x^2 - 1)m - (2x - 1) < 0$，则问题转化为一次函数 $f(m)$ 的值在 $[-2, 2]$ 内恒为负值时，参数 x 应满足条件 $\begin{cases} f(2) < 0 \\ f(-2) < 0 \end{cases}$，易得 $x \in \left(\frac{\sqrt{7} - 1}{2}, \frac{\sqrt{3} + 1}{2} \right)$。

在面对两个或多个变元的不等式问题时，学生要善于换位思考，另辟蹊径，选择其中的一个变元为主元，视其他变元为参量，这样可以使问题豁然开朗，柳暗花明。

（三）数形结合，以形助数

在求解一些不等式问题时，若能挖掘问题背后的几何意义，以"形"助"数"，巧用数形结合思想解题，则可以使抽象的问题直观化、复杂的问题简单化，从而快速找到解题切入点，顺利解题。

例：若不等式 $\sqrt{4x - x^2} > (a - 1)x$ 的解集为 $\{x \mid 0 < x < 2\}$，求 a 的值。

解：令 $y = \sqrt{4x - x^2}$，即 $(x - 2)^2 + y^2 = 4$ $(0 \leq y \leq 2)$，其图像为上半圆。$y = (a - 1)x$ 为过原点的直线，如图 6-3-1 所示，因解集为 $0 < x < 2$，则

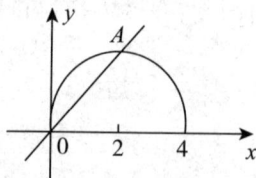
图 6-3-1 例题图

直线必过 A（2，2），故 $2=2(a-1) \Leftrightarrow a=2$。

数形结合是高中数学重要的思想方法和解题策略，在求解代数问题时，若能以图形形式直观地表现出来，则可以使解题思路清晰明朗，可以更加简捷地解题。

总而言之，高中数学的不等式解题策略灵活多样，不拘一格。在学习中，学生应逐渐学会融会贯通，从多角度、多方位辩证地思考和分析问题，从而发展数学思维，提高解题能力。

三、不等式的解题思维

高中生要想切实地解决好相应的不等式问题，首先需要做到的就是熟练掌握相应的基础知识，构建出相应的宏观体系。需要明白的就是，要想在解决题目的过程当中正确地列出相应的答题思路，就需要具备相应的理论基础知识。因此，高中生在学习高中数学不等式知识的时候，一定要对理论知识加强理解和学习，练习不同的习题，以达到分层递进、先易后难的学习目标，最终所要达到的状态就是切实掌握相应的不等式解题思维。

（一）注重不等式问题的分类讨论及全面分析解题思想

在学习高中数学知识的过程中，学生经常会遇到一种解题思想，那就是分类讨论思想。分类讨论思想在高中数学的解题应用中非常常见，对于不等式问题的分类讨论来说，更为常见。高中生在学习解答相应的不等式问题分类讨论的时候，可以充分地培养自身的独立思考能力和相应的数学知识探究精神，自身的知识回顾和灵活运用都能够得到很好的消化。学生通过练习不等式的习题，能够很好地接触到多种条件，这可以帮助学生厘清诸多条理，并且在练习习题的过程中，将会使分类讨论的方法得到全面的理解与落实，从而有效地避免不等式解题中出现漏洞，进而达到对每个条件进行分析讨论和全面解答的目的。

（二）运用增加变量的方式，进行不等式方程的换元解答

观察高中不等式的学习可以明确地发现，其大多数都是使用字母表示方式进行展现的，这种特性也就对高中学生整理学习思路进行了相应的考验。正因为如此，学生在解答一些变量较多或者变量间关系不明确、不清楚的不等式问题的时候，可以采取相应的换元解题思维进行有效的解答，它可以充分起到简化题目的效果。学生需要了解的是换元解答的解题思维（可以切实地帮助学生

在头脑中树立相应的答题思路），在学习的时候应当切实地对这种类型的问题做到相应的重视，并加强相应的练习，最后熟练地运用。

例：已知一元二次不等式为 $\frac{1}{m^2}+m^2-\frac{5}{m}-5m+8>0$，试求 m 的解集范围。

解：根据对题目的相应分析，可以明确地看出，不等式方程拥有多个 $\frac{m+1}{m}$，就可以采用相应的换元法，如用字母 z 进行换元代替，那么 $\frac{1}{m^2}+m^2$ 就可以被换成 z^2-2，$\frac{5}{m}+5m$ 就可以被换元成 $5z$，原不等式就被相应地简化成了 $z^2-5z+6=0$，可以解得 $z_1=2$，$z_2=3$，也就是 $m+\frac{1}{m}=2$ 或 3。最终的解集范围也就确定了。

如果说此不等式方程不采用相应的换元思维进行求解，那么整体的解答过程将会异常复杂，并且极其容易出错，因此，高中生在学习的时候应当掌握此种解题方法。

第四节 复数问题

一、复数的概念

实数的运算法则大家都比较熟悉，在实数的基础上增加新数 i 并将其记作 $a + bi$，然后再用实数 b 与 i 相乘，并记作 bi，再将两则运算相加，就得到复数的形式 $a + bi$。其中，a、b 都属于实数 **R**。学生对复数的认识存在前后两个阶段。第一阶段是复数的产生，主要是学生在数学领域中，求解某些三次方程时发现了负数开平方的形式，并且部分三次方程的三个实数根客观存在。而这与人们之前的认知存在矛盾，为了解释这一问题，研究者便引入了复数这一概念，并将其看作部分三次方程的形式解。第二阶段是研究者发现在研究平面旋转运动时，复数及其运算能够为其建立有效的模型，复数理论被人们所认知并得到了重视。复数与实数一样，也存在四则运算，但其计算形式、结果内涵与实数不同。复数具备典型的二元数特征，其发展过程是随着生产和科学而发展的，是实数集的扩充。由于解方程的需要，研究者开始在数集领域中引入新数，即 i，i 只是一个虚数单位。在高中负数方程问题中，研究者规定 $i^2 = -1$，而复数就是建立在此项基础之上的。复数主要有：共轭复数，其表达式为 $z = a - bi$。复数在高中数学解题中的应用主要有：利用复数求函数的值，利用复数证明三角函数以及合理应用复数的运算法则等。

二、复数在高中数学解题中的应用分析

（一）利用复数求函数的值

在高中数学的函数类题目中，利用复数的相关知识求解函数的值域，能够有效降低解题难度，提高解题的准确性。

例：已知 x 属于 **R**，试求函数 $y = \sqrt{x^2 + x + 1} - \sqrt{x^2 - x + 1}$ 的值域。

分析：根据题目的相关条件，按照常规方法求解函数 y 的值域，需要先求

出函数的定义域，然后再利用函数的相关性质对其进行求解。其过程相对复杂，并且在计算的过程中容易出错。但如果利用复数知识来解答此道题目，其解题过程则会相对简单。其具体解题过程如下：

解：因 $y = \sqrt{x^2 + x + 1} - \sqrt{x^2 - x + 1}$，对其进行化简可得，$y = \sqrt{\left(x + \frac{1}{2}\right)^2 + \left(\frac{\sqrt{3}}{2}\right)^2} - \sqrt{\left(x - \frac{1}{2}\right)^2 + \left(\frac{\sqrt{3}}{2}\right)^2}$，然后据此构造复数：$Z_1 = \left(x + \frac{1}{2}\right) + \frac{\sqrt{3}}{2}i$，$Z_2 = \left(x - \frac{1}{2}\right) + \frac{\sqrt{3}}{2}i$。再根据复数的模的性质可得 $y = |Z_1| - |Z_2|$。

因 $|Z_1| - |Z_2| \leq |Z_1 - Z_2| = \left|\left(x + \frac{1}{2}\right) + \frac{\sqrt{3}}{2}i - \left(x - \frac{1}{2}\right) - \frac{\sqrt{3}}{2}i\right| = 1$，当且仅当 $Z_1 = kZ_2$ 时，上式取等号，但很明显 $Z_1 \neq kZ_2$，k 属于实数，所以，$||Z_1| - |Z_2|| \leq 1$，所以 $-1 < y < 1$，函数 y 的值域是（-1，1）。

（二）合理应用复数的运算法则

复数与实数一样，具有加法、减法、乘法、除法等运算法则，复数的加法运算法则是假设 $x_1 = a + bi$，$x_2 = c + di$，那么 $x_1 + x_2 = (a + bi) + (c + di) = (a + c) + (b + d)i$。在复数的加法运算法则中，复数的实部和与虚部和都是相互对应的，并且其结果也仍然是复数。

复数的加法原则是：满足实数加法原则中的交换律和结合律，即三个任意的复数相加，在进行计算时其两两之间的顺序是可以打乱的，即 $(a + bi) + (c + di) = (a + c) + (b + d)i$。

复数的减法原则是：$(a + bi) - (c + di) = (a - c) + (b - d)i$，其实部差与虚部差都是相互对应的，并且其结果仍然是复数。

复数的乘法原则是：假设 $x_1 = a + bi$，$x_2 = c + di$ 是两个任意的复数，并且 a、b、c、d 都属于实数 $\mathbf{R}$，那么，x_1 乘以 x_2 就可以表示为 $(a + bi)(c + di) = (ac - bd) + (bc + ad)i$，实质上就是将其多项式相乘并展开、合并，然后就得到上述结果。复数乘以复数之后，其结果仍然是复数。

复数的除法原则是：满足 $(c + di)(x + yi) = (a + bi)$ 的复数 $x + yi$（x，$y \in \mathbf{R}$）叫复数 $a + bi$ 除以复数 $c + di$ 的商。在解答复数的除法运算时，可以像实数一样，将其转化为乘法运算，只不过需要在其分子分母上同时乘以分母的共轭复数，实质上就是变换其正负号。

在高中数学解题中经常会用到复数的相关知识，无论是求解函数值、证明三角函数等式，还是复数计算题都会用到复数知识。复数的应用较多，学生在学习过程中需要牢固掌握复数的性质及其具体解题技巧。

三、复数解题策略

（一）利用复数的代数形式

由复数的代数形式 $z = x + yi$（x，$y \in \mathbf{R}$），以代入法解题是最基本而常用的方法。

例：若复数 z 满足 $|z| - \bar{z} = \dfrac{10}{1 - 2i}$，则复数 z 等于（D）。

A. $-3 + 4i$ B. $-3 - 4i$ C. $3 - 4i$ D. $3 + 4i$

解：设 $z = x + yi$（x，$y \in \mathbf{R}$），则有 $\bar{z} = x - yi$（x，$y \in \mathbf{R}$）代入并且化简得

$\sqrt{x^2 + y^2} - (x - yi) = 2 + 4i$，由复数相等的充要条件得 $\begin{cases} \sqrt{x^2 + y^2} - x = 2 \\ y = 4 \end{cases}$，解得

$x = 3$，$y = 4$，故选 D。

（二）利用复数相等的充要条件

在复数集 $C = \{a + bi \mid a, b \in \mathbf{R}\}$ 中，任取两个数 $a + bi, c + di(a, b, c, d \in \mathbf{R})$，则有 $a + bi = c + di \Leftrightarrow a = c$ 且 $b = d$。

两复数相等的充要条件是解有关复数题的"万宝囊"，特别是新教材更突出了用复数相等的充要条件解题。

例：设存在复数 z 同时满足下列条件：

（1）复数在复平面内对应的点位于第二象限。

（2）$z\bar{z} + 2iz = 8 + ai(a \in \mathbf{R})$，求 a 的取值范围。

解：设 $z = x + yi(x < 0, y > 0)$，代入 $z\bar{z} + 2iz = 8 + ai$，得 $x^2 + y^2 - 2y + 2xi = 8 + ai$，由复数相等的充要条件得 $\begin{cases} x^2 + y^2 - 2y = 8 \\ 2x = a \end{cases}$，由此得实系数方程为 $y^2 - 2y + \dfrac{a^2}{4} - 8 = 0$，由方程有正实解（$y > 0$）的充要条件得 $\Delta = 4 - 4\left(\dfrac{a^2}{4} - 8\right) \geqslant 0$①，且 $\dfrac{a^2}{4} - 8 > 0$②，解①得 $-6 \leqslant a \leqslant 6$，解②得 $a < -4\sqrt{2}$ 或 $a > 4\sqrt{2}$，又 $x < 0$③，由①②③式得 $-6 \leqslant a < -4\sqrt{2}$，因此，实数 a 的取值范围是 $\left[-6, -4\sqrt{2}\right)$。

（三）利用复数除法法则以及虚数 i 的运算性质

（1）形如 $\dfrac{a+bi}{c+di}$，可以乘以分母的共轭复数，使分母"实数化"。

（2）i 的乘方规律：$i^2=-1$，$i^3=i$，$i^4=1$，…

（3）特殊式的化简：$(1+i)^2=2i$，$(1-i)^2=-2i$；$\dfrac{1+i}{1-i}=i$，$\dfrac{1-i}{1+i}=-i$。

例：$\left(\dfrac{1+i}{1-i}\right)^{2006}=$（A）。

A. -1 B. $-i$ C. 2^{2005} D. -2^{2005}

解：因为 $\dfrac{1+i}{1-i}=\dfrac{(1+i)^2}{1^2+1^2}=i$，

所以 $\left(\dfrac{1+i}{1-i}\right)^{2006}=i^{2006}=(i^2)^{1003}=(-1)^{1003}=-1$，故答案为 A。

（四）利用共轭复数

复数 $a+bi$ 与复数 $a-bi$（a、b 是实数）互为共轭复数。

例：若 $3+2i$ 是方程 $2x^2+bx+c=0$（b、$c\in\mathbf{R}$）的一个根，求 c 的值。

解：因为 b、c 是实数，所以两根之和是实数，两根之积是实数；又因为 $3+2i$ 是方程的一个根，所以满足条件的另一个根必定是它的共轭复数 $3-2i$，因此，$(3+2i)(3-2i)=\dfrac{c}{2}$，解得 $c=26$。

另解：把 $x=3+2i$ 代入方程，得 $3b+c+10+(24+2b)i=0$，根据复数的相等得 $3b+c+10=0$ 且 $24+2b=0$，解得 $c=26$。

（五）利用复数的几何意义

1. 利用复数的模

复数 $z=a+bi$ 的模 $|z|=\sqrt{a^2+b^2}$。

例：已知 $z=\dfrac{(4-3i)^2(-1+\sqrt{2}i)^{10}}{(1-i)^{12}}$，求 $|z|$。

解：$|z|=\left|\dfrac{(4-3i)^2(-1+\sqrt{2}i)^{10}}{(1-i)^{12}}\right|=\dfrac{|4-3i|^2\,|-1+\sqrt{2}i|^{10}}{|1-i|^{12}}=\dfrac{5^2\times3^5}{2^6}=$

$\dfrac{6075}{64}$。

注意：如果先化简再求模就会增加计算量。

2. 利用复数加法及减法的几何意义

（1）复数的加法可以按照向量加法的平行四边形法则进行运算。

例：设复数 z_1、z_2 满足 $|z_1| = |z_2| = 2$，$|z_1 + z_2| = 2\sqrt{3}$，求 $|z_1 - z_2|$。

解：根据题意画出如图 6 - 4 - 1 所示的平行

四边形 $\cos \angle OBC = \dfrac{2^2 + 2^2 - (2\sqrt{3})^2}{2 \times 2 \times 2} = -\dfrac{1}{2}$，所

以 $\cos \angle AOB = \dfrac{1}{2}$，因此 $AB^2 = 2^2 + 2^2 - 2 \times 2 \times$

$2\cos \angle AOB = 4$，$AB = 2$，得 $|z_1 - z_2| = 2$。

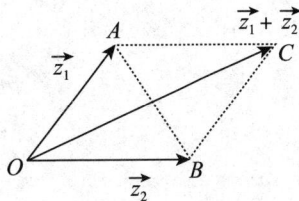

图 6 - 4 - 1　例题图

（2）复数减法以及复数模的几何意义。

例：复数 z 的模为 1，求 $|z - (1 + i)|$ 的最大值和最小值。

解法一（几何法）：由题设可知，$|z| = 1$ 表示以原点为圆心、以 1 为半径的圆，$|z - (1 + i)|$ 表示圆上的点到 $A\,(1, 1)$ 的距离（图 6 - 4 - 2）。由于点 A 到原点的距离是 $\sqrt{2}$，因此圆上的点到点 A 的最大距离是 $\sqrt{2} + 1$，最小距离是 $\sqrt{2} - 1$。

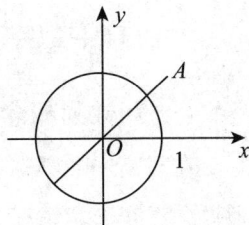

图 6 - 4 - 2　例题图

注意：此题如果以代数法解，设 $z = x + yi$，以二次函数法解就会非常麻烦。

（六）利用复数与实数的类比关系

例：见（2）例题，解法二（不等式法）可以证明不等式：

$$||z_1| - |z_2|| \leqslant |z_1 \pm z_2| \leqslant |z_1| + |z_2|, ||z| - \sqrt{2}| \leqslant |z - (1 + i)| \leqslant |z| + \sqrt{2},$$

又 $|z| = 1$，$|1 + i| = \sqrt{2}$，所以 $\sqrt{2} - 1 \leqslant |z - (1 + i)| \leqslant \sqrt{2} + 1$。

于是，$|z - (1 + i)|$ 的最大值和最小值分别是 $\sqrt{2} + 1$ 和 $\sqrt{2} - 1$。

注意：此题主要考查把复数与实数类比得到的不等式的性质。此解法简捷易懂。上面的解题方法互相关联，因此在解题时，要注意灵活性，综合运用所学知识。

第五节 数列问题

数列是高中数学学习过程中重要的内容，全面掌握高中数学数列的学习对学生未来的高考成绩的提高有着决定性的作用。鉴于此，学生不但要掌握高中数学课本知识，还要对其所具备的常规解题思路以及解题方法进行分析和总结，从而提高自身的学习效率。

一、高中数学数列学习中的基本思路以及常规方法

（一）数列概念

在对高中数学知识的考查中，数列的概念考查同样是数学试题的重点。数列概念考查通常情况下集中在数列公式上，学生通过反复地背诵记忆来实现对数列公式的针对性学习，使得这类数列概念考查题目可以在短时间内得到解决，以此集中剩余的学习时间来完成其他数列知识的学习。同时学生对数列概念的学习不仅是对数学公式考查的应对，更是对其他数学知识进行相关的应对学习，从而完成相应问题的解答。

如在数学数列例题中，已知等差数列 $\{a_n\}$，前 n 项和是 S_n，$a_2 = 10$，$S_9 = 30$，求 S_{45}。这道例题集中考查了高中数学数列知识的基础概念。首先需要将该题中的首项以及公差进行求解，然后通过已知的 $a_2 = 10$，$S_9 = 30$ 等条件，将得出的结果带入 $S_n = n(a_1 + a_n)/2$ 的等差数列求和公式中，从而求出 S_n。这种类型的题目对高中数学等差数列公式的掌握要求极高，同时也考查了学生是否可以灵活地运用等差数列公式。

（二）对数列性质的考核

对高中数学数列知识的考查，还集中在对数列性质的理解及掌握上，通过多样性的出题模式，结合多层次的出题类型，测试学生对数列知识点的基础掌握是否全面。这就要求学生必须对高中数学数列性质进行全面的掌握以及有效

的理解（即便是出现不同的考查方式，学生也可以通过题目本身来了解题目存在的数列性质）。高中数学教师对于数列性质的讲学通常会集中在问题的讲解中，从而使得学生通过多变的题型掌握数列性质。作为学生，更应该积极地对数列性质的题目类型进行详细的总结和分析，从而熟练地掌握多种数列性质题目，保障自身在实际的考试过程中，得以熟练地运用相关知识。如学生常用到的等差数列性质：若 $M+N=P+Q$，则 $a_N+a_M=a_P+a_Q$；当 $N+M=2K$ 时，则 $a_N+a_M=2a_K$。通过对数列性质的掌握，使得学生可以熟练地运用数列方法解题，从而提高数列性质类题目的解题技巧。

（三）通项公式

通项公式的考查方法比较复杂，一般情况下是利用等比数列以及等差数列来进行的，学生在面对通项公式相关题目时，采用叠乘法以及叠加法来对该题目的通项公式进行解答。当然，对于数列通项公式的考查，也可以应用到高中数学中的数学归纳法以及常见的构造法。对于通项公式的相应学习，学生首先要掌握高中数学数列知识中关于通项公式之间的差异性以及联系，从而才能对应不同的题目提出不同的解答方法。

二、数列的基本运算和性质

（一）数列前 n 项和 S_n 与通项 a_n 之间的关系

$$a_n = \begin{cases} S_1(n=1) \\ S_n - S_{n-1}(n \geqslant 2) \end{cases}。$$

（二）等差数列和等比数列的概念

如果一个数列从第二项起，每一项与它前一项的差都等于一个常数 d，那么这个数列叫作等差数列。常数 d 称为等差数列的公差。

如果一个数列从第二项起，每一项与它前一项的比都等于一个常数 q，那么称这个数列为等比数列。常数 q 称为等比数列的公比。

一个数列为等比数列的必要条件是该数列各项均不为 0，即 $a_n \neq 0$。

（三）等差数列和等比数列的通项公式

等差数列 $\{a_n\}$ 的通项公式为 $a_n = a_1 + (n-1)d = a_m + (n-m)d$。

等比数列 $\{a_n\}$ 的通项公式为 $a_n = a_1 q^{n-1} = a_m q^{n-m}$。

（四）等差数列和等比数列的前 n 项和公式

等差数列 $\{a_n\}$ 的前 n 项和公式为 $S_n = \dfrac{n(a_1 + a_n)}{2} = na_1 + \dfrac{n(n-1)}{2}d$。

等比数列 $\{a_n\}$ 的前 n 项和公式为 $S_n = \begin{cases} na_1 \ (q = 1) \\ \dfrac{a_1 - a_nq}{1 - q} = \dfrac{a_1(1 - q^n)}{1 - q} \ (q \neq 1) \end{cases}$。

（五）等差中项和等比中项

如果在 a 与 b 中间插入一个数 A，使 a、A、b 成等差数列，那么 A 叫作 a 与 b 的等差中项，则 $A = \dfrac{a+b}{2}$。

如果在 a 与 b 中间插入一个数 c，使 a、c、b 成等比数列，那么 c 叫作 a 与 b 的等比中项，则 $c = \pm\sqrt{ab}$。

（六）等差数列和等比数列求和方法

等差数列用倒序相加法求和，等比数列用错位相减法求和。

（七）数列解题策略

（1）根据数列的若干项写出数列的一个通项公式，解决这一题型的关键是通过观察、分析、比较，去发现项与项之间的关系。如果关系不明显，应该将项做适当变形或分解，让规律突现出来，便于找到通项公式；同时还要借助一些基本数列的通项及其特点，如自然数列、自然数的平方数列、偶数列、奇数列、摆动数列等。

（2）已知 S_n，求 a_n；已知数列的前 n 项和公式，求数列的通项公式。其方法是 $a_n = S_n - S_{n-1}$（$n \geqslant 2$），这里常常因为忽略了条件 $n \geqslant 2$ 而出错，由 $a_n = S_n - S_{n-1}$ 求得 a_n 时的 n 是从 2 开始的自然数，否则会出现当 $n = 1$ 时，$S_{n-1} = S_0$，与前 n 项和的定义矛盾，可见，由此求得的 a_n 不一定就是它的通项公式，必须验证 $n = 1$ 时是否也成立，否则通项公式只能用分段函数 $a_n = \begin{cases} S_1 \ (n = 1) \\ S_n - S_{n-1} \ (n \geqslant 2) \end{cases}$ 来表示。

（3）已知数列的递推关系式求数列的通项公式。此类题型求数列通项的方法大致分两类：一类是根据前几项的特点归纳猜想出 a_n 的表达式，然后用数学归纳法证明；另一类是将已知递推关系，用代数法、换元法或转化为基本数列

（等差或等比）的方法求通项。

（4）数列中有两个重要变形，在适当条件下应注意使用，即 $a_n = a_1 + (a_2 - a_1) + \cdots + (a_n - a_{n-1})$，$a_n = a_1 \times \dfrac{a_2}{a_1} \times \dfrac{a_3}{a_2} \times \cdots \times \dfrac{a_n}{a_{n-1}}$。

（5）运用等比数列的求和公式时，需对 $q = 1$ 和 $q \neq 1$ 进行讨论。

（6）对于数列 $\{a_n b_n\}$（其中 $\{a_n\}$ 为等差数列，$\{b_n\}$ 为等比数列）的求和，可用"乘公比，错位相减法"完成。

三、数列的求和

（一）等差数列的前 n 项和公式

$$S_n = \frac{n(a_1 + a_n)}{2} = na_1 + \frac{n(n-1)}{2}d。$$

（二）等比数列的前 n 项和公式

当 $q = 1$ 时，$S_n = na_1$；当 $q \neq 1$ 时，$S_n = \dfrac{a_1(1 - q^n)}{1 - q} = \dfrac{a_1 - a_n q}{1 - q}$。

（三）裂项求和

把一个数列分成几个可以直接求和的数列。

（四）拆项相消

把一个数列的通项公式分成两项差的形式，相加消去中间项，只剩有限项再求和。

（五）错位相减

错位相减适用于一个等差数列和一个等比数列对应项相乘构成的数列求和。

（六）正整数和公式

（1）$1 + 2 + \cdots + n = \dfrac{n(n+1)}{2}$。

（2）$1^2 + 2^2 + \cdots + n^2 = \dfrac{n(n+1)(2n+1)}{6}$。

（3）$1^3 + 2^3 + \cdots + n^3 = \dfrac{n^2(n+1)^2}{4}$。

（七）常见的拆项公式

（1）$\dfrac{1}{n(n+1)} = \dfrac{1}{n} - \dfrac{1}{n+1}$。

(2) $\dfrac{1}{(2n-1)(2n+1)}=\dfrac{1}{2}\left(\dfrac{1}{2n-1}-\dfrac{1}{2n+1}\right)$。

(3) $\dfrac{1}{n(n+1)(n+2)}=\dfrac{1}{2}\left[\dfrac{1}{n(n+1)}-\dfrac{1}{(n+1)(n+2)}\right]$。

(4) $\dfrac{1}{\sqrt{a}+\sqrt{b}}=\dfrac{1}{a-b}(\sqrt{a}-\sqrt{b})$。

(5) $C_n^{m-1}=C_{n-1}^m-C_n^m$。

(6) $n\times n!=(n+1)!-n!$。

(7) $a_n=S_n-S_{n-1}(n\geqslant2)$。

四、数列解题速解技巧

（一）紧扣题意

例：设 $\{a_n\}$ 是由正数组成的等比数列，S_n 是其前 n 项和，证明：$\dfrac{\lg S_n+\lg S_{n+2}}{2}<\lg S_{n+1}$。

证明：由等比数列的定义得 $\dfrac{a_2}{a_1}=\dfrac{a_3}{a_2}=\cdots=\dfrac{a_{n+1}}{a_n}=\dfrac{a_{n+2}}{a_{n+1}}=q$（公比）。

由等比定理得 $\dfrac{a_2+a_3+\cdots+a_{n+1}}{a_1+a_2+\cdots+a_n}=\dfrac{a_2+a_3+\cdots+a_{n+2}}{a_1+a_2+\cdots+a_{n+1}}\Rightarrow\dfrac{S_{n+1}-a_1}{S_n}=\dfrac{S_{n+2}-a_1}{S_{n+1}}$

$\Rightarrow S_{n+1}^2=S_nS_{n+2}+a_1(S_{n+1}-S_n)\Rightarrow S_{n+1}^2>S_nS_{n+2}$。

$\therefore\dfrac{\lg S_n+\lg S_{n+2}}{2}<\lg S_{n+1}$。

注意：从定义入手，简洁自然，避免了对公比 q 的分类讨论，证法别具一格。

（二）巧用性质

例：设 $\{a_n\}$ 是公差为 -2 的等差数列，如果 $a_1+a_4+a_7+\cdots+a_{97}=50$，那么，$a_3+a_6+a_9+\cdots+a_{99}=$（D）。

（A）-182　　（B）-78　　（C）-148　　（D）-82

解：由等差数列的性质得 $a_n-a_m=(n-m)d$。

$\because a_{99}-a_{97}=a_{96}-a_{94}=\cdots=a_3-a_1=2d$，

$\therefore a_3+a_6+a_9+\cdots+a_{99}=(a_1+a_4+a_7+\cdots+a_{97})+66d=-82$，故选 D。

178

（三）逆用公式

例：等差数列 $\{a_n\}$，$\{b_n\}$ 的前 n 项和分别为 S_n 与 T_n，若 $\dfrac{S_n}{T_n} = \dfrac{2n}{3n+1}$，则

$\lim\limits_{n \to \infty} \left(\dfrac{a_n}{b_n}\right)$ 等于（C）。

A. 1   B. $\dfrac{a_n}{b_n}$ C. $\dfrac{2}{3}$ D. $\dfrac{4}{9}$

解：$\because \dfrac{a_n}{b_n} = \dfrac{2a_n}{2b_n} = \dfrac{a_1 + a_{2n-1}}{b_1 + b_{2n-1}} = \dfrac{\dfrac{(2n-1)(a_1 + a_{2n-1})}{2}}{\dfrac{(2n-1)(b_1 + b_{2n-1})}{2}} = \dfrac{S_{2n-1}}{T_{2n-1}} = \dfrac{4n-2}{6n-2}$，

$\therefore \lim\limits_{n \to \infty}\left(\dfrac{a_n}{b_n}\right) = \lim\limits_{n \to \infty} \dfrac{4n-2}{6n-2} = \dfrac{2}{3}$，故选 C。

注意：本题通过逆用等差数列求和公式，快速明确了结论与题设之间的关系，达到快速求解的目的。

（四）巧取特例

例：已知 $\{a_n\}$ 是公差不为零的等差数列，如果 S_n 是 $\{a_n\}$ 的前 n 项和，

那么 $\lim\limits_{n \to \infty}\left(\dfrac{na_n}{S_n}\right)$ = _____。

解：构造一个符合题意条件的特殊数列 $a_n = n$，则 $S_n = \dfrac{n(n+1)}{2}$，从而 $\lim\limits_{n \to \infty}$

$\left(\dfrac{na_n}{S_n}\right) = \lim\limits_{n \to \infty} \dfrac{2n}{n+1} = 2$。

注意：巧取特例是"小题巧做"的一种极为有效的途径，运用得当，往往运算简捷，判断迅速。

（五）整体构想

例：已知等比数列的公比为 2，且前四项之和为 1，那么前八项之和为（B）。

A. 15   B. 17   C. 19   D. 21

解：$\because a_1 + a_2 + a_3 + a_4$，$a_5 + a_6 + a_7 + a_8$，$\cdots$ 是以 $a_1 + a_2 + a_3 + a_4 = 1$ 为首项，2^4 为公比的等比数列，$\therefore a_1 + a_2 + a_3 + a_4 + a_5 + a_6 + a_7 + a_8 = 1 + 1 \times 2^4 = 17$，故选 B。

（六）数形结合

例：设等差数列 $\{a_n\}$ 的前 n 项和为 S_n，已知 $a_3 = 12$，$S_{12} > 0$，$S_{13} < 0$，指出 S_1，S_2，$\cdots$，S_{12} 中哪一个值最大，并说明理由。

解：$\because a_{13} = S_{13} - S_{12} < 0$，$10d = a_{13} - a_3 < 0$。

$\therefore d < 0$，$\{a_n\}$ 是递减等差数列。

$\because S_n = \dfrac{dn^2}{2} + \dfrac{(2a_1 - d)\,n}{2}$ 是 n 的二次函数，开口向下（图 6 - 5 - 1）。

设顶点横坐标为 n_0，则抛物线与 n 轴正半轴的交点为 $(2n_0,\ 0)$。由题意知 $12 < 2n_0 < 13$，则 $6 < n_0 < 6.5$，最接近顶点的自然数为 6，$\therefore S_6$ 最大。

注意：本题通过数形结合，化抽象为具体，实现了繁题简解。

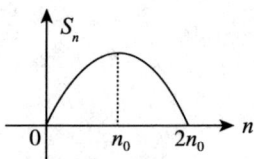

图 6 - 5 - 1　例题图

（七）以题攻题

例：设 $2^a = 3$，$2^b = 6$，$2^c = 12$，则数列 a，b，c（A）。

A. 是等差数列，但不是等比数列　　B. 是等比数列，但不是等差数列

C. 既是等比数列，又是等差数列　　D. 既不是等差数列，又非等比数列

解：$\{a_n\}$ 成等差数列的充要条件是 $\{C^{a_n}\}$ 成等比数列（$C > 0$，$C \neq 1$）。利用这一结论求解。

$\because 3$，6，12 成等比数列，$\therefore a$，b，c 成等差数列，又显然不是等比数列。

第六节　立体几何问题

立体几何在高考数学中占有较大比重，由于数学本身具有抽象性、多变性的特征，学生在遇到这类题型时，往往缺乏解题技巧，导致学习成绩得不到提高。所以在数学课程学习中，高中生应该高度重视立体几何内容的应用与分析，培养自身的逻辑思维能力；掌握不同问题之间的内在联系，培养空间想象力，从而提高自身解决问题的能力。

一、函数思想的运用

函数思想的含义就是通过运动与变化的基本规律，对立体几何中的数量关系进行研究与探索，借助函数的思想对函数关系进行分析与探讨，将多变性、抽象性的问题转变为一种函数关系进行分析，最终得到问题的答案。这种函数思想的运用主要是通过函数的基本性质来加以引导的，从而对几何问题进行全面的探究，有助于培养学生的逻辑思维能力与空间想象力。

利用函数思想对立体几何问题进行分析时，应该注重对函数之间的关系进行分析，进而达到复杂问题简单化的目的。学生可以通过函数的定义来证明立体几何中的垂直与平行，再求得异面直线之间的距离。

例：PA 和圆 O 所在的平面相互垂直，且圆 O 的直径为 AB，C 是圆上的一点，如图 6 - 6 - 1 所示。如果 $\angle BAC = \alpha$，$PA = AB = 2R$，求得直线 PB 和 AC 之间的距离。

分析：在解题过程中，首先要分析直线 AC 与 PB 之间的距离，即通过分析直线 PB 上的任意一点到直线 AC 的距离求出最小值。其次是利用变量对目标函数进行设

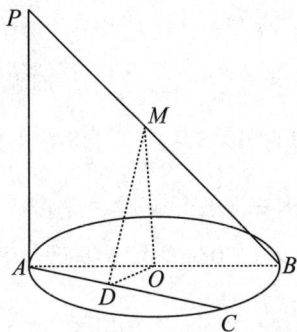

图 6 - 6 - 1　立体几何转换函数求解

定，最后求出目标函数的最小值。设 PB 上的任意一点为 M，要保证 MD 与 AC 垂直于 D，同时 MH 与 AB 垂直于 H，$MH = a$，同时 MH 与平面 BAC 垂直，同时 AC 垂直于 HD。$MD^2 = a^2 + \left[(2R - a) \sin\alpha \right]^2$，当 MD 为最小值时，只有 $a = 2R$ $\sin^2\alpha / (1 + \sin^2\alpha)$，就可以求出异面直线 AC 与 PB 之间的距离。其中需要注意的是，将 AC 与 PB 之间的距离和异面直线上两点的距离进行相互转换，从而求得最小值。这类题型的解题策略主要是通过对函数的定义加以引导，是立体几何的一种重要解法。

二、空间向量求空间距离和角的应用

在高中数学立体几何的解题思路中，学生要对立体几何的基本概念进行详细的分析，熟悉点与面、线与面以及面与面之间的相关知识，熟练地掌握向量之间的平行关系，利用空间向量求空间距离、角以及向量问题，最终灵活地解决立体几何的问题，降低题目本身的难度。

例：如图 $6 - 6 - 2$ 所示，在棱长为 3 的正方体 $ABCD - A_1B_1C_1D_1$ 中，其中 E 点在 AA_1 上，F 点在 CC_1 上，且 $AE = FC_1 = 1$，证明 E、B、F、D_1 四个点共面。如果点 G 在 BC 上，且 $BG = 2/3$，点 M 在 BB_1 上，GM 垂直 BF，垂足为 H，证明 EM 垂直于平面 BCC_1B_1。

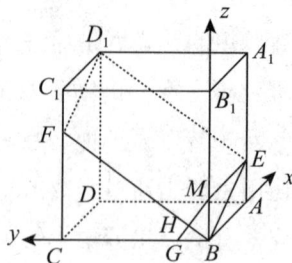

图 $6 - 6 - 2$ 空间向量解立体几何问题

分析：如图 $6 - 6 - 2$ 所示，建立坐标系，向量 $\overrightarrow{BE} = (3, 0, 1)$，向量 $\overrightarrow{BF} = (0, 3, 2)$，向量 $\overrightarrow{BD_1} = (3, 3, 3)$，向量 $\overrightarrow{BD_1} = \overrightarrow{BE} + \overrightarrow{BF}$，所以向量 $\overrightarrow{BD_1}$、向量 $\overrightarrow{BE}$、向量 $\overrightarrow{BF}$ 共面。又因为它们有共同点 B，所以 E、B、F、D_1 四个点共面。

从图 $6 - 6 - 2$ 中可以看出，M 点为 $(0, 0, z)$，向量 $\overrightarrow{GM} = \left(0, -\dfrac{2}{3}, z \right)$，向量 $\overrightarrow{BF} = (0, 3, 2)$，则可以得出 $z = 1$。又因为 M 点为 $(0, 0, 1)$，向量 $\overrightarrow{BC}$ 为 $(0, 3, 0)$，从而得到 ME 垂直 BB_1，ME 垂直 BC，所以 EM 垂直于平面 BCC_1B_1。

三、高中立体几何解题的常用方法

(一) 借助辅助线,特殊化图形

有的立体几何图形比较抽象,学生不能通过直观想象来解决问题,但可以通过对图形进行辅助构图,将题型做特殊化处理,这样有利于简化解题过程,优化解题方案,让学生提高自己的空间思维想象力,提高对立体几何学习的认知。解决立体几何题目很多时候都需要解题者自己添加辅助线,对于许多学生来说,添加辅助线找不到要领。学生要想准确地添加辅助线就要做到认真审题,分析题目,在对题意理解透彻后,寻找适当的位置添加辅助线,逐步解决问题。认真审题后在脑中形成各点、线、面的基本关系(这是构建辅助线的基本要求,也是正确解题的基础),将空间的问题尽量转化成平面问题,把关键区域的面、线、点连接在一起,形成一个完整的图形。下面以具体的例子来说明。

例:求棱长为 a 的正四面体的外接球与内切球的半径(图6-6-3)。

解:设正四面体为 $PABC$,两球球心重合,设为 O。设 PO 的延长线与底面 ABC 的交点为 D,则 PD 为正四面体 $PABC$ 的高,$PD \perp$ 底面 ABC,且 $PO = R$,$OD = r$,$OD = $ 正四面体 $PABC$ 内切球的高。

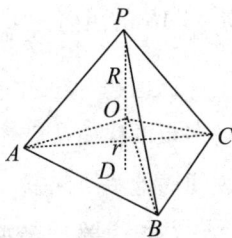

图6-6-3 例题图

设正四面体 $PABC$ 底面面积为 S,将球心 O 与四面体的 4 个顶点 P、A、B、C 全部连接,可以得到 4 个全等的正三棱锥,球心为顶点,以 ABC 为底面,每个正三棱锥的体积 $V_1 = \dfrac{1}{3} Sr$,而正四面体 $PABC$ 的体积 $V_2 = \dfrac{1}{3} S\ (R+r)$。

根据前面的分析,$4V_1 = V_2$,所以 $4 \cdot \dfrac{1}{3} Sr = \dfrac{1}{3} S\ (R+r)$,解得 $R = 3r$。因为棱长为 a,所以 $AD = \dfrac{\sqrt{3}}{3} a$,$PD = \dfrac{\sqrt{6}}{3} a$,$R = \dfrac{\sqrt{6}}{4} a$,$r = \dfrac{\sqrt{6}}{12} a$。

如果不作辅助线,这道题的讲解会很烦琐,通过两球球心重合这一特殊点,将题型特殊化,这道题便很容易解决。

（二）巧用隔离法，解决主要矛盾

在对立体几何题进行证明时，矛盾分主次，要抓住主要矛盾，将每条线、每个点分离出来，在头脑中构造出一个完整的图像，避免多余的线段扰乱自己的思维构图。立体几何中的线面是很重要的，在解题过程中要找准线面、线线、面面之间的关系。

例：已知二面角 $\alpha - AB - \beta$ 为 $30°$，P 是平面 α 内的一点，P 到 β 的距离为 1，则 P 在 β 内的射影到 AB 的距离为_____。

解：如图 6 - 6 - 4 所示，过 P 作 $PO \perp$ 平面 β 于 O，作 $PD \perp AB$ 于 D，连接 OD。

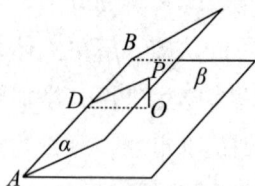

图 6 - 6 - 4　例题图

$\because PO \perp$ 平面 β 于 O，$\therefore PO \perp DO$，又 $PD \perp AB$，$PO \cap PD = P$，

$\therefore AB \perp$ 平面 PDO，由题意可知 $\angle PDO = 30°$，$PO = 1$，OD 为 P 在 β 内的射影到 AB 的距离：$OD = \dfrac{1}{\tan 30°} = \sqrt{3}$。

这道题看起来条件不多，可是在解题时干扰项太多，求相应的距离就应该把多余的线面从已知条件中剔除，将关键的点、面分离出来，单独研究，更直观便捷地解决问题。

（三）善用数形结合，将图形立体完整化

在高中立体几何解题教学中一些形的问题，直接求解有些困难，学生可通过转化、数形结合思想，将形转化为数，将数的结论用于形，给数赋予几何意义，通过对数的逻辑分析、代数运算来完成，把形的直观问题用数的计算来完成。

例：（几何体表面上的最短距离问题）如图 6 - 6 - 5 所示，有一房间是大小为 2m × 3m × 4m 的长方体，一只小虫在长方体的表面上爬行，从一个顶点 A 爬行到另一个顶点 C'，求小虫爬行的最短路程。

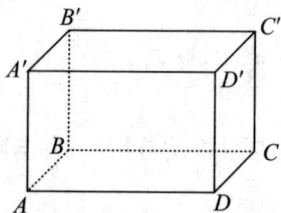

图 6 - 6 - 5　数形结合解立体几何

从解题的思维活动过程分析。首先，提出问题。让学生感知问题（这应该是一个最短距离的问题），学生就会调用自

已以前见过的类似问题和已经掌握的有关知识。其次，分析问题。学生会联想到平面距离问题，那么就需要把空间距离问题转化为平面问题，引导学生由空间到平面知识的迁移与联想。从空间到平面有两种方式：一是在空间几何体中寻找平面；二是将空间图形展开成平面图形。将房间抽象为数学问题的长方体，将现实生活问题转化为数学问题，即求长方体的表面最短距离问题。在这样的分析、引导、讨论下，学生会提出展开图形。学生会遇到不同的情况，通过三种不同情况，用勾股定理计算结果进行比对，就能很好地解决问题。最后，学生通过亲自操作体验和尝试解决问题。学生在思考中最后会归结出以下三种情况，如图6-6-6所示，都是将形的问题转化成数的比对形式来完成的。

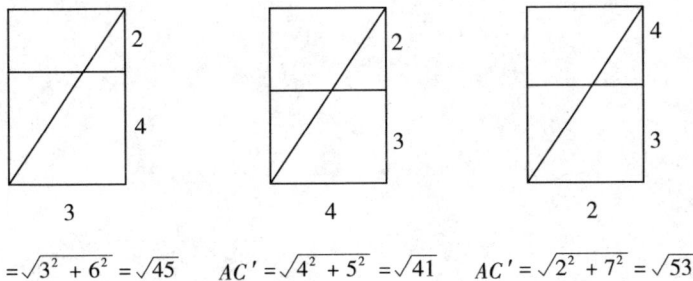

$$AC' = \sqrt{3^2 + 6^2} = \sqrt{45} \qquad AC' = \sqrt{4^2 + 5^2} = \sqrt{41} \qquad AC' = \sqrt{2^2 + 7^2} = \sqrt{53}$$

图6-6-6　数形结合解立体几何

学生会在解题过程中讨论如何展开，又一次提出问题，学生再次尝试解决，实施解决问题的手段，即将立体图形的表面距离问题通过图形的展开图，运用数学的勾股定理来计算各种情况的结果，比对结果，得出结论，从而完成了这样一个"形"的问题的解答。

数形结合是通过"以形助数"（将所研究的代数问题转化为研究其对应的几何图形）或"以数助形"（借助数的精确性来阐明形的某种属性），把抽象的数学语言与直观的图形结合起来思考，也就是将抽象思维与形象思维有机地结合起来，是解决问题的一种数学思想方法。它能使抽象问题具体化、复杂问题简单化，在数学解题中具有极为独特的策略指导与调节作用。

具体地说，数形结合的基本思路是根据数的结构特征，构造出与之相应的几何图形，并利用图形的特性和规律，解决数的问题；或将图形信息全部转化成代数信息，使解决形的问题转化为对数量关系的讨论。选择题、填空题等客观题型，由于不要求解答过程，就某些题目而言，这给学生创造了灵活运用数形结合思想，寻找快速解题思路的空间。但在解答题中，学生运用数形结合思想时，要注意辅以严格的逻辑推理（"形"上的直观是不够严谨的）。

第七节　解析几何问题

理解与掌握解析几何的基本概念和基本公式是学生学会解决解析几何问题的基础，而深刻地领会解析几何的基本思想和熟练地掌握解析几何的常用解题方法则是学生学会解决解析几何问题的关键。

高中解析几何知识主要包括直线、圆锥曲线、参数方程等。与这些知识相联系的基本方法有解析法、待定系数法、变换法、参数法。

一、解析几何的知识要点

（一）直线的相关知识

1. 直线的标准方程

点斜式：$y - y_1 = k\ (x - x_1)$。

斜截式：$y = kx + b$。

两点式：$\dfrac{y - y_1}{y_2 - y_1} = \dfrac{x - x_1}{x_2 - x_1}$。

截距式：$\dfrac{x}{a} + \dfrac{y}{b} = 1$。

一般式：$Ax + By + C = 0$（其中 A、B 不同时为 0）。

2. 两条直线的位置关系

两条直线 l_1、l_2 有三种位置关系：平行（没有公共点）、相交（有且只有一个公共点）、重合（有无数个公共点）。

设直线 l_1：$y = k_1 x + b_1$、直线 l_2：$y = k_2 x + b_2$，则 $l_1 /\!/ l_2$ 的充要条件是 $k_1 = k_2$，且 $b_1 \neq b_2$；$l_1 \perp l_2$ 的充要条件是 $k_1 k_2 = -1$。

3. 线性规划问题

（1）存在一定的限制条件，这些约束条件如果用 x、y 的一次不等式（或方程）组成的不等式组来表示，称为线性约束条件。

（2）目标是要求依赖于 x、y 的某个函数（称其为目标函数）达到最大值或最小值。特别地，若此函数是 x、y 的一次解析式，就称其为线性目标函数。

（3）求线性目标函数在线性约束条件下的最大值或最小值问题，统称为线性规划问题。

（4）满足线性约束条件的解（x，y）称为可行解。

（5）所有可行解组成的集合，称为可行域。

（6）使目标函数取得最大值或最小值的可行解，称为这个问题的最优解。

4. 线性规划问题的规律

（1）一个线性规划问题，若有可行解，则可行域一定是一个凸多边形。

（2）凸多边形的顶点个数是有限的。

（3）对于不是求最优整数解的线性规划问题，最优解一定可以在凸多边形的顶点中找到。

（4）线性规划问题一般能用图解法解决。

（二）圆的相关知识

1. 圆的标准方程

$(x-a)^2 + (y-b)^2 = r^2$ （$r>0$）称为圆的标准方程，其圆心坐标为（a，b），半径为 r。特别地，当圆心在原点（0，0），半径为 r 时，圆的方程为 $x^2 + y^2 = r^2$。

2. 圆的一般方程

$x^2 + y^2 + Dx + Ey + F = 0$ （$D^2 + E^2 - 4F > 0$）称为圆的一般方程，其圆心坐标为 $\left(-\dfrac{D}{2}, -\dfrac{E}{2}\right)$，半径为 $r = \dfrac{1}{2}\sqrt{D^2 + E^2 - 4F}$。

当 $D^2 + E^2 - 4F = 0$ 时，方程表示一个点 $\left(-\dfrac{D}{2}, -\dfrac{E}{2}\right)$。

当 $D^2 + E^2 - 4F < 0$ 时，方程不表示任何图形。

3. 圆的参数方程

圆的普通方程与参数方程之间有如下关系：

$$x^2 + y^2 = r^2 \Leftrightarrow \begin{cases} x = r\cos\theta \\ y = r\sin\theta \end{cases} (\theta \text{ 为参数}),$$

$$(x-a)^2 + (y-b)^2 = r^2 \Leftrightarrow \begin{cases} x = a + r\cos\theta \\ y = b + r\sin\theta \end{cases} (\theta \text{ 为参数}).$$

（三）椭圆的相关知识

1. 椭圆的定义

平面内与两个定点 F_1、F_2 的距离的和等于常数（大于 $|F_1F_2|$）的点的轨迹叫作椭圆。椭圆的定义中，平面内动点与两个定点 F_1、F_2 的距离的和大于 $|F_1F_2|$ 这个条件不可忽视。若这个距离之和小于 $|F_1F_2|$，则这样的点不存在；若距离之和等于 $|F_1F_2|$，则动点的轨迹是线段 F_1F_2。

2. 椭圆的标准方程

$\dfrac{x^2}{a^2} + \dfrac{y^2}{b^2} = 1 (a > b > 0)$，$\dfrac{y^2}{a^2} + \dfrac{x^2}{b^2} = 1 (a > b > 0)$。

3. 椭圆的标准方程的判别方法

判别焦点在哪条轴上只要看分母的大小，如果 x^2 项的分母大于 y^2 项的分母，则椭圆的焦点在 x 轴上；反之，焦点在 y 轴上。

4. 求椭圆的标准方程的方法

（1）正确判断焦点的位置。

（2）设出标准方程后，用待定系数法求解。

5. 椭圆的几何性质

设椭圆方程为 $\dfrac{x^2}{a^2} + \dfrac{y^2}{b^2} = 1$ （$a > b > 0$）。

（1）范围：$-a \leqslant x \leqslant a$，$-b \leqslant y \leqslant b$，椭圆位于直线 $x = \pm a$ 和 $y = \pm b$ 所围成的矩形里。

（2）对称性：分别关于 x 轴、y 轴对称，关于原点中心对称。椭圆的对称中心称为椭圆的中心。

（3）顶点：椭圆和它的对称轴有四个交点，称为椭圆的顶点。它们是 A_1（$-a$，0）、A_2（a，0）、B_1（0，$-b$）、B_2（0，b）。线段 A_1A_2、B_1B_2 分别叫作椭圆的长轴和短轴，它们的长分别等于 $2a$ 和 $2b$，a 和 b 分别称为椭圆的长半轴长和短半轴长。

（4）离心率：椭圆的焦距与长轴长的比 $e = \dfrac{c}{a}$ 叫作椭圆的离心率。它的值表示椭圆的扁圆程度。$0 < e < 1$，e 越接近 1 时，椭圆越扁；反之，椭圆就越接近圆。

6. 椭圆的第二定义

（1）定义：平面内动点 M 与一个定点的距离和它到一条定直线的距离的比是常数 $e = \dfrac{c}{a}$（$e < 1$）时，这个动点的轨迹是椭圆。

（2）准线：根据椭圆的对称性，$\dfrac{x^2}{a^2} + \dfrac{y^2}{b^2} = 1$（$a > b > 0$）的准线有两条，它们的方程为 $x = \pm \dfrac{a^2}{c}$；对于椭圆 $\dfrac{y^2}{a^2} + \dfrac{x^2}{b^2} = 1$（$a > b > 0$）的准线方程，只要把 x 换成 y 就可以了，即 $y = \pm \dfrac{a^2}{c}$。

（3）椭圆的焦半径：由椭圆上任意一点与其焦点所连的线段称为这点的焦半径。设 F_1（$-c$，0），F_2（c，0）分别为椭圆 $\dfrac{x^2}{a^2} + \dfrac{y^2}{b^2} = 1$（$a > b > 0$）的左、右两焦点，$M$（$x$，$y$）是椭圆上任一点，则两条焦半径长分别为 $|MF_1| = a + ex$，$|MF_2| = a - ex$。

椭圆中涉及椭圆上的点到焦点的距离时，运用焦半径知识解题往往比较简便。椭圆的四个主要元素 a、b、c、e 间有 $a^2 = b^2 + c^2$ 与 $e = \dfrac{c}{a}$ 两个关系。因此确定椭圆的标准方程只需两个独立条件。

7. 椭圆的参数方程

椭圆 $\dfrac{x^2}{a^2} + \dfrac{y^2}{b^2} = 1$（$a > b > 0$）的参数方程为 $\begin{cases} x = a\cos\theta \\ y = b\sin\theta \end{cases}$（$\theta$ 为参数）。

（1）这里参数 θ 称为椭圆的离心角。椭圆上一点 P 的离心角 θ 与直线 OP 的倾斜角 α 不同，即 $\tan\alpha = \dfrac{b}{a}\tan\theta$。

（2）椭圆的参数方程可以由方程 $\dfrac{x^2}{a^2} + \dfrac{y^2}{b^2} = 1$ 与三角恒等式 $\cos^2\theta + \sin^2\theta = 1$ 相比较而得到，所以椭圆的参数方程的实质是三角代换。

（四）双曲线的相关知识

1. 双曲线的定义

平面内与两个定点 F_1、F_2 的距离的差的绝对值等于常数 $2a$（小于 $|F_1F_2|$）的动点 M 的轨迹称为双曲线。在这个定义中，要注意条件 $2a < |F_1F_2|$。这一条

件可以用"三角形的两边之差小于第三边"加以理解。若 $2a = |F_1F_2|$，则动点的轨迹是两条射线；若 $2a > |F_1F_2|$，则无轨迹。

当 $|MF_1| < |MF_2|$ 时，动点 M 的轨迹仅为双曲线的一个分支，又当 $|MF_1| > |MF_2|$ 时，轨迹为双曲线的另一个分支。而双曲线是由两个分支组成的，故在定义中应为"差的绝对值"。

2. 双曲线的标准方程

$\dfrac{x^2}{a^2} - \dfrac{y^2}{b^2} = 1$ 和 $\dfrac{y^2}{a^2} - \dfrac{x^2}{b^2} = 1$（$a > 0$，$b > 0$）。这里 $b^2 = c^2 - a^2$，其中 $|F_1F_2| = 2c$。要注意这里的 a、b、c 及它们之间的关系与椭圆中的异同。

3. 双曲线的标准方程的判别方法

如果 x^2 项的系数是正数，则焦点在 x 轴上；如果 y^2 项的系数是正数，则焦点在 y 轴上。对于双曲线，a 不一定大于 b，因此不能像椭圆那样，通过比较分母的大小来判断焦点在哪一条坐标轴上。

4. 求双曲线的标准方程的方法

（1）正确判断焦点的位置。

（2）设出标准方程后，用待定系数法求解。

5. 双曲线的几何性质

（1）双曲线 $\dfrac{x^2}{a^2} - \dfrac{y^2}{b^2} = 1$ 的实轴长 $2a$，虚轴长 $2b$，离心率 $e = \dfrac{c}{a} > 1$，离心率 e 越大，双曲线的开口越大。

（2）双曲线 $\dfrac{x^2}{a^2} - \dfrac{y^2}{b^2} = 1$ 的渐近线方程为 $y = \pm\dfrac{b}{a}x$，即 $bx \pm ay = 0$。若已知双曲线的渐近线方程是 $y = \pm\dfrac{m}{n}x$，即 $mx \pm ny = 0$，则双曲线的方程具有以下形式：$m^2x^2 - n^2y^2 = k$，其中 k 是一个不为 0 的常数。

6. 双曲线的第二定义

平面内到定点（焦点）与到定直线（准线）距离的比是一个大于 1 的常数（离心率）的点的轨迹称为双曲线。对于双曲线 $\dfrac{x^2}{a^2} - \dfrac{y^2}{b^2} = 1$，它的焦点坐标是 $(-c, 0)$ 和 $(c, 0)$，与它们对应的准线方程分别是 $x = -\dfrac{a^2}{c}$ 和 $x = \dfrac{a^2}{c}$。

在双曲线中 a、b、c、e 四个元素间有 $e = \dfrac{c}{a}$ 与 $c^2 = a^2 + b^2$ 的关系。与椭圆

一样，确定双曲线的标准方程只需要两个独立的条件。

（五）抛物线的标准方程和几何性质

1. 抛物线的定义

平面内到一定点 F 和一条定直线 l 的距离相等的点的轨迹称为抛物线。这个定点 F 称为抛物线的焦点，这条定直线 l 称为抛物线的准线。

需要强调的是，点 F 不在直线 l 上，否则轨迹是过点 F 且与 l 垂直的直线，而不是抛物线。

2. 抛物线的标准方程

①$y^2 = 2px$；②$y^2 = -2px$；③$x^2 = 2py$；④$x^2 = -2py$。

对于以上四种方程，应注意掌握它们的规律，即曲线的对称轴是 x 轴（或 y 轴），方程中的 x 项（或 y 项）即一次项；一次项前面是正号，则曲线的开口方向朝 x 轴或 y 轴的正方向；一次项前面是负号，则曲线的开口方向朝 x 轴或 y 轴的负方向。

3. 抛物线的几何性质

以标准方程 $y^2 = 2px$ 为例。

（1）范围：$x \geq 0$。

（2）对称轴：对称轴为 $y = 0$，由方程和图像均可以看出。

（3）顶点：O（0，0），抛物线亦称无心圆锥曲线（因为无中心）。

（4）离心率：$e = 1$。因为 e 是常数，所以抛物线的形状变化是由方程中的 p 决定的。

（5）准线方程：$x = -\dfrac{p}{2}$。

（6）焦半径公式：抛物线上一点 P（x_1，y_1），F 为抛物线的焦点，对于四种抛物线的焦半径公式分别为（$p > 0$）以下四种：

①$y^2 = 2px$：$|PF| = x_1 + \dfrac{p}{2}$；②$y^2 = -2px$：$|PF| = -x_1 + \dfrac{p}{2}$；③$x^2 = 2py$：$|PF| = y_1 + \dfrac{p}{2}$；④$x^2 = -2py$：$|PF| = -y_1 + \dfrac{p}{2}$。

（7）焦点弦长公式：对于过抛物线焦点的弦长，可以用焦半径公式推导出弦长公式。设过抛物线 $y^2 = 2px(p > 0)$ 的焦点 F 的弦为 $AB, A(x_1, y_1)$，$B(x_2, y_2), AB$ 的倾斜角为 α，则有 $|AB| = x_1 + x_2 + p$，$|AB| = \dfrac{2p}{\sin^2 \alpha}$。以上两公式

只适合过焦点的弦长的求法,对于其他的弦,只能用"弦长公式"来求。

(8)直线与抛物线的关系:直线与抛物线方程联立之后得到一元二次方程 $ax^2 + bx + c = 0$。当 $a \neq 0$ 时,两者的位置关系的判定和椭圆、双曲线相同,用判别式法即可;但如果 $a = 0$,则直线是抛物线的对称轴或是和对称轴平行的直线,此时,直线和抛物线相交,但只有一个公共点。

二、解析几何的解题方法

(一)解析法

通过建立坐标系将几何问题转化为代数问题,把点转化为坐标,曲线转化为方程,然后进行代数运算,最后解决几何问题,这是解析几何中最基本的解题方法。

1. 例题

A、B、C 是海上三个救援中心,A 在 B 的正东方向,A 与 B 相距 $6km$,C 在 B 的北偏西 $30°$ 方向上,B 与 C 相距 $4km$。P 为海面上一艘油轮,某一时刻,A 发现 P 的求救信号,由于 B、C 两地比 A 距 P 远,因此 4 秒后,B、C 两地同时发现 P 的求救信号(设该信号的传播速度为每秒 $1km$)。若 A 地派出一艘每小时行驶 $20km$ 的救援船,救援船最快到达已经抛锚的油轮处需多少时间?

解:如图 $6-7-1$ 所示,以 AB 为 x 轴,AB 中垂线为 y 轴建立直角坐标系。

则由已知得 A $(3,0)$、B $(-3,0)$、C $(-5,2\sqrt{3})$。

因 $|PB| = |PC|$,所以,P 在 BC 的中垂线上。

又因 $|PB| - |PA| = 4$,所以,P 在以 A、B 为焦点,实轴长等于 4 的双曲线右支上。

则 BC 中垂线方程为 $y - \sqrt{3} = \frac{\sqrt{3}}{3}$ $(x+4)$ ①,

双曲线方程为 $\frac{x^2}{4} - \frac{y^2}{5} = 1$ $(x > 0)$ ②。

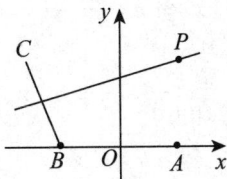

图 $6-7-1$ 解析几何例题图

①②联立可得 P $(8,5\sqrt{3})$。

所以,$|AP| = 10$ (km)。因此,救援船最快到达油轮处需 $0.5h$。

2. 解题规律

解析法的本质是用代数方法解决几何问题，学生首先把几何问题转化为代数问题，然后用代数方法求得结果，最后再把代数的结论转化为几何的结论，从而使问题得到解决。具体的解题步骤是：第一，选择适当的坐标系。第二，设有关点的坐标和曲线的方程。第三，通过代数运算求得结果。

这里要注意，选择适当的坐标系是使问题解决简单化的关键。通常根据题目的条件，将图形放在坐标系中特殊的位置，使某些点在原点或坐标轴上，如以中心对称图形的对称中心为原点，轴对称图形的对称轴为坐标轴，这样点的坐标、曲线的方程往往比较简单，运算过程也就可以相应简化。

（二）待定系数法

当利用题目中的已知条件，通过直接代入求曲线方程有困难时，学生常常要运用待定系数法：先根据题意设含有待定系数的曲线方程，然后根据已知条件求出待定系数，从而求出曲线方程。这是解析几何中求直线和圆锥曲线经常使用的一种方法。

1. 例题

已知一条直线经过点 M（2，1），且在两坐标轴上的截距之和为6，求这条直线的方程。

分析：要求这条直线的方程，用点斜式来求缺少斜率的条件；用截距式来求，只知道截距之和而不知道在 x 轴和 y 轴上的截距，故都有困难。考虑用待定系数法，设截距式求截距 a、b 或设点斜式求斜率 k。

解法一：

（1）当 $a \neq 0$，且 $b \neq 0$ 时，设所求直线方程为 $\dfrac{x}{a} + \dfrac{y}{b} = 1$（$a \neq 0$，$b \neq 0$）。

由题意得 $\begin{cases} \dfrac{2}{a} + \dfrac{1}{b} = 1 \\ a + b = 6 \end{cases}$，解这个方程组，得 $\begin{cases} a = 3 \\ b = 3 \end{cases}$ 或 $\begin{cases} a = 4 \\ b = 2 \end{cases}$。所以，所求直线方程

为 $\dfrac{x}{3} + \dfrac{y}{3} = 1$ 或 $\dfrac{x}{4} + \dfrac{y}{2} = 1$，即 $x + y - 3 = 0$ 或 $x + 2y - 4 = 0$。

（2）当 a、b 中有一个为0时，直线方程分别为 $x = 2$ 或 $y = 1$ 不满足 $a + b = 6$ 这个条件，故舍去。

解法二：

（1）当直线不平行于 y 轴时，设所求直线方程为 $y-1=k(x-2)$，即 $kx-y-2k+1=0$。分别令 $y=0$，$x=0$，得直线在 x 轴和 y 轴上的截距为 $\dfrac{2k-1}{k}$，$-2k+1$，由题意得 $\dfrac{2k-1}{k}+(-2k+1)=6$，解这个方程，得 $k=-1$ 或 $k=-\dfrac{1}{2}$，得直线方程为 $x+y-3=0$ 或 $x+2y-4=0$。

（2）当直线平行于 y 轴时，直线方程为 $x=2$，不合题意，舍去。所以，所求直线方程为 $x+y-3=0$ 或 $x+2y-4=0$。

说明：在设直线方程时，要注意每一种形式的直线方程都有一定的条件，如设截距式时，要注意 $a\neq0$ 且 $b\neq0$；设点斜式时，要注意斜率必须存在，即直线不平行于 y 轴。

2. 解题规律

（1）设方程。根据题意设含有待定系数的曲线方程。

（2）求系数。由题目的条件列出以待定系数为未知数的方程（方程组），解方程（方程组），求出待定系数。

（3）代入。将求得的系数代入所设方程，即可得到所求的曲线方程。

求直线方程一般要已知两个独立条件，利用点斜式、斜截式、两点式、截距式或一般式列出含有待定系数的方程（方程组），解方程（方程组）求得结果，在设直线方程时要注意直线各种形式的条件，如斜率是否存在，要注意在坐标轴上的截距是否存在或是否等于 0 等情况。

求圆的方程一般要已知三个独立条件，利用圆的标准方程 $(x-a)^2+(y-b)^2=r^2$ 或一般方程 $x^2+y^2+Dx+Ey+F=0$ 列出含有待定系数的方程（方程组），求得 a、b、r 或 D、E、F，从而求得圆的方程。

求椭圆和双曲线的标准方程一般要已知两个独立条件，需要列出含有待定系数 a、b 的方程（方程组）；求抛物线的标准方程一般要已知一个条件，需要列出含有待定系数 p 的方程，解方程（方程组），求得待定系数，即可求得曲线的方程。

（三）变换法

有些解析几何问题可以先将问题中点的坐标进行变换，找出原来点的坐标和变换后点的坐标之间的关系，通过变换将原来的曲线方程转化为新的曲线方程，从而解决问题。这也是解析几何的常用方法之一。

1. 例题

如求椭圆 C_1：$\dfrac{(x-1)^2}{16}+\dfrac{(y-2)^2}{9}=1$ 关于点 M（-2，1）对称的椭圆 C 的

方程。

解：如图6-7-2所示，设椭圆 C_1 上任意
一点 P_1（x_1，y_1）关于点 M（-2，1）的对称

点为 P（x，y），则 $\begin{cases} \dfrac{x_1+x}{2}=-2 \\[2mm] \dfrac{y_1+y}{2}=1 \end{cases}$，所以

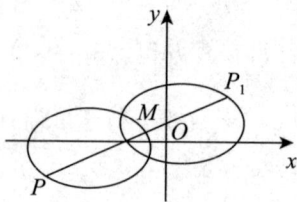

图6-7-2　椭圆例题图

$\begin{cases} x_1=-4-x ① \\ y_1=2-y ② \end{cases}$。

因点 P_1 在椭圆 C_1 上，所以 $\dfrac{(x_1-1)^2}{16}+\dfrac{(y_1-2)^2}{9}=1$③，

把①②式代入③式得 $\dfrac{(-4-x-1)^2}{16}+\dfrac{(2-y-2)^2}{9}=1$。所以，所求椭圆 C 的

方程为 $\dfrac{(x+5)^2}{16}+\dfrac{y^2}{9}=1$。

说明：可以把椭圆 C 理解为椭圆 C_1 经过关于点 M（-2，1）的对称变换
后得到的图形。因此要求椭圆 C 的方程，应先求出椭圆 C_1 上点的坐标关于点 M
（-2，1）的对称变换的关系式，然后通过变换，求出椭圆 C_1 关于点 M（-2，
1）对称图形的方程。

2. 解题规律

（1）设已知曲线上点的坐标为 P（x_1，y_1），经过变换后新点的坐标为 Q
（x，y）。

（2）写出新旧坐标之间的关系式 $\begin{cases} x_1=f（x，y）① \\ y_1=g（x，y）② \end{cases}$。

（3）由 x_1、y_1 满足已知曲线方程 φ（x，y）=0，得到 φ（x_1，y_1）=0。

（4）将①②式代入 φ（x_1，y_1）=0，得方程 φ [f（x，y），g（x，y）]=0。

（5）化简后得到所求的曲线方程。

（四）参数法

有些解析几何问题中变量之间的关系不明显，直接找它们之间的联系有困难，常常通过引进参数（作为中介）的方式沟通变量之间的联系，这种方法就是参数法，也是解析几何的基本方法之一。

1. 例题

已知实数 x、y 满足方程 $x^2 + 4y^2 - 4 = 0$，求 $x - y$ 的最大值和最小值。

分析：直接从方程 $x^2 + 4y^2 - 4 = 0$，求出 $x = \pm \sqrt{4 - 4y^2}$。求 $x - y = \pm \sqrt{4 - 4y^2} - y$ 的最大值和最小值比较困难，此时用参数法，将椭圆方程 $x^2 + 4y^2 - 4 = 0$ 转化为参数方程后，求三角函数最大值和最小值比较简便。

解：设 $x = 2\cos\theta$，则椭圆方程 $x^2 + 4y^2 - 4 = 0$ 可化为参数方程：$\begin{cases} x = 2\cos\theta \\ y = \sin\theta \end{cases}$，

则 $x - y = 2\cos\theta - \sin\theta = \sqrt{5}\cos(\theta + \varphi)\left(\varphi = \arctan\dfrac{1}{2}\right)$。所以，$x - y$ 的最大值为 $\sqrt{5}$，最小值为 $-\sqrt{5}$。

说明：应用曲线的参数方程可以将二元的问题转化为一元，从而使问题容易得到解决。

2. 解题规律

（1）求轨迹的参数方程。它的一般步骤是选取适当的坐标系，设动点的坐标为 (x, y)，选择适当的参数，列出动点坐标 x、y 与参数之间的关系式，化简上述关系式，得到轨迹的参数方程。

（2）应用曲线的参数方程解题。根据题目的条件选择适当的参数方程，将含有 x、y 两个变量的问题转化为一个变量的问题，运用参数的几何意义或进行三角变换，简化解题过程。

第八节　概率统计问题

一、概率

（一）必然事件

在一定条件下，必然发生的事件称为必然事件，其概率 $P=1$。

（二）不可能事件

在一定条件下，不可能发生的事件称为不可能事件，其概率 $P=0$。

（三）随机事件

在一定条件下，可能发生、也可能不发生的事件称为随机事件，其发生的概率 P 的范围是（0，1）。随机事件发生的可能性的大小有统计上的规律性，用概率来反映。获得概率的方法是通过做大量的重复试验，通过其频率来近似得到概率。频率 $\dfrac{m}{n}$ 中，n 是试验次数，m 是事件 A 发生的次数；n 越大，用频率 $\dfrac{m}{n}$ 估计概率就越准确。

（四）等可能事件

等可能事件是指在一次试验中，所有结果出现的可能性都相等。对等可能事件可不通过大量重复试验来获得概率，而只通过对所有可能的结果进行分析，用公式 $P（A）=\dfrac{m}{n}$ 来求出，其中 n 的含义是一次试验中所有等可能的结果的个数，m 的含义是 n 中事件 A 包含的所有结果的个数。从集合的角度看，把在一次试验中等可能出现的 n 个基本事件组成的集合记作 I，事件 A 组成的集合就是由 m 个基本事件组成的集合，是 I 的子集，其概率 $P(A)=\dfrac{\mathrm{Card}(A)}{\mathrm{Card}(I)}$。

一般地，对等可能事件可用排列组合知识求概率，但要 n 必须是 n 个等可能的结果，m 必须是 n 中事件 A 包含的 m 个结果。

（五）互斥事件

不可能同时发生的两个事件称为互斥事件。如果事件 A_1，A_2，A_3，$\cdots$，A_n 中的任何两个都是互斥事件，那么就说事件 A_1，A_2，A_3，$\cdots$，A_n 彼此互斥。

（六）互斥事件的概率

如果事件 A、B 互斥，那么事件 $A + B$ 发生的概率等于事件 A、B 分别发生的概率的和，即 $P(A + B) = P(A) + P(B)$。

如果事件 A_1，A_2，$\cdots$，A_n 彼此互斥，那么事件 A_1，A_2，$\cdots$，A_n 发生的概率等于这 n 个事件分别发生的概率的和，即 $P(A_1 + A_2 + \cdots + A_n) = P(A_1) + P(A_2) + \cdots + P(A_n)$。

（七）对立事件

如果 A 表示事件 A 发生，$\overline{A}$ 表示事件 A 不发生，那么事件 A 与 $\overline{A}$ 中必有一个发生，这种其中必有一个发生的互斥事件称为对立事件。

（八）对立事件的概率

对立事件概率的和等于 1，即 $P(A) + P(\overline{A}) = P(A + \overline{A}) = 1$。

（九）相互独立事件同时发生的概率

1. 相互独立事件

事件 A（或 B）是否发生，对事件 B（或 A）发生的概率没有影响，这样的两个事件称为相互独立事件。

2. 相互独立事件同时发生的概率

两个相互独立事件同时发生的概率，等于每个事件发生的概率的积，即 $P(A \times B) = P(A) \times P(B)$。

如果事件 A_1，A_2，$\cdots$，A_n 相互独立，那么这 n 个事件同时发生的概率等于每个事件发生的概率的积，即 $P(A_1 \times A_2 \times \cdots \times A_n) = P(A_1) \times P(A_2) \times \cdots \times P(A_n)$。

（十）独立重复试验

1. 独立重复试验的概念

若 n 次重复试验中，每次试验结果的概率都不依赖于其他各次试验的结果，则称这 n 次试验是独立的。

2. 独立重复试验的概率

如果在一次试验中，某事件发生的概率为 P，那么在 n 次独立重复试验中，这个事件恰好发生 k 次的概率为 $P_n(k) = C_n^k \cdot P^k (1-P)^{n-k}$。

（十一）概率问题解题策略

1. 分清一些易混淆的概念

（1）随机事件与随机试验。在一定的条件下可能发生、也可能不发生的事件称为随机事件。条件每实现一次，称为一次试验；如果试验结果预先无法确定，这种试验就是随机试验。

（2）概率与频率。对于一个事件而言，概率是一个常数，而频率则随着试验次数的变化而变化，试验次数越多，频率就越接近事件的概率。

2. 确定事件是等可能性事件的两个必备特征

（1）每一次试验中所有可能出现的结果是有限的。

（2）每一个结果出现的可能性都相等。

3. 解决等可能性事件的概率问题

（1）所有基本事件的个数，即 Card $(I) = n$。

（2）事件 A 包含的基本事件的个数即 Card $(A) = m$，最后套用公式 $P(A) = \frac{m}{n}$ 求值。

4. "互斥事件"与"对立事件"的区别及联系

两个事件 A 与 B 是互斥事件，有如下三种情况：

（1）若事件 A 发生，则事件 B 就不发生。

（2）若事件 B 发生，则事件 A 就不发生。

（3）事件 A、B 都不发生，两个事件 A 与 B 是对立事件，仅有前两种情况。因此，互斥未必对立，但对立一定互斥。

5. 要分清各事件间的关系

只有互斥事件，才能用概率加法公式，即 $P(A+B) = P(A) + P(B)$，$P(A_1 + A_2 + \cdots + A_n) = P(A_1) + P(A_2) + \cdots + P(A_n)$。

6. 求复杂的互斥事件概率的方法

（1）直接求解法。将所求事件的概率分解成一些彼此互斥的事件的概率的和，分解后的每个事件的概率的计算通常为等可能性事件的概率计算。求排列

组合式中的 m 与 n 时要正确应用排列组合公式。其关键在于确定事件是否互斥，是否完备。

（2）间接求解法。先求出此事件的对立事件的概率，再用公式 $P（A）= 1-P（\bar{A}）$，即运用逆向思维法（正难则反）。

7. 解决概率问题要注意"三个步骤，一个结合"

（1）求概率的步骤：

第一步，确定事件性质。等可能性事件、互斥事件、独立事件、n 次独立重复试验，即将所给的问题归结为四类事件的某一种。

第二步，判断事件的运算。和事件、积事件，即至少有一个发生，还是同时发生，分别运用相加或相乘。

第三步，运用公式。等可能性事件 $P（A）=\dfrac{m}{n}$；互斥事件 $P（A+B）= P（A）+P（B）$，$P（A\times B）=0$；独立事件 $P（A\times B）=P（A）\times（B）$ 等；n 次独立重复试验 $P_n（k）=C_n^k\times P^k（1-P）^{n-k}$。

（2）概率问题常常与排列组合问题相结合。

（十二）例题解析

例1：从 4 名男生和 2 名女生中任选 3 人参加演讲比赛。

（1）求所选 3 人都是男生的概率。

（2）求所选 3 人中恰有 1 名女生的概率。

（3）求所选 3 人中至少有 1 名女生的概率。

解法一：（1）所选 3 人都是男生的概率为 $\dfrac{C_4^3}{C_6^3}=\dfrac{1}{5}$。

（2）所选 3 人中恰有 1 名女生的概率为 $\dfrac{C_2^1 C_4^2}{C_6^3}=\dfrac{3}{5}$。

（3）所选 3 人中至少有 1 名女生的概率为 $\dfrac{C_2^1 C_4^2+C_2^2 C_4^1}{C_6^3}=\dfrac{4}{5}$。

解法二：（1）（2）同解法一。

（3）至少有 1 名女生的对立面是所选 3 人无女生，即全是男生，由（1）可知 $1-\dfrac{C_4^3}{C_6^3}=\dfrac{4}{5}$ 为所求。

例2：为防止某突发事件发生，有甲、乙、丙、丁四种相互独立的预防措施可供采用，单独采用甲、乙、丙、丁预防措施后，此突发事件不发生的概率记为 P。表 6 - 8 - 1 为各预防措施的概念及费用。

表 6 - 8 - 1　预防措施方案

预防措施	甲	乙	丙	丁
P	0.9	0.8	0.7	0.6
费用（万元）	90	60	30	10

预防方案可单独采用一种预防措施或联合采用几种预防措施，在总费用不超过 120 万元的前提下，确定一个预防方案，使此突发事件不发生的概率最大。

解：

方案一：单独采用一种预防措施的费用均不超过 120 万元，由表可知，采用甲措施，可使此突发事件不发生的概率最大，其概率为 0.9。

方案二：联合采用两种预防措施，费用不超过 120 万元，由表可知，联合甲、丙两种预防措施可使此突发事件不发生的概率最大，其概率为 1 -（1 - 0.9）（1 - 0.7）= 0.97。

方案三：联合采用三种预防措施，费用不超过 120 万元，故只能联合乙、丙、丁三种预防措施，此时突发事件不发生的概率为 1 -（1 - 0.8）（1 - 0.7）（1 - 0.6）= 1 - 0.024 = 0.976。

综合上述三种预防方案可知，在总费用不超过 120 万元的前提下，联合使用乙、丙、丁三种预防措施可使此突发事件不发生的概率最大。

二、随机变量

（一）随机变量的定义

如果随机实验的结果可以用一个变量来表示，那么这样的变量称为随机变量。随机变量常用希腊字母 ξ、η 等表示。

（二）离散型随机变量

对于随机变量可能取的值，可以按次序一一列出，这样的随机变量称为离散型随机变量。

（三）离散型随机变量的分布列

第一，设离散型随机变量 ξ 可能取的值为 x_1，x_2，…，x_i，…，ξ 取的每一

个值 x_i 的概率 P（$\xi = x_i$）$= P_i$（表 $6-8-2$），为随机变量 ξ 的概率分布列，简称为 ξ 分布列。

表 $6-8-2$　离散型随机变量的分布列

ξ	x_1	x_2	$\cdots$	x_i	$\cdots$
P	P_1	P_2	$\cdots$	P_i	$\cdots$

第二，离散型随机变量 ξ 的分布列具有两个性质：一是 $P_i \geq 0$；二是 $P_1 + P_2 + \cdots + P_i + \cdots = 1$（$i = 1$，$2$，$3$，$\cdots$）。

（四）二项分布

在 n 次独立重复试验中，事件 A 发生的次数 ξ 是一个随机变量，其所有可能取的值为 0，1，2，3，4，$\cdots$，n，并且 P（$\xi = k$）$= C_n^k p^k q^{n-k}$（其中 $k = 0$，1，2，$\cdots$，n，$q = 1 - p$），显然 P（$\xi = k$）≥ 0（$k = 0$，1，2，$\cdots$，n），$\sum\limits_{k=0}^{n} C_n^k p^k q^{n-k} = (p + q)^n = 1$。若服从二项分布，则可记作 $\xi - B(n,p)$。

（五）期望

（1）若离散型随机变量的概率分布列为表 $6-8-3$，则称 $E\xi = x_1 p_1 + x_2 p_2 + \cdots + x_n p_n + \cdots$ 为 ξ 的数学期望，简称期望。

表 $6-8-3$　离散型随机变量的概率分布列

ξ	x_1	x_2	$\cdots$	x_n	$\cdots$
P	p_1	p_2	$\cdots$	p_n	$\cdots$

（2）离散型随机变量的期望反映了离散型随机变量取值的平均水平。

（3）数学期望的性质：$E(c) = c, E(a\xi + b) = aE\xi + b$（$a$、$b$、$c$ 为常数）。

（六）方差

（1）若离散型随机变量 ξ 所有可能的取值是 $x_1, x_2, \cdots, x_n, \cdots$，且这些值的概率分别是 $p_1, p_2, \cdots, p_n, \cdots$，则称 $D\xi = (x_1 - E\xi)^2 p_1 + (x_2 - E\xi)^2 p_2 + \cdots + (x_n - E\xi)^2 p_n + \cdots$ 为 ξ 的方差。

（2）随机变量 ξ 的方差反映了 ξ 取值的稳定性。

（3）方差的性质：a、b 为常数，则 D（$a\xi + b$）$= a^2 D\xi$。

（七）随机变量问题解题策略

1. 关于离散型随机变量分布列的计算方法

（1）写出 ξ 的所有可能取值。

（2）利用随机事件概率的计算方法，求出 ξ 取各个值的概率。

（3）利用（1）（2）的结果写出 ξ 的分布列。

2. 常见的离散型随机变量的分布列

（1）单点分布，它的分布列为 $\begin{pmatrix} 0 \\ 1 \end{pmatrix}$。

其中 $p_k = C_n^k p^k q^{n-k}$，$k = 0,\ 1,\ 2,\ \cdots,\ n$，且 $0 < p < 1$，$p + q = 1$，$p_k = C_n^k p^k q^{n-k}$ 可记作 $b\ (k,\ n,\ p)$。

（2）两点分布，它的分布列为 $\begin{pmatrix} 0 & 1 \\ q & p \end{pmatrix}$，其中 $0 < p < 1$，且 $p + q = 1$。

（3）二项分布，它的分布列为 $\begin{pmatrix} 0 & 1 & 2 & \cdots & k & \cdots & n \\ p_0 & p_1 & p_2 & \cdots & p_k & \cdots & p_n \end{pmatrix}$。

3. 计算离散型随机变量的期望的注意事项

（1）期望是算术平均值概念的推广，是概率意义下的平均。

（2）$E\xi$ 是一个实数，由 ξ 的分布列唯一确定，即作为随机变量 ξ 是可变的，可取不同值，而 $E\xi$ 是不变的，它描述 ξ 取值的平均状态。

（3）$E\xi = x_1 p_1 + x_2 p_2 + \cdots + x_n p_n + \cdots$ 直接给出了 $E\xi$ 的求法，即随机变量取值与相应概率值分别相乘后相加。

4. 计算离散型随机变量的方差的注意事项

（1）$D\xi$ 表示随机变量 ξ 对 $E\xi$ 的平均偏离程度。$D\xi$ 越大，表明平均偏离程度越大，说明 ξ 的取值越分散；反之，ξ 的取值越集中；在 $E\xi$ 附近，统计中常用 $\sqrt{D\xi}$ 来描述 ξ 的分散程度。

（2）$D\xi$ 与 $E\xi$ 一样也是一个实数，由 ξ 的分布列唯一确定。

（八）例题解析

例 1：某突发事件，在不采取任何预防措施的情况下发生的概率为 0.3，一旦发生，可造成 400 万元的损失。现有甲、乙两种相互独立的预防措施可供采用。单独采用甲、乙预防措施所需的费用分别为 45 万元和 30 万元，采用相应预防措施后，此突发事件不发生的概率分别为 0.9 和 0.85，若预防方案允许甲、乙两种预防措施单独采用、联合采用或不采用，请确定采用哪种预防方案使总费用最少（总费用 = 采取预防措施的费用 + 发生突发事件损失的期望值）。

解：

（1）不采取预防措施时，总费用即损失期望值为 $400 \times 0.3 = 120$（万元）。

（2）若单独采取预防措施甲，则预防措施费用为 45 万元，发生突发事件的概率为 $1 - 0.9 = 0.1$，损失期望值为 $400 \times 0.1 = 40$（万元），所以总费用为 $45 + 40 = 85$（万元）。

（3）若单独采取预防措施乙，则预防措施费用为 30 万元，发生突发事件的概率为 $1 - 0.85 = 0.15$，损失期望值为 $400 \times 0.15 = 60$（万元），所以总费用为 $30 + 60 = 90$（万元）。

（4）若联合采取甲、乙两种预防措施，则预防措施费用为 $45 + 30 = 75$（万元），发生突发事件的概率为 $(1 - 0.9)(1 - 0.85) = 0.015$，损失期望为 $400 \times 0.015 = 6$（万元），所以总费用为 $75 + 6 = 81$（万元）。

综合（1）（2）（3）（4），比较其总费用可知，应选择联合采取甲、乙两种预防措施，可使总费用最少。

例 2：区分下列随机变量是离散型的还是连续型的。

（1）在给定时刻某机场等候上机的人数。

（2）某书中某页的印刷错误数。

（3）明天的最低气温。

（4）今年上海的最大降雨量。

（5）某服装店每天出售的衬衣件数。

解：（1）（2）（5）为离散型，（3）（4）为连续型。

三、统计

（一）抽样方法

抽样方法包括简单随机抽样、系统抽样、分层抽样三种。

1. 简单随机抽样

设一个总体的个数为 N，如果通过逐个抽取的方法从中抽取一个样本，且每次抽取时各个个体被抽到的概率相等，就称这样的抽样为简单随机抽样。简单随机抽样常用的方法有抽签法和随机数表法。

2. 系统抽样

将总体分成均衡的几个部分，然后按照预先定出的规则，从每一部分抽取一个个体，得到所需要的样本，这种抽样称为系统抽样。

3. 分层抽样

已知总体是由差异明显的几部分组成的，常将总体分成几部分，然后按照各部分所占比例进行抽样，这种抽样称为分层抽样，其中所分成的各部分称为层。

（二）总体分布的估计

1. 总体分布

随着试验次数的不断增加，试验结果的频率值在相应概率值附近摆动。当试验次数无限增大时，频率值就变成相应的概率了。此时，随着样本容量的无限增大，其频率分布也就会排除抽样误差，精确地反映总体的概率分布规律，通常称为总体分布。

2. 累积频率分布

由频率分布表可算得样本数据小于某值的频率等于前面 k 组频率之和（$k = 1，2，\cdots，n$），这种样本数据小于某一数值的频率，称为累积频率。

3. 累积分布曲线

当样本容量无限增大，分组的组距无限缩小时，频率分布直方图就会趋近一条光滑曲线——总体密度曲线。相应地，累积频率分布图也会趋近一条光滑曲线——累积分布曲线。如图 6-8-1 所示，它反映了总体的累积分布规律，即曲线上任一点 $P(a，b)$ 的纵坐标 b，表示总体取小于 a 的值的概率。

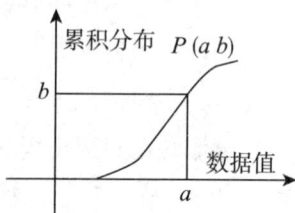

图 6-8-1 累积分布曲线

（三）正态分布

产品尺寸是一种典型的总体，对于成批生产的产品，如果生产条件正常稳定，即工艺、设备、技术、原料、环境等条件都相对稳定，而且不存在产生系统误差的明显因素，那么，产品尺寸的总体密度曲线就是或近似以下函数的图像：$f(x) = \dfrac{1}{\sqrt{2\pi}\sigma}\mathrm{e}^{-\frac{(x-\mu)^2}{2\sigma^2}}，x \in (-\infty，+\infty)$。

这个总体是有无限容量的抽象总体，其分布称为正态分布。此函数的图像被称为正态曲线。正态分布由参数 μ、σ 唯一确定，常记作 $N(\mu、\sigma^2)$。其中 μ

为总体的平均数，即数学期望 $\mu = E\xi$，σ 为总体的标准差，即 $\sqrt{D\xi} = \sigma$。

（四）正态曲线的性质

正态曲线具有中间高、两头低、左右对称的基本特征。通过观察正态曲线的图像，可得出三个基本特征，结合指数函数的性质可进一步得出正态曲线具有以下性质：

（1）曲线在 x 轴上方，与 x 轴不相交。

（2）曲线关于直线 $x = \mu$ 对称。

（3）曲线在 $x = \mu$ 时，位于最高点。

（4）当 $x < \mu$ 时，曲线上升；当 $x > \mu$ 时，曲线下降；当曲线向左、右两边无限延伸时，以 x 轴为渐近线，向它无限靠近。

（5）当 μ 一定时，曲线形状由 σ 确定。σ 越大，曲线越"矮胖"，表示总体的分布越分散；σ 越小，曲线越"高瘦"，表示总体的分布越集中。

（五）相关联系

相关联系是指自变量取值一定时，因变量的取值有一定随机性的两个变量之间的关系。

（六）回归分析

对具有相关关系的两个变量进行统计分析的方法，称为回归分析。

（七）统计问题解题策略

（1）在随机抽样中，当总体中的个体数较少时，用简单随机抽样；当总体中的个体较多时，用系统抽样；当总体由差异明显的几部分组成时，用分层抽样。

（2）总体分布反映的是总体在各个范围内的取值概率，这种分布一般是不知道的，所以用样本分布估计总体分布。对于每个个体所取不同数值较少的总体，常用条形图表示其样本分布；而对于每个个体所取不同数值较多或可以在实数区间内取值的总体，常用分布直方图表示其样本分布。

（八）例题解析

例：某校有教师 200 人，男生 1200 人，女生 1000 人。现用分层抽样的方法从所有师生中抽取一个容量为 n 的样本。已知从女学生中抽取的人数为 80 人，求 n 的值。

解：因 $\dfrac{80}{n} = \dfrac{1000}{200 + 1200 + 1000}$，所以 $n = 192$。

四、高中概率统计问题解题策略

（一）方程法

众所周知，方程思想的系统学习是高中数学学习的重点，而在掌握高中概率统计有关性质和方程思想的前提下，进一步将方程和概率问题进行结合，从而解决概率统计有关难题是高中学生概率统计学习的重要一步。

例：试验人员将只有颜色区别的红、黄、蓝三种颜色的小球放入不透明口袋中，其中红球有 2 个，蓝球有 1 个，现从中任意取出一个球是红球的概率为 $\dfrac{1}{2}$。若试验人员第一次摸出一个球，在不放回的条件下再摸出一个球，试求两次都摸到红球的概率。

分析：在此题中，可先假设黄球的个数为 x，从而根据摸出的红球概率，列出相应方程求解 x，并在此基础上进一步利用列表或画树状图的方式来计算两次都摸到红球的概率。图 6 - 8 - 2 为试验有关结果的树状图。根据此图，可进一步算出两次都摸到红球的概率为 $\dfrac{2}{12}$，即 $\dfrac{1}{6}$。

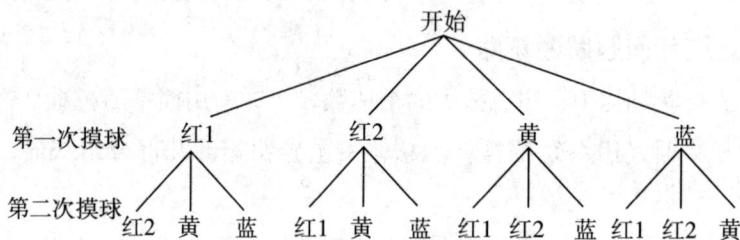

图 6 - 8 - 2　概率统计

（二）公式法

在高中概率统计的学习过程中，牢记概率统计有关加法公式、乘法公式、全概率公式和贝叶斯公式等的结构形式和使用条件等，可在一定程度上简化概率统计有关问题的求解。

例：某种产品总数为 100 个，合格品为 90 个，次品为 10 个。现在不放回地抽捡两个产品的条件下，求两次抽到的产品皆为合格品的概率。

分析：在此题中，假设 A 表示第一次抽检为合格品这一事件，B 表示第二次抽检为合格品这一事件，则 AB 表示两次抽检皆为合格品这一事件。因此，我们可进一步利用公式 $P(AB) = P(A)P(B|A) = \dfrac{90}{100} \times \dfrac{89}{99} \approx 0.81$。

（三）几何法

在概率统计中，当部分事件出现的概率结果符合相应的代数关系公式时，某一事件发生的概率即可利用相应的几何意义进行一定的简化，从而得出概率计算的正确答案。

例：小明和小梅约定在周末早上 8 点到 9 点在市图书馆见面一起学习，同时，他们约定先到达图书馆的人必须在图书馆等待 15 分钟，超过时间方可离去。试求两人能够成功在图书馆一起学习的概率。

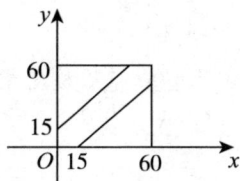

图 6-8-3　概率统计几何法

分析：在此题中，假设两人抵达市图书馆的时间分别是 x 和 y，若两人能成功会面，则 x 和 y 差的绝对值应小于等于 15。由此，可进一步作出如图 6-8-3 所示的示意图。那么，(x, y) 可能出现的全部结果便是长度为 60 的正方形二维区域内的所有点的集合，因此，在假设小明和小梅能顺利一起学习这一随机事件为 A 的基础上，可进一步求出 $P(A) = 1 - \dfrac{45^2}{60^2} = \dfrac{7}{16}$。

总之，概率统计是高中数学知识体系中重要且常考的部分，并且其考核题型往往灵活多变。因此，高中生应在尽可能牢固地学习和掌握概率统计有关基础知识和相应性质等的前提下，将解题技巧和基础知识有效融合，充分利用数学模型法和合理推理法等方法技巧解题，为顺利解决多变的概率统计问题打下坚实的基础。

参 考 文 献

[1] 徐永东. 高中数学解题策略［M］. 北京：光明日报出版社，2015.

[2] 朱华伟. 高中数学解题辞典［M］. 广州：广东教育出版社，2016.

[3] 周先华. 高中数学解题方法［M］. 成都：电子科技大学出版社，2015.

[4] 田仲春. 高中数学教学中培养学生思维能力的实践探析［J］. 学周刊，2019（35）：44.

[5] 孙加兰. 基于核心素养的高中数学教学探究［J］. 名师在线，2019（33）：29 - 30.

[6] 吕丽. 等价转化思想在高中数学解题中的应用［J］. 中国校外教育，2019（29）：79 - 80.

[7] 吴素杰. 论高中数学教学中学生解题能力的培养［J］. 西部素质教育，2018，4（8）：55.

[8] 王玮林. 数学思想方法在高中数学解题中的应用［J］. 课程教育研究，2018（43）：138 - 139.

[9] 陆国兵. 解析联想方法在高中数学解题思路中的应用［J］. 名师在线，2019（3）：21 - 22.

[10] 杜昕宸. 以类比思维为主的高中数学解题方法研究［J］. 科技资讯，2018，16（35）：197 - 198.

[11] 王翰文. 基于"转化与化归"思想的高中数学解题研究［J］. 华夏教师，2018（23）：71 - 72.

[12] 弥智芳. 高中数学教学中学生解题能力的培养［J］. 课程教育研究，2018（34）：139.

[13] 林玉花. "数学建模"在高中数学解题中的应用［J］. 中学数学，2019（5）：49 - 50.

[14] 徐景瑜. 代换法在高中数学解题中的应用［J］. 中学数学教学，2019（3）：47 - 49.

［15］陈聪郁．浅谈高中数学选择题的有效解题策略［J］．中外企业家，2018（15）：172．

［16］沐芳琼．高考数学选择题解题技巧略探［J］．新课程研究，2019（13）：97－98．

［17］刘力．高中数学学法与解题方法研究［J］．数学学习与研究，2019（15）：135．

［18］刘英虎．数学思维能力在高中数学教学中的培养［J］．课程教育研究，2019（34）：130．

［19］杨克利．探析高中数学解题中数形结合思想的应用［J］．中国校外教育，2019（27）：118．

［20］卢浩慧．高中数学解题思维策略研究［D］．新乡：河南师范大学，2015．

［21］方开胜．高中数学解题反思的应用［D］．贵阳：贵州师范大学，2015．

［22］苏文婷．高中生对典型数学问题解法的掌握研究［D］．乌鲁木齐：新疆师范大学，2016．

［23］张雪．数学思想方法在高中数学教与学中的运用研究［D］．扬州：扬州大学，2018．

［24］罗蒙婷．基于数学核心素养的高中数学习题课教学的研究［D］．喀什：喀什大学，2018．

［25］常秀璐．高中"统计与概率"习题课教学现状调查研究［D］．昆明：云南师范大学，2018．

［26］杨社锋．化归思想在高中数学解题中的应用［D］．开封：河南大学，2014．

［27］朱玲玲．高中数学解题阅读的调查与教学研究［D］．南京：南京师范大学，2017．

［28］崔锦．高中数列教学及解题研究［D］．昆明：云南师范大学，2017．

［29］马萍．高中数学教师的解题理论素养调查研究［D］．南昌：江西师范大学，2018．